KB143973

장애학생을 위한 통합교육 _{제3판}

교육과정 통합 및 교수학습 지침서

Rachel Janney, Martha E. Snell 지음

박윤정, 강은영, 김민영, 남경욱, 이병혁 옮김

신현기 감수

Σ 시그마프레스

장애학생을 위한 통합교육 제3판
교육과정 통합 및 교수학습 지침서

발행일 | 2017년 3월 15일 1쇄 발행

저 자 | Rachel Janney, Martha E. Snell
역 자 | 박윤정, 강은영, 김민영, 남경욱, 이병혁
감 수 | 신현기
발행인 | 강학경
발행처 | (주)시그마프레스
디자인 | 김은경
편 집 | 이지선

등록번호 | 제10-2642호
주소 | 서울특별시 영등포구 양평로 22길 21 선유도코오롱디지털타워 A401~403호
전자우편 | sigma@spress.co.kr
홈페이지 | http://www.sigmapress.co.kr
전화 | (02)323-4845, (02)2062-5184~8
팩스 | (02)323-4197

ISBN | 978-89-6866-896-8

Teachers' Guides to Inclusive Practices:
Modifying Schoolwork, Third edition

edited by Rachel Janney, Ph.D., and Martha E. Snell, Ph.D.
Copyrigh ©2013 by Paul H. Brookes Publishing Co., Inc.
Originally published in the United States of America by Paul H. Brookes Publishing Co., Inc.
All Rights Reserved.
This Korean edition was published by Sigma Press, Inc. in 2017 by arrangement with Paul H. Brookes Publishing Co., Inc. through KCC(Korea Copyright Center Inc.), Seoul.

이 책은 (주)한국저작권센터(KCC)를 통한 저작권자와의 독점계약으로 (주)시그마프레스에서 출간되었습니다. 저작권법에 의해 한국 내에서 보호를 받는 저작물이므로 무단전재와 복제를 금합니다.

＊ 책값은 책 뒤표지에 있습니다.

이 도서의 국립중앙도서관 출판예정도서목록(CIP)은 서지정보유통지원시스템 홈페이지(http://seoji.nl.go.kr)와 국가자료공동목록시스템(http://www.nl.go.kr/kolisnet)에서 이용하실 수 있습니다.(CIP제어번호 : CIP2017005245)

역자 서문

초·중·고등학교 현장에서 다양한 특성과 요구를 지닌 학생들을 위한 진정한 '교육적 통합' 방안이 존재할 수 있을까 고민하는 교사 및 전문가들이 많다. 지금까지 우리의 통합교육은 아직도 물리적 장소에서의 통합교육일 뿐, 진정한 수업과정에서의 통합교육은 이루어지고 있지 못한 것이 현실이다. 그 이유는 교육과정상에서 모든 학생이 참여할 수 있는 통합교육 내용의 선정과 필요한 경우 이를 수정하여 수업을 전개함으로써 진정한 수업통합이 가능하도록 하는 구체적이고 체계적인 안내가 없었기 때문이다. 이러한 현실에서 이 책은 우리의 통합교육 현장에서 고민하고 있는 일반교사 및 특수교사 모두에게 통합교육 상황에서의 수업통합에 관한 구체적인 방법과 사례를 제공함으로써 장애학생의 궁극적인 교육과정 통합의 지침서가 될 것으로 기대한다.

이 책은 통합교육의 토대가 되는 기초 원리부터 교육과정 통합으로의 안내 및 구체적인 교육과정 수정 방법과 이를 지원하는 절차를 제시할 뿐 아니라, 전반적인 영역에서의 지원을 필요로 하는 중도장애 학생의 통합교육에도 도움이 되는 안내서로서의 내용을 갖추고 있다. 특히 이들 내용과 관련한 것을 여러 유형별 학생의 교수적 수정 및 지원 사례를 중심으로 제시하고 있어 지금까지의 교육과정 통합과 수정을 통한 수업의 모호성을 탈피하였다는 점에서 매우 유용하다고 할 수 있다.

통합교육 환경에서 효과적인 교수·학습이 이루어지기까지는 일반교사와 특수교사는 물론 학생과 부모 및 관계자 모두의 지속적이고 협력적인 노력이 요구된다. 이는 곧 모든 팀 구성원들의 역할과 노력을 인정할 때 가능하기에 무엇보다도 상호 존중을 통한 유대감이 필요하다.

이 책은 번역서이기에 문화적 차이로 인한 어려움이 나타날 수 있을 것이다. 이 또한 수정의 과제로 생각하여 지혜로운 조절을 통하여 해결하기에 충분하리라 본다.

이 책을 출간할 수 있도록 이끌어주시고 번역 내용에 대한 감수를 맡아주신 신현기 교수님께 깊은 감사를 표하며, (주)시그마프레스 강학경 사장님을 비롯하여 편집 과정에서 많은 신경을 써주신 편집부 이지선 선생님과 직원 분들께도 감사의 인사를 전한다.

차례

계획, 실행, 그리고 평가
광범위한 지원을 필요로 하는 학생을 위한 개별화된 수정과 지원

핵심 교육과정 교수에 모든 학생 통합하기

통합교육
통합교육 전반에 관하여

핵심질문

● 통합교육을 규정하는 특성에는 어떤 것들이 있는가? 어떤 철학적 · 구성적 · 교수적 실제가 통합교육의 기초를 제공하는가?
● 통합교육의 실제는 학생지원과 교육개선을 위한 노력에 있어서 어떻게 학교체계에 부합하고 있는가?
● 장애학생을 포함해 모든 학생을 지원하는 학교체계를 만들기 위해 교육자가 취할 수 있는 조치에는 어떤 것들이 있는가?

이 책은 일반학교 및 학급에서 다양한 강점과 요구를 가진 학생들을 성공적으로 교육하려는 일반교사, 특수교사, 지원인력, 부모에게 실용적이면서도 즉시 활용할 수 있는 자료가 되도록 설계하였다. 이 책의 최우선적 목적은 교육 팀이 (1) 다양한 장애를 가진 학생들에게 효과적인 교수를 계획하고 전달할 수 있도록, 그리고 (2) 특별한 지원과 중재를 필요로 하는 학생들의 소속감이나 학급 구성원으로서의 지위에 손상을 주지 않으면서 그것들을 제공할 수 있는 협력적이고 유연한 접근방식을 보여주기 위한 것이다. 학교 행정가가 이 책에 담긴 내용을 이해하는 것도 매우 중요한 일이 될 것이다. 장애아동의 가족에게도 도움이 되겠지만 이 책의 최우선적 독자는 매일같이 실제로 교수를 계획하고 전달하고 있는 학교 내 교육 팀의 구성원들이다.

폭넓은 지원 요구로 인해 개별화 교육 프로그램(Individualized Education Programs, IEPs)에 교육과정의 수정 및 여러 특수교육 서비스와 지원이 포함된 학생들이 특별한 주목을 받고 있는 건 사실이지만 우리는 이 책에서 다양하게 분류되는 특수교육이 필요한 학생들을 통합하고 있는 초·중·고등학교 모두를 염두에 두고 있다. 이러한 학생들(중도중복장애, 지체장애, 의사소통장애, 중등도에서 중도 자폐증 등으로 기술되는)은 일반적으로 교수 프로그램과 관련한 요구뿐만 아니라 교육기회로 접근하고, 그것으로부터 혜택을 받는 것과 관련된 또 다른 지원 요구들에 관한 조절(accommodation)과 수정(modification)이 담긴 IEP를 가지고 있다. 후자에 해당하는 지원에는 신체관리 및 자기간호, 행동지원 및 중재, 운동이나 의사소통 혹은 감각적 요구를 위한 관련 서비스 등이 포함된다. 이 책은 교수 프로그램과 관련된 조절과 수정에 관해 집중적으로 다루고 있다. 비록 이 책이 IEP의 목표를 결정하고 그것을 성취하는 데 필요한 서비스와 지원에 대한 제안을 제공하고 있지만, 통합환경 내 학생들을 위한 다학문적 사정이나 IEP 개발을 위한 종합적인 절차를 제공하는 것은 아니다. [중도 중복장애학생들을 위한 IEP 개발 등에 대해 보다 종합적인 정보를 얻기 위해서는 다음의 자료 참조, Downing, 2008; Giangreco, Cloninger, & Iverson, 2011; Ryndak & Alper, 2003; Snell & Brown, 2011a. Teachers' Guides to Inclusive Practices 시리즈에 속하는 *Behavioral Support*(Janney & Snell, 2008)는 일련의 긍정적 행동중재와 지원의 개발을 위한 상세 안내사항을 제공]

학교체제가 준비되어 통합환경에서 효과적인 교육이 제공되기까지는 여러 해에 걸쳐 많은 사람들의 노력이 요구되곤 한다. 이 책은 학교체계를 통합적으로 만드는 것보다는 학급전략에 초점을 두고 있다. 우리는 통합적인 학교를 만드는 데 소요되는 체제의 변화 노력에 대해서는 심도 있게 다루지 않을 것이다. 그러나 유용한 자원(부록 B 참조)의 제공과 함께 이 장의 마지막 절에서 학교개선 혹은 체제변화 노력을 위한 일반 원리와 구체적인 전략을 제안할 것이다.

이 책은 교수를 설계함에 있어서 (1) 가능하면 보편적인 효과를 지니고, (2) 학급 구성원 자격을 유지하는 동시에 특정 학생들이 가진 개별화된 교육적 요구를 충족시킬 수 있는 지원과 수정들을 통합하는 데 중점을 두고 있다. 우리는 학급교사가 (1) 학급 내 모든 학생을 학급의 완전한 구성원으로 고려하고, (2) 학생들의 요구에 기초해 선정된 다른 교사들 및 지원인력들과 직간접적으로 협력하며 이 학생들과 새 학년을 시작하는 것을 가정할 것이다. 또한 우리는 일반교사와 특수교사가 매시간 협력교수(co-teaching)를 해야 한다고 생각하지는 않지만 협력 팀 활동을 통해 학생들에 대해 공동책임을 진다고 가정할 것이다.

이 장에서는 통합학급에서 효과적으로 학생들을 가르치는 데 토대가 되는 기초 원리와 다양한 학교 및 학급의 실제를 개관할 것이다. 제2장에서는 학생들의 성취도를 향상시키고 다양한 학습 요구를 지닌 학생들의 통합을 활성화하는 데 효과가 있는 것으로 알려진 일련의 교육과정적 접근과 교수방법을 알아볼 것이다. 제3장과 제4장은 필요시 개별화된 수정과 지원을 개발하기 위해 사용될 수 있는 절차와 전략을 기술하고 있다. 특히 제3장은 많은 요구를 지닌 학생에게 요구되는 수정과 지원에 관한 팀 의사결정 모델 혹은 개념틀을, 그리고 제4장은 학생들의 성취를 확보하는 데 필요할 수 있는 지속적 교수와 보다 특화된 방법을 포함해 많은 지원 요구를 지닌 학생을 위한 교수의 적용과 평가를 위한 절차를 제시하고 있다. 제5장은 문해, 수학, 사회, 과학과 같은 핵심 교과의 통합교수와 사정을 위한 안내와 제안을 담고 있다.

학생들을 통합교육에 부합하는 방식으로 교육하기 위해 이 책의 가이드라인과 아이디어를 제공하는 것 자체로도 도움이 될 수 있지만, 각 팀들은 서로 다른 많은 아동, 지역사회, 학급들을 상대로 하는 작업에 있어서 어떤 것들이 성공적인지를 지속적으로 파악해나가야 할 것이다. 우리는 통합교육에 있어서 각 팀이 문제해결적 오리엔테이션을 지녀야 한다고 강력하게 주장하지는 않는다. 진정 중요한 문제는 "특정 학생을 위해 특정 학교에서 어떻게 해야 하는가?"이다. 이 책은 이 질문과 관련된 협력적 문제해결과 의사결정 절차를 안내하도록 의도한 것이다.

교수를 계획하고 전달하고 평가하는 절차는 교육 팀으로 하여금 현재의 지식에 부합하는 아이디어뿐만 아니라 실용적이고 효율적인 아이디어들을 선택하고 조합할 것을 요구하고 있다. 이 책에 기술된 교수실제의 명료성은 연구 혹은 타당한 증거에 기반을 두고 있다. 뿐만 아니라 이 교수실제는 능력이 다양한 학생에게서 타당성이 입증되었거나 혹은 학습자의 개인차에 유연하고 반응적이어서 통합교육의 실제로 굳게 믿을 수 있는 것들이다(Odom, Horner, Snell, & Blacker, 2007; Snell & Brown, 2011a).

물론 우리의 생각 그리고 이 책에서 기술된 전략 중 일부는 다른 교육자와 학자들의 성과에 영향을 받았다. 계획과 의사소통 도구의 일부를 포함해 개념적 이슈들 중 다수가 오랫동안 통합교육의 실제를 안내해온 다른 전문가들의 연구로부터 차용한 것이다(예 : Downing, 2008; Giangreco, Cloninger, et al., 2011; Rogan & Davern, 1992; Udvari-Solner, Causton-Theoharis, & York-Barr, 2004). 이 책의 제1 저자(Janney)와 현장교사들이 힘을 합하여 이 책에 나오는 구체적인 계획도구와 수정전략의 예들을 설계하였다. 이들은 소속된 학교와 교육청 행정가들로부터 비교적 충분한 지원을 받아온 교사들로서 다양한 요구와 능력을 지닌 학생들을 다년간 지도한 경험을 가지고 있다. 그럼에도 불구하고 이들 역시 덜 통합적인 학교체제에서 근무하는 교사들이 경험하는 어려움 중 많은 부분을 동일하게 직면하고 있다. 그 어려움에는 오늘날 교육자들에게 큰 압력으로 작용하는 이권이 걸린 평가(high-stakes testing) 및 공적 책무성 체제와 직결되는 교육과정 실천과 학업 성취에 대한 요구 등이 포함된다. 뿐만 아니라 이 교사들은 국가기준에서 저소득층에 속하고 학교에서 어려움을 겪을 위험이 있는 인구통계학적 요인들에 부합하는 학생들의 비율이 높은 학교에서 근무하고 있다. 그러므로 이 책에 실린 실제적 전략 중 일부는 이상적인 내용이라 할 수 있겠지만 이 전략이 매일 도전과 보상이 발생하는 현실의 학급에서 실제 교사들로부터 나온 것이라는 점을 참고하길 바란다.

이 책의 각 계획도구나 전략은 우리가 실제로 알고 지내던 학급 그리고 그 학생들의 사례를 활용해 제시하고 있다. (이 양식 중 일부가 부록 A에 실려 있으며, http://www.brookespublishing.com/janney에서도 제공받을 수 있다.) 이 사례들은 모든 학생이 인근 지역 학교에 다닐 기회를 가지며 적합한 연령의 학급에 배치된 통합학교 체제에서 일련의 학습과 지원 요구들을 보여주기 위해 발굴한 것이다. 이 학생들의 연령은 6~18세이며 일련의 학업 및 지원이 필요하다.

- 애비는 초등학교 1학년에 재학 중인 6세 여아이며, 지적장애와 경도의 뇌성마비를 지닌 중복장애 학생이다. 그녀는 다양한 지원과 수정을 통해 많은 학급활동에 활발하게 참여하고 있으며, 평소 워커를 사용하지만 다소 불안정해서 앉거나 일어설 때 도움을 필요로 한다. 비상징적 의사소통을 주로 사용하지만 선택과 요구가 가능하도록 그림 상징과 일부 단어들을 학습하고 있는 중이다. 가끔은 문제행동으로 자신을 표현하기도 한다.

- 체이스는 초등학교 4학년에 재학 중인 10세 남아이며, 기계나 전자장치라면 무엇이든 좋아한다. 지적장애로 인해 특수교육을 받고 있는데, 모든 학업영역에서 제한적(limited)이거나 확장적(extensive) 지원을 필요로 하지만 기능적 생활기술 영역에서는 제한적 지원만을 필요로 한다. 또한 체이스는 심각한 행동적 지원 요구를 가지고 있는데, 이는 긍정적 행동중재와 지원(Positive Behavioral Intervention and Support, PBIS)을 위한 종합계획을 통해 다루고 있다. 체이스는 기초수준의 읽기와 수학기술을 가지고 있으며 기억력이 좋은 편이다. 매우 활동적이며 호기심이 많고 강한 의지를 가지고 있는데, 자신이 선택한 과제가 아닐 경우 5~10분 이상 참여시키는 것이 어렵다.

- 바네사는 6학년 여학생으로 학습장애를 가지고 있다. 그녀는 수학, 문제해결력, 고

등사고는 매우 뛰어나지만 읽기(해독과 유창성), 쓰기, 조직화에 어려움을 경험하고 있다. 그녀는 자신이 가진 학습의 어려움에 대해 남의 시선을 의식해왔으며 자기통제와 자존감을 개발할 지원을 필요로 한다.

- 아론은 지적장애와 뇌성마비를 지닌 17세의 남학생이다. 그는 이번 학년도에 고등학교를 졸업할 예정이며, 현재 고등학교에서 중등 이후 교육으로의 전환에 적극적으로 참여하고 있다. 내년에 아론은 인근 지역의 전문대에서 개설하는 고등학교 이후 교육 프로그램에 출석할 계획을 가지고 있다. 그는 뇌성마비로 인해 하루 일과 중 많은 시간에 휠체어를 사용하며 소리, 얼굴표정, 몸동작, '네/아니요' 반응, 컴퓨터 기반의 음성산출 휴대용 의사소통 장치 등 다양한 의사소통 수단을 사용한다. 아론이 언제나 사용할 수 있는 보다 신뢰할 수 있는 의사소통 체계를 갖기까지 그간 다양한 노력이 있어 왔으며 그것은 지금도 계속되고 있다.

통합교육의 특성

통합이란 지원과 서비스의 제공을 훨씬 뛰어넘는 매우 복잡한 개념이다. … 통합은 학교를 새롭게 만드는 것이며, 모든 학생을 위한 교육체제로의 변화이다. 효과적인 통합교육의 실제는 교육과정의 변화를 요구하며, 교사가 어떻게 가르쳐야 하는지, 학생들이 어떻게 학습해야 하는지 그리고 교사들뿐만 아니라 장애학생과 비장애 학생들이 서로 어떻게 상호작용해야 하는지 등 … 효과적인 학교 실제와 통합적 교육 모델은 동의어이며 상호의 존적이다. (Grenot-Scheyer, Fisher, & Staub, 2001, pp. 3-4)

이 책 속의 자료는 몇 가지 가정과 신념에 기초하고 있는데, 그것은 통합교육이 의미하는, 그리고 통합교육을 성공적으로 수행하기 위해 필요한 것들이라 할 수 있다. 우리의 견해에 비추어볼 때 통합교육은 특정 학생이나 학교를 위해 제공하는 어떤 형태의 학교(예 : 통합 대상학생 혹은 통합학교) 혹은 간헐적인 기반(예 : "그 학생들은 전공수업/점심식사 시간에 통합된다.", 또는 "그 여학생은 수요일과 금요일에 통합된다.")이 아니라 체제 전체 그리고 학교 전체의 과업에 해당한다.

표 1.1에는 통합교육이 장소를 훨씬 뛰어넘는, 그리고 특수교육 서비스와 전략의 변화 노력을 훨씬 뛰어넘는 그 무엇임을 분명히 보여주는 통합학교의 결정적 특성 일곱 가지가 제시되어 있다. 참으로 2004년 미국 장애인교육법(PL 108-446)에서는 특수교육을 "장애아동의 독특한 요구에 부합하기 위해 … 특별히 설계된 교수"(20 U.S.C. § 1400;

표 1.1 통합학교의 특성

모든 학생은 자신과 가족이 학교사회의 소중한 구성원으로 여겨지는 학교에 환영을 받으며 다닌다.

학교문화에는 평등, 민주주의, 높은 기대, 다양성, 협력, 모든 학생에게 학습 및 공헌능력이 있다는 신념 등의 공유된 가치가 반영되어 있다.

장애학생과 비장애학생들의 수가 지역인구에서 나타나는 비율과 동일하고, 연령에 적합한 학급에 완전한 구성원으로 존재한다.

학교 팀은 학생의 개별화 교육 프로그램(특별한 서비스와 지원, 조절, 수정 등을 포함)을 결정하는 데 있어서 학생의 장애범주에 기초하지 않고 유연한 의사결정을 사용한다.

일관성 있는 서비스 전달 모델은 일반교사, 특수교사 및 기타 인력들이 특화된 서비스와 지원을 연령과 학교 맥락에 적합하도록 협력해 구성하며, 특화된 서비스를 지속적인 교수와 함께 편성한다.

다양한 요구와 능력을 가진 학생들이 필요한 지원과 수정을 통해 개별적인 학습성과를 지향하는 동시에 공유된 학습경험에 참여한다.

행정가들은 공유된 사명의 성취와 전문가 사회의 공유된 리더십을 정착시키는 방향으로 학교인력에 동기를 부여하고 지원한다.

IDEA, § 602[29])로 정의하고 있으며, 그와 같은 교수가 어떤 장소에서 이루어지는지에 대해서는 언급하지 않고 있다. 또한 연방법률(Federal Regulation)에서는 특수교육을 "아동의 장애에 기인한 독특한 요구를 충족시키기 위한, 그리고 일반 교육과정에의 접근을 보장하기 위한 수정 … 내용, 방법론, 혹은 교수의 전달"(34 C.F.E. 300.39[3])을 위해 특별히 설계된 교수로 정의하고 있다.

통합교육은 학교를 보다 유연하고 예방적이고 인내하는, 그러면서 아동과 그 가족의 맥락에 보다 반응적으로 만들고자 변화(transform)하는 총체적인 노력의 한 부분이다(Schnorr, 1997). Munk와 Dempsey(2002)는 "효과적인 통합교육의 실제를 실행하고 유지하는 것은 학교의 사명 차원으로 언급될 만한 학교 전체의 헌신 그리고 조직과 실제의 구축을 요구한다."고 지적했다(p. 2). 통합교육의 참모습은 번창하는 배움의 사회에서 일어나는 지속적인 성장의 일부인 것이다.

교육 서비스를 제공하는 하나의 방식으로서의 통합교육 실제의 성공은 교사의 지식과 가장 효과적인 교육과정 및 교수방법을 사용하는 것 이외에도 많은 변인에 의존한다. 학생, 교사, 지원인력들이 학급에 배정되는 방식 그리고 지원인력을 포함해 여러 자원이 배분되는 방식 등 모든 것이 학급 내 교사와 학생들 사이에 발생하는 사건과 교육경험의 질에 중요한 영향을 미친다. 한 통합교육 서비스 전달 모델은 학교와 학급에서 일반 또래들에게 피해가 가지 않으면서도 특수교육 서비스와 지원을 제공하는 것이 가능하도록 인력배정(즉 학생을 교사에게 그리고 교사를 학급에 배정하는 방식)과 서비스 전달방법 (예 : 교수, 지원, 상담)을 통합하고 있다. 지원인력이 일하기 쉽도록 장애학생들을 특정 학급에 모아놓는 것이 아니라 연령에 적합한 학급에 자연적 비율대로 배치하고, 특수교 사들이 자료실에 격리되거나 너무 많은 학급에 분산되는 것이 아닌 '우리의' 학생들을 위한 교수 및 계획 팀의 구성원이 될 수 있도록 배치하는 것이다(그림 1.1 참조).

　통합학교들은 초 · 중 · 고 수준이나 전체 학생 수와 같은 요인에 따라 다양하게 서로 다른 지원인력들을 활용한다. 지원인력 배치는 학 학년의 학생 수와 특수교육 대상학생 의 수에 따라 해마다 달라질 수 있다. 이러한 학교들이 공유하고 있는 공통점 한 가지는 행정가와 교사들이 특수교사와 일반교사들을 하나로 만들고, 지원인력이 교육 팀에 통 합되도록 지원하는 방안을 고안해왔다는 것이다. 특수교사들을 특정한 학년 그리고 몇 몇 학교환경에서 몰려 있는 학생들에게 할당하는 것은 매우 중요한 일이다. 초등학교에

연구가 말하는 것

어떤 학교에서 특수교사들은 특수교육 자료실이나 전일제 특수학급에서만 근무한다. 또 다 른 학교에서는 근무 시간 중 일부를 자료실과 몇몇 일반학급에서만 보내는 경우도 있고, 여 러 학년의 많은 일반학급에서 시간을 보내는 경우도 있다. 특수교사의 활용에 있어서 이러 한 접근법은 교사들에게 좌절감을 줄 수 있고, 학생들에게 질 낮은 서비스를 초래할 수 있 다. 이런 식으로 특수교사를 자료실과 일반학급 그리고 수많은 일반학급들 사이를 부단히 오가도록 만드는 것은 특수교사들에게 다음의 결과를 가져올 수 있다.

- 일반학급에서 무슨 일이 일어나는지 알지 못하고 해당 맥락에 적합한 지원을 제공할 수 없다.
- 자료실에서 익힌 기술을 일반학급에 어떻게 일반화하는지 감을 잡을 수 없다.
- 일반학급 내 학생들의 행동을 제대로 파악하기 어렵다.
- 일반학급 내 학생들을 위한 교수나 지원을 제공하기 어렵다.
- 준전문가들에 의해 제공된 지원을 점검하기 어렵다.

이러한 문제들에 대한 해결책은 학교가 교사나 학생을 특수학급에만 있게 하는 것이 아 니라 모든 특수교사들이 매일 정기적으로 그들이 담당하는 학생이 포함된 일반학급에 들어 가게 하는 통합 프로그램을 갖고 있느냐에 달려 있다.

그림 1.1　특수교사가 있어야 할 장소

출처 : Causton-Theoharis, Theoharis, Bull, Cosier, & Dempt-Adrich, 2011; Snell, 2002; Snell & Macfarland, 2001.

서 특수교사들은 종종 특정 학년 팀 혹은 특정 학년군 위주의 팀 구성원으로 활동한다. 중학교에서는 특수교사들이 팀, 건물, 소집단 혹은 가정 사이를 연결해주는 역할을 맡을 수 있고, 고등학교에서는 학년과 과목이 조합된 팀에 할당되기도 한다.

장애학생들이 보다 완전하게 통합되길 추구하는 교육자, 행정가, 부모 등은 통합교육과 교육의 개선을 촉진하는 전략에 대한 연구물을 더 배울 수 있길 희망할 것이다(부록 B 참조). 선행연구들에 의하면 학교의 변화노력이 시작될 때 변화과정 속에 있는 참여자들은 '왜 우리가 이걸 하고 있지?', '이것이 가져오는 혜택은 무엇이지?'와 같은 의문에 대한 답을 원한다고 한다. 일부 교사들은 팀 주도 교수의 실제와 개별화된 지원이 학생들의 사회적·학업적 성과에 미치는 긍정적 효과를 통합교육의 가장 큰 혜택으로 보고 있다(Janney, Snell, Beers, & Raynes, 1995). 그림 1.2는 장애와 비장애 학생들에 대한 혜택을 포함해 통합교육의 토대가 된 연구들에 대한 요약을 제공하고 있다.

어떤 이해관계자들은 통합의 당위성을 미국 장애인교육법(IDEA)의 최소제한환경(Least Restrictive Environment, LRE) 원리에서 찾고 있다. 최소제한환경 원리에 따르면 "보조적 지원이 제공된 일반학급에서 장애 본연의 특성이나 심각성으로 인해 교육이 만족스럽게 성취될 수 없을 때에 한해" 학생을 일반학급에서 분리할 수 있다고 규정하고 있다(20 U.S.C. 1412[a][5]). 나아가 "일반 교육과정의 수정이 필요하다는 이유만으로 아동을 일반학급에서 분리할 수 없다."는 IDEA 규정도 있다(34 C.F.R 300.116).

이해관계자들 중 일부는 학업성취의 혜택을 보여주는 연구에 주목하는 반면 IDEA 내에서 통합교육의 충분한 기초를 찾는 이들도 있다. 특정 교육자들과 부모는 장애학생과 비장애학생들이 점차 서로 수용하는 법을 배우고, 상호작용하고, 친구가 되고, 서로를 지원해주는 사회적·정서적 혜택들에서 통합교육의 가장 강력한 이유를 발견하기도 한다(그림 1.3 참조). 어떤 교육자들은 직업윤리규정 속에서 통합교육의 당위성을 찾기도 한다. "특수교사들은 가능한 한 가장 높은 학업성과와 삶의 질을 위해 예외적 학생들에 대한 기대수준을 유지하며 … 헌신하고 …"(Council for Exceptional Children, 2010), "교사들은 각 학생들이 사회의 가치 있고 영향력 있는 구성원으로서 자신의 잠재성을 실현할 수 있도록 돕는 데 최선을 다해야 한다"(National Education Association, 1975).

학교차원 학생지원 체계를 구축하기 위한 구성틀

장애학생을 사회적·학업적으로 일반학급에 통합시키기 위해서는 학교차원의 큰 목표

연구가 말하는 것

다음의 연구들은 통합교육에 관한 핵심적 성과로 일컬어진다.

- 통합환경에서 적절한 지원이 제공되면 장애학생은 높은 수준의 사회적 상호작용을 보여줄 수 있다. 그러나 물리적 통합 자체가 긍정적인 사회적 성과를 보장해주는 것은 아니다(Carter, Sisco, Brown, Brickham, & Al-Khabbaz, 2008; Katz, Mirenda, & Auerbach, 2002; Kennedy, Shukla, & Fryxell, 1997).

- 상호적인 소집단 맥락은 기술의 습득과 사회적 수용을 용이하게 해준다(Hunt, Staub, Alwell, & Goetz, 1994; McDonnell, Mathot-Buckner, Thorson, & Fister, 2001).

- 장애학생과 비장애 또래들 간에도 친구관계가 존재한다. 그러한 친구관계가 활성화되는 데 있어서 교사들은 중요한 역할을 담당한다(Matheson, Olsen, & Weisner, 2007; Meyer, Park, Grenot-Scheyer, Schwartz, & Harry, 1998).

- 많은 교사들이 처음에는 통합교육을 주저하지만 지원을 제공해주고 경험이 쌓이면 자신의 능력에 대해 보다 큰 확신을 갖게 된다(Giangreco, Dennis, Cloninger, Edelman, & Schattman, 1993).

- 장애학생을 통합한다고 해서 비장애학생들의 학업성취가 방해받는 것은 아니며(Dugan et al., 1995; Hunt, Staub, et al., 1994; Kalambouka, Farrell, Dyson, & Kaplan, 2007; McDonnell et al., 2003; Sharpe, York, & Knight, 1994; Staub & Peck, 1994-1995), 때로는 향상되기도 한다(Cole, Waldron, & Majd, 2004; Cushing & Kennedy, 1997).

- 비장애학생들, 특히 공식적인 또래지원 노력에 참여했던 학생들은 서로가 가진 차이를 수용하고 그 가치를 인정하는 법을 배우게 되며, 개인적 성장과 기타 사회·정서적 혜택들을 경험하게 된다(Baker, Wang, & Walberg, 1994-1995; Carter & Kennedy, 2006; Dugan et al., 1995; Fisher & Meyer, 2002; Fryxell & Kennedy, 1995; Helmstetter, Peck, & Giangreco, 1994; Kennedy, Shukla et al., 1997; Peck, Carlson, & Helmstetter, 1992; Staub & Peck, 1994-1995; Vaughn, Elbaum, Schumm, & Hughes, 1998).

- 장애학생들은 통합환경에서 보다 나은 사회적·학업적 기술을 획득한다(Baker et al., 1994-1995; Cole et al., 2004; Fisher & Meyer, 2002; Hunt, Ferron-Davis, Beckstead, Curtis, & Goetz, 1994; Hunt, Soto, Maier, & Doering, 2003; Hunt et al., 1994; Lipsky & Gartner, 1995; McDonnell et al., 2003; Rea, McLaughlin, & Walther-Thomas, 2002).

- 특수교사와 일반교사들은 학생들의 사회적·학업적 성장을 지켜보면서 전문가로서의 성장과 개인적 만족을 경험한다(Copeland et al., 2002; Copeland et al., 2004).

그림 1.2 통합교육의 토대가 된 연구

연구가 말하는 것

장애학생과 비장애학생들 사이에서 지원 네트워크 및 기타 긍정적 대인관계를 활성화하는 것은 통합교육의 성공에 필수적인 사항이다. 비록 통합학급에서 장애학생과 급우들 사이에 친구관계는 물론 다양한 사회적 상호작용이 가능하고 실제로 발생한다는 풍부한 증거가 있기는 하지만 단순히 통합학급에 장애학생을 배치하는 것만으로 긍정적인 사회적 관계가 형성되는 것을 보장할 수 없음은 분명하다(McGregor & Vogelsberg, 1998). 사회적 관계와 또래지원의 직간접적 활성화 없이는 장애학생들이 학교와 학급 내 사회생활에서 부분적 통합만을 경험하게 될 수 있다(Deshler et al., 2002). 특히 고등학교 환경에서 그리고 지적장애학생들이 이러한 경험을 할 가능성이 매우 높다(Kennedy, Cushing, & Itkonen, 1997).

이를 위한 전략으로는 사회적 환경의 개선과 지원인력 및 학생들의 장애에 대한 태도를 개선시키는 간접적인 방법에서 학생들 간 긍정적이고 지원적 관계를 형성하는 직접적인 방법에 이르기까지 다양하다. 예를 들면, 장애학생과 얘기를 나누고, 도와주고, 관계를 맺고 상호작용하는 우연적(때로는 명시적) 모델링에 의한 사회적 환경의 개선이 또래관계에 간접적으로 영향을 미칠 수 있다. 또래관계를 형성하고 지원하는 직접적인 접근에는 MAPS(실행계획 세우기라고도 함; Forest & Lusthaus, 1989; Vandercook, York & Forest, 1989), 개인적 미래 계획하기(개인중심 계획하기)라고도 함; Browder, Bambara, & Belifore, 1997; Holburn & Vietze, 2002), 그리고 친구집단과 짝을 맺어주는 것과 같이 보다 구조화된 집단적 지원 절차가 있다. 학업과 사회적 지원을 위해 중·고교 장애학생과 비장애학생들에 대해 제공하는 구조화된 또래지원 중재에 대해서는 제4장에서 설명하고 있다. 장애학생과 비장애 급우들 간의 또래지원과 건설적인 관계를 촉진하기 위한 전략은 *Social Relationships and Peer Support, Second Edition*(Janney & Snell, 2006)에서 심도 있게 다루어지고 있다.

그림 1.3   사회적 관계와 또래 지원 촉진

한 가지를 갖도록 요구한다. 그것은 학생의 요구를 다룰 수 있는 학교역량을 확보하는 것이다(Capper & Frattura, 2009; Causton-Theoharis, Theoharis, Bull, Cosier, & Dempt-Aldrich, 2011; Sailor & Roger, 2005; Waldron & McLeskey, 2010). 특수교육에서의 개혁은 점차 차별화 교수(differentiated instruction)와 같은 일반교육의 개혁과 그 궤를 함께 해나아가고 있다(Tomlinson, 2001). 학교는 장애학생의 통합 그 자체를 개혁으로 보기보다는 모든 학생에게 혜택이 돌아가는 종합적이며 통합적인 개선을 위한 인적·재정적 자원의 통합시도를 개혁으로 여기고 노력하는 중이다.

지원 피라미드

그림 1.4는 모든 학생의 성공 그리고 성공적인 통합을 위해 노력하는 학교들이 효과적인 지원과 중재를 고민하고 구성하는 데 도움이 될 만한 개념틀 한 가지를 보여주고 있다. 그림 내 삼각형은 교육실제를 3단계로 나누고 있는데, 가장 하단의 1단계는 학교차원의 실제와 서비스를, 가운데 위치한 2단계는 소집단 중재와 지원을, 그리고 가장 상단의 3단계는 개별화된 지원과 중재를 나타내고 있다. 공중보건의 3단계 예방 모델에서 착안한 이 모델은 2004년 IDEA의 중재반응 모델(RTI)에 내재된 논리, 그리고 학교 전체에 걸친 긍정적 행동중재 및 지원(PBIS)의 3단계를 분류하는 데 사용되는 개념틀과 보조를 맞추고 있다(Sailor, Dunlap, Sugai, & Horner, 2009; Walker, Ramsey, & Gresham, 2004). IDEA의 RTI(즉 중재반응 모델) 요건들은 특수교육 사전의뢰, 의뢰 및 진단절

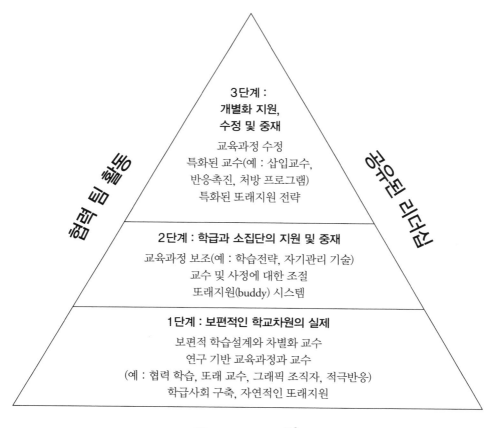

그림 1.4 학교차원 학생지원체계의 개념틀

차에 다소 인색한 편이며, 학생에게 특수교육 적격성을 부여하기 전에 학습과 행동문제를 다루기 위한 노력에 있어서 다소 덜 특화된 중재가 실행되어야 한다고 규정하고 있다. 보편적 혹은 학교차원의 접근과 실제에는 보편적 학습설계[Universal Design for Learning, UDL; Center for Applied Special Technology (CAST), 2010]의 원리들, 학생들의 학습기회를 극대화해주는 연구 기반 교수방법 그리고 학교차원의 훈육 프로그램 등을 포함하고 있다. 이러한 보편적 교수실제는 적절히 시행될 경우 대부분의 학생(대략 80~90%)에게 효과가 있다. 학생들이 낮은 문해력과 수학기술 그리고 전반적으로 저조한 출석과 수행과 같은 위험요인들을 가지고 있다면 2단계, 즉 예방전략이 적용된다. 여기서는 그러한 학생(대략 5~15%)을 장애의 유사성에 따라 소집단으로 편성하고 1단계보다 특화된 중재(예 : 성인멘토, 튜터, 처방적 읽기 프로그램, 자기관리 지원)를 제공한다. 1~2단계보다 특화된 3단계의 중재는 확인된 개별적 요구에 부합하도록 설계되어 있으며 1~2단계의 전략으로는 바람직한 성과를 얻을 수 없을 때에 한해(대략 1~5%의 학생) 적용된다. RTI의 본래 의도는 학습장애를 진단하는 데 있어 보다 타당한 기반을 구축하기 위한 것으로, 심리측정적 사정 데이터에 교수중재의 결과 데이터를 추가하는 것이다.

이러한 3단계 모델의 논리는 학업과 행동문제를 가진 학생들을 위한 학교차원의 예방 프로그램에 적용할 수 있으며, 이미 IEP를 가지고 특수교육 서비스를 받고 있는 학생들을 위한 지속적 중재와 지원에 관한 의사결정에도 적용할 수 있다(Copeland & Cosbey, 2008/2009; Sailor et al., 2006). 학생들의 학업진전과 교수지원에 관한 지속적 의사결정에 폭넓게 적용할 경우 1단계의 보편성에 입각해 설계된 교육과정과 증거 기반 교수전략은 학생들 대부분의 학습요구에 부합할 뿐만 아니라 통합교육의 핵심인 공유된 학급경험을 위한 공통의 기반을 구축하는 데 도움이 된다. 학급차원의 또래매개 교수와 또래지원 그리고 차별화된 교재들과 같은 접근은 장애와 비장애 학습자 모두에게 도움이 된다.

지원이 필요한 학생에게 학교차원의 지원체계가 광범위한 것이라면, 2단계 전략은 그러한 보편적인 실제를 보충하기 위해 보다 특화된 지원을 제공한다. 특수아동 대상 연구를 통해 타당성이 확보된 실제로 이루어진 보충적 교수(supplemental instruction)와 IEP의 구체적인 조절이 그 범주에 속한다. 조절이란 교육과정 수준이나 수행기준에 큰 변화를 주지 않는 학교 프로그램상의 수정을 말하는데, 학생이 교육과정으로의 접근을 가능하게 하고 교육과정의 목표(예 : 보조공학적 기술이 적용된 컴퓨터 마우스, 추가시험 시간, 칠판 근처 좌석의 제공)의 변화 없이 학습을 할 수 있도록 해준다.

　만약 그러한 중재와 지원 그리고 합당한 조절의 제공에도 불구하고 학생이 적절한 진전을 보이지 못한다면 3단계의 보다 더 특화된 중재와 지원이 제공된다. 이러한 집중적이고 개별화된 중재와 지원을 받는 학생들은 중도장애 혹은 지원 요구가 큰 학생으로 기술될 것이다. 효과가 입증된 특화된 교수방법(예 : 시각적 양식전략, 과제분석 및 연쇄전략, 체계적 촉구와 강화)과 개별적인 PBIS 계획이 교육과정 수정과 함께 이 범주에 속한다. 여기서 교육과정 수정이란 교육과정 목표와 수행기준을 수정한 교수 프로그램상의 변화를 의미한다.

　통합교육의 철학과 실제와 일관되도록 이 개념틀은 다음의 내용을 강조하고 있다(Snell & Brown, 2011a).

- 특수교육과 일반교육이라는 별도의 체계를 구축하는 것이 아니라 학생의 성공을 신장시키도록 설계된 학교차원의 지원과 중재 안에 모든 학생을 통합
- 일반 교육과정이 모든 학생의 학업적 요구에 부합하는 한 모든 학생이 접근 가능하고 일반 교육과정 안에서 진전이 가능할 것이라는 가정
- 대부분의 학생을 위한 학습경험에 독특한 요구를 가진 학생들을 위해 분리된 교수를 새로 추가하거나 재설계된 학습경험이 아닌 보편적 설계에 의한 학습경험
- 가장 덜 개입적인 중재와 지원의 사용. 교사는 일반적으로 효과가 있다는 접근법이 특정 학생의 요구를 충족시키기지 못할 경우에 한해 보다 특화되고 개별화된 중재와 지원으로 전환
- 학습과 보다 특화된 방법의 요구를 판단하는 데 있어서 장애범주를 사용하는 것이 아니라 학생의 수행 데이터를 사용
- 특정 장소에서만 이루어지는 특수교육이 아닌 이동성이 높은 서비스와 지원을 사용. 2단계나 3단계에서 제공하는 서비스, 지원, 중재는 매일의 교육과정 실천에 있어서 환경(setting)의 변화 혹은 보다 특화된 지원으로의 전반적인 이동을 요구하거나 제안하는 것이 아님

　학업적인 것이건 사회행동적인 요구이건 각 단계에서 진전도 점검과 증거 기반 실제를 활용하는 것은 이 모델을 적용하는 데 있어서 필수적인 사항이다. 표 1.1에 제시된 통합교육의 특성을 보여주면서 그림 1.4에 묘사된 학생지원을 위한 학교차원 체계가 실시되는 효과적인 통합학교를 만든다는 것은 교사에게 모든 학생을 가르치기 위한 기술과 지식을 가질 것을 요구하고 있다. 그러나 통합이 효력을 발휘하기 위해서는 교내 지원인

력의 태도와 성향, 학교문화의 질, 학교 조직 및 구조의 다양한 측면에 대한 면밀한 점검 또한 요구된다. 그래서 그림 1.4의 지원 피라미드 주변에 학생지원체계의 성공적 실행을 가능하게 하고 촉진하는 학교문화와 구조의 세 측면인 (1) 통합적인 문화, (2) 협력 팀 활동, (3) 공유된 리더십이 위치하고 있다. 비록 이 책의 최우선적 관심은 학급 내 통합적인 교육과정과 교수 실제를 설계하고 전달하는 데 있지만 우리는 그림 1.4의 세 가지 기반이 되는 요소 각각에 대한 개관 또한 제공할 것이다(이 세 요소를 포함해 통합교육의 핵심적 요소를 상세히 다룬 자료가 부록 B에 제시되어 있다).

통합적인 문화

여기서 문화란 "학교에서 사람들이 서로 간에 어떤 방식으로 관계를 맺는지를 안내해주는 신념과 기대"로 정의될 수 있다(Fullan & Hargreaves, 1992, Walther-Thomas, Korinek, McLaughlin, & Williams, 2000, p. 62에서는 다른 말로 표현됨). 문화의 특성에는 태도와 규준, 신념과 가치, 상징과 의식, 행동양식 등이 포함된다. 모든 학생의 성공을 위해 노력하고 있는 학교들이 공통적으로 가진 기본적 측면 한 가지는 공동체(community)에 기반을 둔 학교문화를 가지고 있다는 것이다. 이것은 학교라는 공동체에서 학생들과 다른 구성원들 간에 돌봄과 지원적 관계를 조성하고, 평등과 민주주의 그리고 다양성의 가치를 강조하는 것을 의미한다(Fisher, Sax, & Pumpian, 1999; Jorgensen, McSheehan, & Sonnenmeier, 2010; Munk & Dempsey, 2010; Salisbury, Palombaro, & Hollowood, 1993; Van Dyke, Pitonyak, & Gilley, 1996; Villa & Thousand, 2005).

　통합학교는 모든 학생과 그 가족들을 환영하고 협력을 제공하고 있다. 그러나 성공적인 통합학교란 그저 따뜻함과 보살핌만을 제공해주는 곳은 아니다. 학교의 사명(mission)에는 높은 기대수준이 설정되어 있고 그 실제를 통해 학습이 매우 가치가 있음을 적극적으로 보여주고 있다. 더욱이 그 문화는 모든 학생의 성공을 위한 협력적 책임감으로 가득 차 있다(Capper & Frattura, 2009; Kennedy & Fisher, 2001; Thousand & Villa, 2005).

　성공적인 학교에 관해 기술한 문헌을 살펴보면 성공적인 통합학교를 만드는 데 필요한 내용을 기술한 전문적인 정보와 매우 일치하는 주제를 동일하게 강조하고 있다. 두 경우 모두 학업적 성과와 밀접한 연관성이 있는 요인(예 : 학습기회, 과제에 집중하는 시간, 학생의 진전에 대한 빈번한 점검)만큼이나 문화적 요인이 중요시되고 있다. 예를 들면, 효과적인 학교에서의 학생성취에 대한 연구는 가정과 학교의 관계(그림 1.5 참조),

높은 기대를 갖는 분위기, 분명하고 초점이 맞춰진 사명 등이 학생의 성공과 상관관계가 있음을 지속적으로 보여주고 있다(Lezotte, 1991; Ratcliffe & Harts, 2011). 이러한 효과적인 학교에서 교사, 부모, 행정가, 기타 공동체 구성원들 사이의 협력은 공동체에 중요한 목표와 가치를 반영하는 학교를 만들기 위해 함께 어울리는 것 이상의 무언가가 있다(Good & Brophy, 2008; Marzano, 2003). 장애학생과 비장애학생 모두의 우수성과 평등을 성취하기 위한 목적으로 재구조화의 과정을 거쳐온 학교에게서도 이것은 동일하게 나타난다(Capper & Frattura, 2009; Grenot-Scheyer et al., 2001; Kennedy & Fisher, 2001; Thousand & Villa, 2005).

대부분의 학교는 민주주의, 평등, 성취, 공동체 의식 등에 가치를 둔다고 주장하곤 하지만 실제로 모든 학생의 성공에 대해 공동의 책임을 지는 학교문화를 창출하고 유지

연구가 말하는 것

긍정적인 가정-학교 간 관계는 학생의 학업성공을 강력하게 예측해주는 하나의 지표가 되며(Ratcliffe & Harts, 2011), 상호 신뢰와 효과적인 의사소통이라는 특성을 가지고 있다. 그러한 관계가 발전되기 위해서는 교육행정가, 학교장, 교사들이 가족을 환영하고, 부모와 긍정적이고 주도적인 의사소통을 하며, 학교와 학급에 부모의 참여기회를 만들고, 자녀의 교육계획과 평가를 위해 부모와 협력하는 노력이 요구된다. 장애학생들을 위한 교육 프로그램의 설계와 실행에 있어서 부모 참여는 2004년에 개정된 미국 장애인교육법(PL 108-446)의 여섯 가지 핵심 원리 중 하나이다(Turnbull, Turnbull, Erwin, & Soodak, 2010).

Giangreco와 동료들(Giangreco, Colninger, et al., 2011)은 성공적인 가족-전문가 파트너십을 촉진시키는 가족에 관한 여섯 가지 가정을 다음과 같이 제안하였다.

- 가족은 자녀의 특정 측면이 다른 아이들보다 낫다는 걸 알고 있다.
- 가족은 자녀가 학습하는 걸 볼 수 있는 최대의 기득권을 가지고 있다.
- 가족은 문화적으로 민감한 방식으로 접근되어야 한다.
- 가족 구성원들은 아동의 학령기 전체에 걸쳐 아동의 교육 프로그램에 참여하는 유일한 성인이 될 수 있다.
- 가족은 공동체가 제공하는 교육 서비스의 질에 긍정적인 영향을 줄 능력을 가지고 있다.
- 가족은 매일매일 교육 팀의 의사결정 결과와 함께 살아야만 한다(2011, pp. 15-17).

가정-학교 관계는 교육전문가들이 이러한 가정을 수용할 때 도움이 된다.

그림 1.5 가정-학교 연계 및 학교의 성공

한다는 것은 어려운 일이다. 학교에서 계획하고 있는 어떤 변화를 실제로 추진하려는 노력과 마찬가지로 통합교육을 촉진하려는 노력은 학교문화와 관련이 있으며(Deal & Peterson, 1998), 학교문화는 학교가 주장하는 가치를 실제로 구현하려는 적극적인 노력을 통해서만 뿌리내릴 수 있다.

만약 어느 학교에 통합, 협력, 민주주의, 평등주의, 우수성을 위한 헌신과 같은 문화가 결여되어 있으면 개선을 위한 노력은 교무회의에서의 공개토론, 사친회 모임, 또는 학년 구분 없는 부모 모임 등을 통해 시작할 수 있다. 그와 같은 토론에서는 성공적인 통합학교의 문화에서 관찰할 수 있는 가치와 신념이 주요하게 다루어질 것이다(Capper & Frattura, 2009; Kennedy & Fisher, 2001; Thousand & Villa, 2005). 토론에서는 다음과 같은 질문에 초점을 맞출 수 있을 것이다.

- 우리는 모든 학생의 우수성과 평등을 기대하고 있는가? 이러한 가치를 보여줄 구체적인 방법에는 어떤 것들이 있는가?
- 우리는 하나의 공동체인가? 우리가 왜 여기에 있는지, 그리고 서로를 어떻게 대해야 하는지에 관한 근본적 가치를 공유하고 있는가?
- 우리 학교는 다양성이 수용될 뿐만 아니라 그것이 모두에게 가져올 수 있는 혜택들에 대해 가치를 부여하고 있는가? 혹시 자신들이 환영받지 못한다고 느끼거나 쓸모없다고 믿고 있는 개인이나 소집단이 있는 건 아닌가?
- 하나의 학교 공동체로서 우리는 모든 학생이 학업적·사회적 성공을 성취하도록 돕는 일에 있어서 책임을 공유하고 있음을 보여주고 있는가?

일단 이러한 핵심적 가치와 신념이 확인되고 동의를 얻게 되면 그것들은 반드시 학교의 정책과 실제에 반영되어야 하며, 학교 공동체의 구성원들은 그러한 가치와 신념에 부합하는 조치를 이해하고 인정할 필요가 있다(Munk & Dempsey, 2010). 통합적 학교문화와 분위기를 만들기 위해, 그리고 그러한 가치와 신념을 구현하기 위해 수행되는 활동은 다음 사항을 포함하게 될 것이다.

- 통합 그리고 통합의 기저가 되는 신념과 가치가 모든 학교 실제의 기준이 되는 학교 사명 진술문의 개발과 전파
- 학교의 정책과 절차가 모든 학생을 위해 존재하며 그들에게 혜택을 주고 있는지에 대한 확인
- 학교 혹은 지역사회에서 가족들 간에 문화에 대한 정보를 공유하는 것처럼 서로 다

른 특성과 능력에 대해 어떻게 가치를 부여하는지 보여줄 수 있는 다양한 학교차원 그리고 개별 학급차원의 활동

- 새로 온 학생과 그 가족 그리고 새로 부임한 교사와 지원인력 등을 환영하는 조직 적 활동
- 학생, 지원인력, 부모가 서로 만남을 갖고 참여할 수 있게 시설 공개, 창조적 활동, 공동체 행사 등과 같은 기회의 제공
- 도움이 필요한 사람들에게 음식이나 서비스 제공하기, 재활용이나 청소 캠페인 조 직하기, 지역사회 정원이나 공원에서의 노력봉사와 같은 지역사회 봉사활동
- 서로 다른 연령 간 또래교수 프로그램, 또래지원망, 학급모임, 그리고 민주적인 문 제해결 회의
- 학교 건물과 학급의 접근성에 대해 조사하기와 같은 장애와 비장애에 대한 인식개 선 활동[장애에 대한 고정관념을 줄이거나 장애수용에 효과가 있다고 보고된 바 없 는 장애체험 활동은 해당되지 않음(Flower, Burns, & Bottsford-Miller, 2007)]
- 배려, 공정함, 인내, 관대함 등을 보여준 학생들을 치하함으로써 학교의 가치와 사 명을 실천한 공동체 구성원 인정

진정한 통합학교에서는 문화, 인종집단, 스타일, 신념, 언어에서의 차이뿐만 아니라 학습에서 차이의 폭넓은 스펙트럼이 존재한다. 어떤 특성들이 다른 특성들에 비해 더 전형적일 수는 있지만 '정상적인' 학생들이나 '특수한' 학생들이 존재하는 것은 아니다. 학교의 문화는 말과 행동을 통해서 차이라는 것이 일반적임을 보여주게 된다(Biklen, 1985). 효과적인 진정한 통합학교를 만든다는 것은 학급에서 사용되는 일부 교수실제에 있어서 그리고 특수교육 서비스가 학생들에게 제공되는 방식에서 변화를 요구할 수 있 다. 그러나 보다 많은 변화가 요구되는 곳은 신념과 가치와 관련된 것들일 것이다. 모두 를 위한 평등과 우수성이 학교와 학급문화의 일부가 되어 있지 못하다면 통합은 번창하 지 못할 것이다.

협력 팀 활동

학생, 가족, 교사, 전문가, 행정가, 기타 공동체 구성원을 포함해 모든 구성원들 간 협력을 격려하고 지원하는 문화가 학교문화의 일면을 이루고 있다면 통합교육을 지원하기 위한 협력의 성공 가능성은 매우 높다. (Walther-Thomas et al., 2000, p. 28)

협력 팀은 통합교육의 초석이며, 팀원에는 일반교사와 특수교사, 부모, 준전문가, 관련 서비스 전문가, 기타 교육자 등이 포함된다. 미국의 특수교육법은 그간 IEP 절차의 한 부분으로 팀 활동을 요구해왔다(IDEA 2004 참조). 팀 활동은 법적 의무사항이면서 모든 학생을 성공적으로 함께 교육하는 데 필요한 수단으로서 그간 효과적인 팀 활동은 교사들과 학생들에게 정의적이고 도구적인 측면 양쪽에서 혜택을 줄 수 있음을 보여주었다. 팀이 공동의 전문성(머리가 둘이면 하나보다 낫다)을 강조할수록 모든 학생을 교수하고 지원하는 팀 구성원들의 역량은 신장될 것이다. 훌륭한 팀워크는 다음의 성과를 가져올 수 있다(Hunt, Soto, Maier, & Doering, 2003; Little, 1993; Malone & Gallagher, 2010; Walther-Thomas, 1997).

- 학생 성취도에 있어서의 상당한 성과
- 보다 높은 수준의 문제해결
- 문제를 해결하고 학생의 요구에 대처하는 교사 자신의 능력에 대한 자신감 증가
- 교사들이 서로를 지원하는 능력 향상

Friend와 Cook(2010)은 학교 기반 협력(school-based collaboration)이란 공통의 목표를 성취하기 위해 다양한 공식적 · 비공식적 형태로 수행하는 공동계획, 의사결정, 문제해결이라고 정의하였다. 일반교사와 특수교사, 기타 인력, 가족 구성원들이 다양한 협력 팀 형태로 함께 일을 하는 것이다. 이러한 팀은 학급 교수 팀, 학생중심 지원 팀, 학년 담당 팀, 가족이나 건물 단위 혹은 부서 팀 등으로 구성될 수 있다. 이 책은 기본적으로 매일의 일과에서 개별 학생과 학급 내 소집단 학생들의 학습 요구를 다루기 위해 책임을 공유하고 있는 사람들인 학급 교수 팀과 학생중심 지원 팀을 위해 설계되어 있다. 이러한 공동의 업무를 효율적이고 효과적으로 하기 위해서 팀 구성원들은 의사소통, 계획, 교수, 지원 서비스 전달의 기술을 가질 필요가 있다. 교사, 부모, 기타 서비스 제공자들이 다양한 종류의 팀에서 함께 효과적으로 일을 하기 위해 갖추어야 하는 준비, 계획 기술개발에 관해서는 Teachers' Guides to Inclusive Practices 시리즈의 *Collaborative Teaming, Second Edition*(Snell & Janney, 2005)에서 다루고 있다. 여기서 우리는 팀이 성공적으로 함께 일하는 데 도움이 될 수 있는 몇 가지 핵심 원리와 전략을 제공할 것이다.

팀이 통합환경 내 학생들의 요구에 부합하기 위해 효과적으로 함께 일하려면 몇 가지 유형의 팀워크 기술뿐만 아니라 효과적인 운영규준과 방식을 가진 팀 구조를 필요로 한다(Snell & Janney, 2005; Walther-Thomas et al., 2000). 효과적인 협력 팀은 다음을 가지

고 있다(Friend & Cook, 2010; Giangreco, Cloninger, et al., 2011).

- 공통의 목표와 몇 가지 핵심 공유가치
- 참여자 간 동등한 관계
- 팀 내 역할과 책임의 할당방식
- 공동 의사결정 절차

공통의 목표와 핵심 공유가치

협력 팀의 구성원들은 그들이 하는 일의 목적과 가치 그리고 기준에 대한 서로의 기대감을 공유하는 것이 매우 중요하다. 팀이 기능하는 데 있어서의 어려움은 팀 활동에 필요한 기술이 부족해서 발생하기도 하지만 학생의 성공을 위한 의사결정과 평가에 있어서 공유가치의 부재로 인해 초래되기도 한다. 어떤 경우 팀 구성원들이 통합교육과 협력 팀 활동의 실행 가능성 혹은 어느 특정 학생의 또래들과의 학습활동 가능성에 대해 동일한 신념을 공유하고 있지 않는 경우가 있다. 팀원들 간 그들이 어떤 것에 가치를 두고 있는지에 대해 토론하는 것은 함께하는 업무를 안내해줄 핵심적 실제에 관해 의견을 일치시키는 데 도움을 줄 수 있다. 예를 들면, 팀은 학생들이 실제로 해보는 수업이나 학급 내 풍부한 언어가 지니는 가치 그리고 읽기에 어려움이 있는 학생을 위해 읽기수업 중 지원을 제공하는 것의 중요성 등에 대해 동의할 수 있을 것이다. 만약 각 팀의 구성원들이 팀이 가치를 두고 있는 공통의 실제에 관한 합의를 위해 열심히 노력한다면 그것은 협력과 추가적인 공유가치의 개발을 위한 출발점이 될 것이다.

　매우 실제적인 면에 있어서도 협력 팀은 합의된 가치를 필요로 하는데, 그 이유는 그러한 가치가 학생을 위한 지원과 학생의 성취를 평가하는 기준이 되기 때문이다. 비록 팀이나 개인의 가치관에 대해 암묵적인 가정을 취하는 것이 일반적이지만 신념과 가치에 대한 공개토론은 팀의 효과성을 향상시켜줄 수 있다. 예를 들면, 제3장에서 우리는 학생들을 위해 설계된 개별화된 수정과 지원에 의해 충족되어야 한다고 믿는 기준 한 가지를 기술하고 있다. 그것은 "수정과 지원은 필요한 최소수준에서 특수화되어야 한다."(Biklen, 1985)는 것이다. 이 기준은 교수, 학습, 학급 공동체의 구성원이라는 존재에 관한 수많은 가정에 기초하고 있다. 어떤 팀에서 교수계획을 수립하고 특별한 지원의 제공과 개별 학생을 위한 수정을 고려할 때 팀 구성원들은 지원과 수정을 선택하고 결과를 평가하는 데 사용할 기준에 대해 명시적인 논의를 해야만 한다. 학년수준 혹은 학생에 초점을 맞춘 팀 미팅에서 이러한 원리에 대해 합의하는 것은 팀의 공유가치를 보다 확실하게 상기시켜줄 수 있는 잠재력을 지니고 있다.

참여자 간 동등한 관계

Friend(2000)는 "성공적인 협력은 서로 '좋아하기' 때문이 아니라 서로 '존중하는' 관계이기 때문"(p. 131)이라고 지적한 바 있다. 팀의 각 구성원들이 지닌 독특한 지식, 기술, 관점에 대한 상호존중은 양질의 교육에 요구되는 강력한 협력적 관계를 수립하고 유지하는 데 도움이 된다. 모든 참여자들의 공헌이 동일한 측정방식으로 가치를 인정받고 존중받을 때 팀원들은 함께 일하는 데 위험을 보다 적극적으로 감수하고자 할 것이다 (Friend & Cook, 2010).

효과적인 협력 팀이 보유한 또 다른 질적 측면과 관련해서 참여자들 간 동등성(parity) 혹은 평등성(equality)을 확보하기 위해서는 단지 말뿐이 아닌 행동을 필요로 한다. 긍정적인 파트너십을 촉진시키는 전문가들의 행동에 대한 가족 구성원의 관점을 보다 잘 이해하기 위해 Blue-Banning, Summers, Frankland, Nelson, Beegle(2004)은 137명의 장애아 가족 구성원들과 포커스 그룹 면담을 수행했는데, 여기서 평등성은 성공적인 파트너십의 필수요소로서 부상한 여섯 가지 주제 중 하나였다. 가족 구성원들이 공평(equity)하다고 느끼게 하는 전문가의 행동에는 부모의 관점을 인정해주는 것, 부모가 의견을 표현할 수 있도록 격려해주는 것, 모든 선택요소를 기꺼이 탐색해보도록 하는 등이 포함된다.

팀 내 역할과 책임의 할당방식

팀워크는 구성원들이 자신의 최우선적 그리고 차선의 책임과 지원역할을 기술할 수 있을 때 발휘된다. 학생은 성인들이 각자의 역할을 통합해 학생에 대한 교육이 조각나버리거나 과잉 특수화, 혹은 필수요소의 상실이 발생하지 않게 할 때 혜택을 경험할 수 있다. 팀 구성원들의 참여유형과 정도는 개별적으로 결정되어야 하지만 각 팀의 업무가 어떻게 배분될 것인지에 대해서는 명시적인 합의를 거쳐야 한다(Giangreco, Cloninger et al., 2011).

팀 구성원들의 책임은 중재의 단계 혹은 수준에 따라 다양하게 결정된다. IEP를 지닌 학생들에 대해서는 특수교사들의 실용적 지식과 숙달한 사정기술이 요구되지만, 모든 학생에게 제공되는 1단계 실제의 실행은 일반학급 교사가 책임을 맡게 된다.

팀 구성원들이 개별화된 지원과 중재(3단계)를 제공하기 위해 협력할 때 모든 팀 구성원들은 각 목표와 과목영역에서 누가 해당 학생을 교수하는지, 누가 교수자료를 찾거나 수정하는지, 누가 부모에게 알림장을 보내는지, 누가 개별화 학습의 진전에 대한 점검을 하는지 알고 있어야 한다. 또한 이러한 책임을 포함한 모든 책임이 팀 구성원들에게 할당될 때 서비스와 지원에서 빠뜨리거나 중복되는 부분이 없도록 명확하게 규정해야 한다. 특히 특수교사와 일반교사가 서비스를 전달하기 위해 협력교수를 실시하고자 할 때는 보다 정교한 수준에서 역할과 책임에 대한 논의가 이루어져야만 한다(Friend & Cook, 2010; Keefe & Moore, 2004; Ploessl, Rock, Schoenfeld, & Blanks, 2010; Walther-Thomas, 1997 참조).

팀 구성원들의 책임에 대한 논의와 의사결정을 하는 데 팀 역할 및 책임 점검표(Team Roles and Responsibilities Checklist; 그림 1.6. 참조; 양식은 부록 A 참조)는 체계적인 접근방법을 제공해주고 있다. 팀 역할 및 책임 점검표는 매 학년도 초기에 작성되어야 하는데, 학기말 혹은 학년 말에 합의된 역할과 책임이 계속 준수되고 있는지 혹은 변화를 주어야 하는 부분이 있는지를 점검해보는 것이 바람직하다. 이 점검표는 학급수준의 팀 혹은 학년수준의 팀과 같이 보다 상위수준의 팀에서 작성할 수 있다. 또한 그림 1.6에 제시된 이 점검표는 상당한 수준의 지원 요구를 지닌 학생에 초점을 맞춰 설계한 것이지만 팀은 점검표를 수정해 학급 내 모든 집단에 적용할 수 있다.

어느 초등학교의 5학년 담임교사들로 구성된 팀의 활동은 매우 활발하며, 한 익명의 교사는 다음과 같이 진술하였다.

> 교사들이 주제 단원별로 계획하고, 교수자료를 공유하며, 빈번히 학생들을 바꿔가며 소집단을 구성한다. 5학년 모든 특수아동의 IEP 운영자인 특수교사는 5학년 팀의 구성원으로서 학년수준의 계획에 참여하고 있다. 학년도 초에 5학년 팀의 모든 구성원들은 관련 전문가와 지원인력들과 함께 팀 역할 및 책임 점검표에 대해 논의를 거쳐 5학년 모든 학급의 성인들의 역할과 책임에 대한 결정을 한다.

다른 상황, 예를 들어 고등학교 수준에서는 각 학급 팀이 점검표를 분리해 작성할 필요가 있을 수도 있다.

그림 1.6은 지원인력의 역할과 책임이 어떻게 4학년 학급 팀으로 나눠지는지 보여주고 있다. 점검표를 살펴보면 4학년 교사인 플래너리 선생님이 중도장애를 가진 학생인 체이스가 수업에 참여할 수 있도록 의도하고 있음이 명백하게 드러나고 있다.

플래너리 선생님이 다른 학생 부모와의 회의를 주관하는 것과 마찬가지로 체이스의 IEP 회의에 대한 책임을 맡고 있다. 특수교사인 디아즈 선생님은 학급에서 특수교육을 받고 있는 모든

팀 역할 및 책임 점검표

학생 <u>체이스</u>   날짜 <u>2012년 9월</u>

교수 및 지원 팀 구성원

교사 <u>플래너리(4학년 교사), 디아즈(특수교사)</u>

보조교사 <u>조나단, 반즈</u>

기타 <u>테일러 부인(부모)</u>

구분 : P=주 책임자, I=실행 그리고(혹은) 의사결정에 기여
OT : 작업치료사, SLP : 언어치료사

역할 및 책임	누가 책임을 맡는가			
	학급교사	특수교사	보조교사	기타
1. 수업 및 단원계획 개발	P	I		
2. 개별화 수정 및 지원계획 개발	I	P	I	부모 참여
3. 교수 제공(조절과 조정을 통해, 과목 열거하기) :				
a. 의사소통, 사회성, 행동	I	P	I	SLP
b. 기능적 기술 및 학교 참여	I	P	I	OT
c. 학업 : 읽기, 언어기술, 수학	I	P	I	
d. 학업 : 과학, 사회	P	I	I	
4. 교육자료 수정	P(내용영역)	P(기초기술)	I	
5. 성적표에 성적 부여	P	I	I	
6. 개별화 교육 프로그램 목표의 진전도 점검	I	P(보고서, IEP)	I(자료일지)	
7. 보조교사에게 임무할당 및 감독	P(매일)	P(장기)		
8. 보조교사 훈련	I	P		
9. 팀 미팅 일정계획 및 활성화	P(핵심 팀)	P(IEP)		
10. 부모와의 일일 의사소통	P	I	I	
11. 관련 서비스와의 의사소통 및 협력	I	P(서비스조정자)	I(일지)	
12. 또래관계 및 지원 활성화(적절한 상호작용 방법에 대한 모델링과 촉구, 공식적 또래지원 구성)	P(식사준비)	P(또래지원망)	I	
13. 학생을 파트너 혹은 협력집단에 할당	P	I		

그림 1.6   팀 역할 및 책임 점검표(양식은 부록 A 참조)

출처 : Ford, A., Messenheimer-Young, T., Toshner, J., Fitzgerald, M.A., Dyer, C., Glodoski, J., & Laveck, J. [1995, July]. *A team planning packet for inclusive education.* Milwaukee : Wisconsin School Inclusion Project의 허락하에 게재.

학생의 IEP 운영자 역할을 하면서 법적 업무와 서류작성에 대한 최우선적 책임을 지고 있다. 그러나 플래너리 선생님은 자신의 학급 내 모든 학생 부모와의 지속적인 의사소통에 대한 책임을 맡고 있다.

공동 의사결정 절차

효과적인 협력 팀은 문제해결, 합의도달, 의사결정 문서화, 활동계획 전략을 포함해 의사결정을 위한 체계를 잘 갖추고 있다. 이러한 절차는 팀워크를 보다 효율적으로 만들 뿐만 아니라 교육 통합성 ― 교수를 준전문가가 전달한다고 해도 교사가 계획을 해야 한다는 점 ― 을 촉진시켜주고 학교문화에서 기대되는 요소인 협력 팀 활동과 문제해결에 도움을 준다. 이 책의 이후 장들에는 계획하기, 의사소통 도구, 전략 관련 내용이 다수 제공되고 있다.

팀이 수행해야 하는 많은 의사결정은 모든 구성원들로부터의 기여, 토론, 문제해결 노력에 기반을 두어야 하며, 그런 과정을 거친 후 합의를 통해 결정되어야 한다(Friend & Cook, 2010). 다수결 혹은 권위자에 의한 의사결정은 팀의 헌신적인 노력을 이끌어내지 못할 수 있으며 부적절한 정보를 반영할 수도 있다(Snell & Janney, 2005).

공동으로 계획하는 시간에 대한 요구는 통합 프로그램 모델을 설계하는 데 있어서 중요한 일부로 고려되어야 한다. 공동으로 계획하는 시간을 확보한다는 것이 항상 쉬운 것은 아니다. 한 가지 가능한 해결책으로는 학생지원 체계의 2~3단계에서 개별화된 수정을 개발하는 데 필요한 전체 시간을 줄이는 것을 들 수 있다. 이것은 몇 가지 방법을 통해 달성할 수 있는데, (1) 일반적인 학습자를 먼저 가정한 후 특수한 요구를 지닌 학습자를 위한 계획을 수립하는 것이 아니라 최초 계획을 수립할 때 모든 학습자들을 위한 계획을 수립하는 것, (2) 효과적인 팀 활동과 문제해결을 위한 기술을 학습해서 미팅에 소요되는 시간이 보다 주제에 초점을 맞추고 생산적이 될 수 있도록 하는 것, (3) 교수계획, 의사결정 내용의 문서화, 팀 구성원들과의 의사소통을 위해 합의된 양식을 사용하는 것 등을 들 수 있다.

효과적으로 협력할줄 아는 사람들은 미팅을 위한 매우 효율적인 관례를 운용할 줄 아는 편이다(Walther-Thomas, 1997). 모든 팀은 그들에게 적절한 수준의 조직구조를 결정해야 하겠지만 많은 팀은 다음의 널리 알려진 요소를 활용하고 있다.

- 기 의사결정된 사항이 기록된 의제목록과 회의록 혹은 활동계획, 활동별 책임자, 일정계획(미팅에 참석하지 못한 팀 구성원들에게 회의내용을 공유하는 방식을 확

실히 정해두어야 함)

- 리더의 역할을 정하고 그 역할을 돌아가며 수행함(예 : 촉진자, 기록자, 시간관리자)
- 명시적인 기본원칙을 준수함(예 : 정시에 시작하고 마침, 토론내용은 비밀로 함)
- 문제해결과 의사결정을 위한 구체적인 전략을 사용함(예 : 해결방안을 합의된 기준에 따라 평가함, 모든 중요 의사결정 사항들은 합의를 통해 결정함)
- 팀 활동에 대한 반성과 성공을 축하하기 위해 시간을 할애함(예 : 미팅은 이전 활동에 대한 평가로 시작, 서로 피드백을 주고 격려함)

이에 대한 보다 많은 정보는 *Collaborative Teaming, Second Edition*(Snell & Janney, 2005)을 참고하기 바란다. 협력 팀 활동에 대한 추가 자원은 부록 B에 수록되어 있다.

공유된 리더십

성공적인 통합학교가 보유한 또 다른 성공요인 하나는 주 교육위원회에서 지역 교육위원회, 학교장, 교사와 치료사에 이르기까지 모든 수준에서의 효과적인 리더십을 들 수 있다. 학교 행정가들의 비전과 지원이 그러하듯 주 교육정책은 학교의 개선노력에 막대한 영향력을 미친다. 그러나 교사들 또한 공유할 비전을 개발하고 '모든 학생의 평등과 우수성'이 단지 슬로건이 아닌 현실에 구현하려는 전문가 공동체의 성장을 도모하는 리더가 될 수 있다. 물론 부모를 비롯한 다른 가족 구성원들도 학교 공동체에 아동의 통합을 주장하는 활동 이외에도 학교–부모 연계 모임 그리고 방과 후 활동 등에 적극적으로 참여할 수 있다.

교장과 기타 학교 행정가들도 모든 이를 위한 통합성(inclusiveness)을 담은 학교 비전과 질 높은 기준에 대해 의사소통함으로써 기반을 조성할 수 있다(Munk & Dempsey, 2010). 이들은 공동계획과 공동교수를 위한 면대면 상호작용이 가능한 팀워크 문화를 육성하고 그에 적합한 조직구조를 개발하는 것이다. 추가적으로 그들은 데이터에 기초한 의사결정 모델을 마련해 교사들로 하여금 지원과 중재에 관한 의사결정 시 데이터를 활용 및 분석하도록 유도한다(Ratcliffe & Harts, 2011). 성공적인 통합교육이 유지되기 위해서는 일반적으로 효과적인 교육과정과 교수실제 그리고 다양한 학생들의 요구에 대처하는 전문성을 지속적으로 개발하는 것이 중요하다.

교사들은 여러 방식으로 리더가 될 수 있는데, 전문가 단체 가입, 직무능력 계발활동, 학교 서비스 활동, 전문성 시범 등이 그에 해당한다. 그들은 모든 학생의 통합과 책임의 공유를 지지할 수 있고, 그들이 가진 힘으로 변화를 가져올 수 있다는 낙관과 신념을 보여줄 수 있으며 협력 팀 활동에 대한 긍정적 태도를 격려할 수도 있다(Schmoker, 2006). 효과적인 학생과 마찬가지로 효과적인 교사들은 높은 자기효능감을 가지고 있다. 그들은 자신의 활동결과에 책임을 질 줄 알고, 성공여부를 통제할 수 있는 것으로 본다. 교사 효능감은 학생성과의 향상 및 교사의 헌신과 연관성이 있다고 보고되어 왔으며(Ashton & Webb, 1986, Gersten, Chard & Baker, 2000에서 재인용), 효능감이 높은 교사들은 다른 동료들에 비해 변화와 지원인력 프로그램을 잘 수용한다고 알려져 있다(Guskey, 1986; Smylie, 1988).

학교의 통합실제 개선하기

현재 우리에게 도전이 되는 문제는 우리가 배운 것들을 오늘날의 맥락 속에 긴급성을 살려 적용해야 한다는 것이다. 왜냐하면 우리가 우리의 실제가 가진 장점을 숙고하고, 토론하고, 연구하는 동안 학교에 들어간 우리의 아이들은 순식간에 성장해버리기 때문이다. 아동과 그 가족들에게 기다림은 사치에 불과한 것이다. 장애를 가진 개인에게 양질의 교육을 제공하기 위해서는 개념적으로 명료하고 학교환경에서 증거에 기반을 둔 실제를 채택해야 하며, 그들의 현재와 미래의 기회를 지속적으로 위협하는 능력에 관한 가정들을 직면해야 하는 것이다. (Giangreco, 2011, p. 1)

그간 이룩해온 진전에도 불구하고 통합교육이 모든 학교에 완전하게 자리를 잡은 것은 아니다(Williamson, McLeskey, Hoppey, & Rentz, 2006). 참으로 많은 학교들에서 일부 가치와 신념, 협력 팀 구조, 교수실제, 지원인력 배치와 기타 요소가 결여되어 통합과 학생지원을 위한 학교수준의 체계가 작동하지 못하고 있다. 학교를 보다 통합적으로 만드는 노력에 대한 연구들을 살펴보면 (1) 협력할 시간을 확보, (2) 능력 격차가 큰 아동들에 대한 교사의 부정적 태도 및 일반학급 맥락에서 그러한 문제를 다룰 수 있는지 여부(그러한 태도가 학교 분위기에 미치는 영향 포함), (3) 통합교육에 대한 공유된 철학과 이해의 결여 등과 같은 주제가 포함되어 있다(Causton-Theoharis et al., 2011; Frattura & Capper, 2007).

팀 구성원 중 많은 수는 매우 다양한 특성과 능력을 지닌 학생들의 학습을 촉진시키는 데 요구되는 전문성 개발을 필요로 할 것이다. 그러나 참여하고 있는 개인의 태도, 학교문화, 학교구의 변화노력 발자취, 현재의 서비스 전달 모델 등 수많은 다른 변인들 역시 그간 선호되어 온 교수실제의 사용을 가로막거나 촉진시킬 수 있다. 교수혁신을 지속하기 위해서는 교사들의 헌신적인 노력과 실제의 숙련 모두를 필요로 한다(Huberman & Miles, 1984).

통합교육은 구조변화(예 : 협력적 서비스 전달체계)와 교수변화(예 : 차별화 교수, 개별화 수정, 특화된 교수방법) 양쪽 모두를 요구하는 하나의 복잡한 혁신이다(Gersten et al., 2000). 우리는 학교문화와 모든 교수실제가 모든 학생을 위해 준비될 때까지 장애학생이 통합경험을 박탈당하는 것을 인정하고 싶지 않다. 통합적 실제가 완전하게 운영되고 있지 못한다면 그 학교는 활동계획을 개발할 필요가 있다. 활동계획은 효과적인 교육과정과 교수방법 그리고 개별 학생들을 위한 수정방법을 포함하는 요소뿐만 아니라 통합교육에 필요한 구조적 · 문화적 요소의 개선(예 : 협력 팀 활동, 통합 서비스 전달 모델)에 초점이 맞춰져 있다.

다른 대규모의 중요한 교육혁신과 마찬가지로 성공적인 통합학교를 구축하는 것은 집중적이고 전략적이어야 하며 행정가, 일반교사, 특수교사, 부모, 지원인력, 공동체 내 관련 구성원들의 지속적인 노력을 필요로 한다. 가장 이상적인 상황은 어떤 학교의 통합 실제를 개선하는 일이 그 학교를 보다 효과적이고 학생과 가족에게 반응적으로 만들기 위한 전반적인 계획의 한 부분으로 수행되는 경우이다.

학교 혁신에 관한 문헌들(예 : Fashola & Slavin, 1998; Horsley & Kaser, 1999; McChesney, 1998; Quellmalz, Shields, & Knapp, 1995; Shields & Knapp, 1997)을 살펴보면, 거의 예외 없이 중요한 혁신과정에 있어서 학교에 가이드 역할을 할 수 있는 대표 기획 팀, 과업집단(task force), 혹은 위원회를 구성할 것을 주장하고 있다. 이러한 원리는 해당 조직이 통합의 실제에 관심을 가진 교사와 부모에 의해 상향식으로 형성된 것이든 반대로 학생들에게 통합기회를 제공하려는 대규모의 체제 전반적 노력에 의한 하달식으로 형성된 단체이건 간에 동일하게 적용된다. 중대한 변화를 위한 노력 중 하나는 그 변화에 의해 영향을 받게 될 이해관계자들을 대표하는 집단이 체계적인 계획을 수립하기 위해 노력해야 한다는 점이다.

변화를 위한 계획의 수립은 특정 학습자를 위한 것이든, 학교 혹은 학교체계를 위한 것이든 현재의 수행에 대한 사정으로부터 시작한다. 그래서 통합실제의 개선을 위한 학교 기반 노력은 통합교육을 구성하는 폭넓은 실제에 대한 종합적 사정으로부터 시작하게 된다. PQMT(Program Quality Measurement Tool; Cushing, Carter, Clark, Wallis, & Kennedy, 2008)는 중도장애 학생들을 위한 통합교육 실제를 평가하기 위해 개발된 신뢰성 있는 타당한 도구이다. "PQMT는 최근의 법령에 맞추어져 있는데 … 행정가와 교육자가 이 결과에 기초해 실행할 수 있을 정도로 충분히 구체적인 프로그램 정보를 산출해주고, 양적 성과에 대한 정보를 제공해 학생의 진척 정도가 직접적으로 측정될 수 있으며 목표비교도 가능하다"(Cushing et al., 2008, p. 196). 중도장애 학생들을 위한 프로그램을 다루기 위해 개발되고 타당화된 이 도구는 지역교육청수준, 학교수준, 학생수준이라는 세 하위영역에 총 44개의 지표로 구성되어 있다. 지역교육청수준과 학교수준의 지표는 모든 학생에 관한 것이다(예 : "지역교육청의 사명 진술문은 모든 아동이 학습할 수 있고 모든 아동에 대해 책임을 진다는 철학을 반영하고 있다.", "특수교사들은 각 학교 팀의 구성원이다."). 학생수준의 지표 중 일부는 중도장애 학생들과 관련성이 높지만 (예 : "학생들에게 적용되는 프로그램들은 통합치료 모델에 기초한 것이다."), 다른 지표들은 보다 일반적인 내용으로 모든 장애학생에게 적용 가능하다(예 : "다양한 집단학습 전략이 사용되고 있다.", "장애학생들이 학교 일과 동안 연령에 적합한 학급으로 고루 분산되어 있다.").

PQMT의 44개 지표 각각은 5점 리커트 척도를 사용해 평정하는데, 낮은 점수들은 '거의 실행하지 않는다', '부실하게 실행한다'의 의미를 가지며, 높은 점수는 '보다 빈번히 실행한다', '효과적으로 실행한다'를 의미한다. 채점기준은 각 지표에 해당하는 5점 척도의 의미를 조작적으로 정의한 기술적 진술문을 제공해주는데, 예를 들어 "학생들이 교수내용을 학습할 수 있도록 다양한 집단학습 전략(예 : 직접교수, 협동학습, 역할극, 또래지원)이 사용된다."라는 지표에 할당된 점수의 의미는 1점의 경우 "집단학습 전략이 교수에 사용되지 않는다."이고 5점은 "학생들의 학업을 신장시키기 위해 많은 전략이 효과적으로 사용된다."이다. 기술적인 조언을 제공하는 외부 전문가들이나 학교, 교육청 행정가들은 이 도구의 하위영역 중 지역교육청수준과 학교수준에서의 조사를 시행하고자 할 것이며, 교사들은 자기공부의 절차로서 학생수준 영역을 조사해보고 싶을 수 있다.

PQMT는 연구자들이 학교와 학급에서 시행되고 있는 통합실제를 기술하는 데 매우 유용하다. 그러나 교육자들과 행정가들 역시 (1) 강점과 요구를 기술하기 위해, (2) 개선을 위한 핵심 실제를 결정하기 위해, (3) 전문적 개발 혹은 기타 프로그램 개선 노력을 한 후 진전도를 측정하기 위한 자기사정 도구로 사용할 수 있다(Cushing et al., 2008). 이 도구는 프로그램에 대한 양화된 점수를 제공해주며(44~220점), 학교수준이나 학생수준에서 진전도를 점검할 수 있게 해준다.

성공적인 통합학교를 만들기 위해 요구되는 체계적인 학교 개선 노력에 관해 알려진 것 중 일부는 표 1.2에 요약되어 있다. 우리는 이 책의 독자들이 다른 학교에서 변화단계, 전략, 자원에 대한 점검을 통해 배운 내용을 활용할 수 있기를 권한다. 문제가 정확하게 규명될 때 문제해결이 훨씬 용이해진다는 말은 여기서도 동일하게 적용된다. 문제를 정확하게 인식하고 개선을 위한 노력에 집중하는 것이야말로 노력의 성공여부를 좌우하는 하나의 요건이 되는 것이다. 예를 들어 어느 학교에서 보다 통합적인 프로그램 운영을 위한 시도로서 통합학급 내 IEP를 가진 학생들을 위한 특수교육 지원을 제공하는 동시에 특정 장애학생들(예 : 중도장애 또는 중복장애 학생) 혹은 특정 과목영역을 위한 별도의 자료실 프로그램을 유지한다면 교사들은 장애학생과 비장애학생들에게 적합한 교수활동을 설계해야 하는 실제적 도전뿐만 아니라 동시에 두 가지 프로그램 모델을

표 1.2 학교수준의 성공적인 변화를 위한 핵심요소와 전략

요소	전략
1. 비전과 가치 변화에 수반되는 그 무엇에 대한 분명한 비전이 있으며, 변화에 대한 근거 또한 명확하다. 변화의 초점은 모든 학생을 위한 효과적인 교수와 적절하게 도전이 되는 학습경험이다.	교사와 부모가 그 비전에 대한 아이디어와 가치를 표현할 수 있는 기회를 구조화하라. 비전 진술문과 기저가 되는 가치를 표현하는 데 교사와 부모의 의견을 반영하라. 비전과 가치를 반영하기 위한 정책과 절차를 조정하라.
2. 협력 팀워크 변화를 위한 리더와 이해관계자 집단의 대표들이 변화과정을 이끈다. 변화를 성취하기 위해 그들이 교수진과 공동체에 강력한 비전과 조직체계를 제공한다. 학교는 교사, 부모, 학생들 간 강력한 협력적 파트너십을 구축한다.	학교수준의 계획 및 문제해결 팀을 구축하라. 협력적 교수계획을 위한 시간과 기회를 제공해줄 창조적 전략을 고안하라. 팀워크, 문제해결, 효과적인 미팅기술을 포함해 지원인력에게 협력적 기술개발 기회를 제공하라. 팀 역할과 책임을 명확히 정의하기 위한 절차를 채택하라. 의제, 할당된 역할, 일정을 가지고 개별 학생에 대한 정기적인 팀 미팅을 가져라. 지속적으로 가정과 학교 간 의사소통을 실시하라.
3. 참여와 헌신 개인의 헌신을 많이 볼 수 있다(변화계획에 의해 영향받게 될 사람들이 그 비전을 성취하는 데 헌신한다).	장벽을 확인한 후 그 장벽을 다루는 데 변화에 영향받을 사람들을 참여시켜라. 교수진, 지원인력, 부모, 지역사회 구성원을 위한 오리엔테이션을 개최하여 그들의 생각을 경청하고 장벽을 다루는 문제를 포함해 변화에 그들을 협력적으로 참여시킬 방안을 찾아라. 의사결정에 지원인력의 협력과 참여를 육성하는 학교문화를 개발하라. 옹호활동 및 대외홍보에 참여하라.

표 1.2 학교수준의 성공적인 변화를 위한 핵심요소와 전략(계속)

요소	전략
4. 자원 사회적 기반이 변화를 지원하는 자원을 제공한다.	그 변화가 다른 변화 움직임과의 관련성을 포함해 학교와 공동체의 다른 측면에 영향을 준다는 인식을 갖게 하라. 자원을 종합적으로 조정하라.
5. 활동계획 그 변화를 인도하고 추적하기 위한 성문화된 계획이 개발되어 있다.	진전도를 알 수 있게 측정 가능한 목표, 벤치마크, 혹은 이 정표를 포함시켜라. 최상의 실제에 대한 연구내용을 계획에 담도록 하라. 정기적으로 학생의 수행자료를 수집하고 자료를 눈으로 볼 수 있게 만들어라. 계획을 업데이트하고 개선시킬 수 있도록 지속적인 평가를 실시하라. 그 계획을 실행하기 위한 합리적인 일정계획을 수립하라(길수록 좋다).
6. 전문성 개발 교수진과 지원인력은 전문성 개발을 위한 의미 있는 기회를 갖고 있어 그 변화를 수행하는 데 필요한 기술을 키울 수 있다.	지원인력의 개발 요구를 사정하라. 전문성 개발, 참관기회, 성공 공유의 기회를 제공하라. 훈련을 제공할 지역의 대학 그리고 기술적 조언 프로그램을 활용하라. 교육과정 차별화, 개별화된 수정, 긍정적 행동지원, 협력 팀 활동과 같은 주제를 학교 현직연수 계획에 포함시켜라.

출처 : Bartholomay, Wallace, and Mason(2001); Capper and Frattura(2009); Dieker(2007); Fashola and Slavin(1998); Fullan(2007); Horsley and Kaser(1999); Keenan(1997); McChesney(1998); Quellmalz, Shields, and Knapp(1995); Schmoker(2006); Shields and Knapp(1997); Thousand and Villa(2005); VanDyke, Pitonyak, and Gilley(1996).

운영해야 하는 어려움에 직면하게 된다. 이와 같은 상황에서 교사들에게 협력교수에 관한 워크숍 연수를 제공하는 것은 교사들이 어떻게 동시간대에 학급에서 함께 교수를 할 수 있는지에 대한 문제를 해결주지 못할 것이다. 교사들이 협력교수와 팀 활동에 대한 기술을 향상시킬 수 있는 기회에 감사할 수 있을지언정 이 경우 진짜 문제는 프로그램 모델에 있는 것이다.

또한 우리는 통합교육을 하나의 여행길로 볼 필요가 있는데, 이것은 아무리 강조해도 지나치지 않다. 기억하라. 어느 누구도 길을 따라 첫 발자국, 두 번째 발자국, 이후 계속적인 단계들을 거치지 않고서는 A지점에서 B지점으로 갈 수 없다. 작은 성공을 자축하는 것을 잊지 않길 바란다.

교육변화에 관한 연구들로부터 반복적으로 학습해온 또 다른 교훈은 변화는 그 변화를 실행하고 있는 각 개인으로 하여금 자신의 직무에 관해 새로운 시각을 가질 것을 요구한다는 점이다. 교사는 학생들의 성공을 심도 있게 보살피는 실천가로서 아동에 대한 긍정적 결과를 관찰함으로써 새로운 프로그램에 대한 동기를 얻을 수 있다. 특정 학년이나 과목영역에서 모든 학생을 위한 통합 서비스와 지원의 제공에 초점을 맞춘 파일럿 프로그램과 같이 작은 규모로 시작하는 것은 변화를 위한 계기를 만드는 데 있어서 효과적인 전략이 될 수 있다.

학교수준의 개혁에 관한 한 연구에 의하면 교수실제에서 의미 있는 변화를 지속해온 학교에서는 대학수준의 전문적 개발 공동체가 거의 항상 존재했었다고 한다(David & Shields, 1999). McLaughlin(1994, Gersten et al., 2000에서 재인용)은 문제를 보이는 학생들에게 압도된 교사들과는 반대로 학생들의 요구에 대처할 수 있다고 믿는 교사들은 강력한 전문가 공동체의 구성원들이었다고 진술했다.

통합교육(그리고 학생지원을 위해 학교수준 체계 전체를 아우르는 혁신까지도)은 교사들과 다른 실행가들이 (1) 변화에 대한 명료한 개념적 이해와, (2) 학생의 학습을 촉진시키는 구체적인 방법을 실행하기 위한 지식과 기술을 가져야 함을 요구하고 있다(Huberman & Miles, 1984). 이 책은 이 장에서 통합교육의 큰 그림, 즉 개념적 기초를 다루고 있으며, 제2~5장에는 학급 내 교수와 기타 활동에서 학생들을 '어떻게' 통합시켜야 하는지에 대한 측면을 다루고 있다. 교사 그리고 기타 학급 내 인력들은 매일의 학급 맥락으로 중요한 원리들을 연결시키기 위한 절차적 가이드라인을 필요로 하고 있기 때문에 이 '어떻게'를 다룬 장들에서는 단순하게 사례와 아이디어를 모아 제공하는 방식을 취하지 않았다. 그 장들에서는 개별화된 수정과 지원을 위한 모델의 제공과 더불어 교사들이 많은 문제를 해결하기 위해 큰 아이디어를 잘 적용할 수 있도록 일련의 단계들을 기술하였다. 그다음 장들에서는 학생들의 능력과 장애에 대한 융통성 없는 개념에 기초해 학생들 사이에 치외법권적인 혹은 인위적인 장벽을 만들지 않으면서 모든 학생의 학습요구와 특성을 다루기 위한 전략에 대해 검토하였다.

모든 학생의 통합과 성공을 촉진하는 교육과정과 교수실제

핵심질문

- 교육자가 교육과정과 교수를 어떻게 설계할 때 모든 학생이 교육과정에 합법적으로 접근하고 성취할 기회를 가질 수 있는가?
- 시작 단계에서부터 모든 학습자의 요구를 보다 잘 충족시켜줄 수 있는 보편화된 교육과정을 만드는 방법에는 어떤 것들이 있는가?
- 다양하고 서로 다른 능력을 지닌 학생들이 있는 학급에서 서로 다른 학습 강점과 요구에 부합하도록 교육과정을 차별화하는 방법에는 어떤 것들이 있는가?
- 모든 학생을 위한 계획을 세우기 위해 팀이 사용할 수 있는 계획도구와 전략에는 어떤 것들이 있는가?

교사가 학생들 간 차이가 거의 없을 거라는 기대를 가지고 교수를 하게 되면 존재하는 그 차이점들이 문제가 되어 나타나게 마련이다. … 전통적 교육학에서는 학생들로 하여금 그들의 개인적 특성이 어떻게 그들 자신과 교사들에게 문제가 되는지를 통절히 인식하게끔 하는데, 이것은 교사와 학생들이 일부 학생들의 능력 혹은 학습의지에 대해 확신하지 못하도록 만들어버리는 것이다. (Oakes & Lipton, 1999, pp. 197-198)

오늘날 학생들은 한 학급 내에서도 여러 차원에 걸쳐 매우 다양하다. 학습 준비도와 성취의 폭이 넓은 것은 물론 학생들의 재능, 관심, 사회정서적 성숙도, 사회경제적 지위, 언어, 인종, 민족, 학습 프로파일 역시 매우 다양하게 나타난다. 그러나 학생들이 서로 어떻게 다른지에 초점을 맞추는 일은 그들이 어떤 공통점을 가지고 있는지를 모호하게 만들 수 있다. 이 공통점에는 안전에 대한 요구, 소속감, 숙련, 잠재력 성취 등이 포함된다(Maslow, 1954). 제1장에서 우리는 학생들의 안전에 대한 요구와 소속감을 높여주는 데 도움이 되는 통합적 학교문화와 학급 공동체 구축의 중요성에 대해 다루었다. 이 장에서 우리는 통합교육의 교육과정적 측면과 교수적 측면 그리고 모든 학생이 공유하지만 많은 개별 변인을 통해 반영되는 도전과 숙련에 대한 요구를 다루는 방식에 대해 탐구할 것이다.

학급은 다양한 학습 요구와 개인적 특성을 지닌 학생들이 있다는 점에서는 **통합적이지만** 일부 학생들만 성취를 달성하고 다른 학생들은 좌절, 실패, 초라한 교육성과를 거둔다는 점에서는 **배타적이다**. 장애학생과 비장애학생을 포함해 많은 학생들의 경우 교수와 학습에서 '하나의 방법에 전부를 맞추는 방식(one-size-fits-all)'을 구사하는 학급에서 성공을 경험할 수 있을 것 같지는 않다. 배타적 교수(exclusive teaching)는 교육과정에 보조를 맞추는 접근, 다양하지 못한 교수방법 목록, 차별화되지 않은 교수자료, 한 종류의 실제와 활동에 대한 의존을 통해 모든 학생이 문자 그대로 그리고 상징적으로 표현할 때 동일 시간에 동일 페이지를 펴고 있어야 하는 것이다. 이러한 유형의 학급 맥락은 많은 학생들에게 비생산적이어서, 지적이며 자기결정력이 있으면서 전략적인 그러면서도 공감능력을 갖추어야 하는 21세기에 성인으로서 효과적으로 기능할 수 있는 학습자를 배출해내지 못한다(Fennimore & Tinzmann, 1990; 그림 2.1 참조). CAST의 교사들(2011)은 21세기 교육의 목표가 "단순히 내용지식이나 새로운 기술의 사용법을 숙련시키는 것이 아니라 학습과정을 숙련시키는 것"이라고 지적하였다(p. 4).

만약 학급 전체를 대상으로 하는 전통적인 교수방법이 사용되면 장애학생들, 특히 보다 복잡한 장애를 지녀 높은 지원 요구를 가진 장애학생들은 그저 방문자, 병행교수, 일반 교육과정에 제한된 접근권을 갖는 지위로 좌천될 수 있다. 그러나 학생지원 3단계 접근법(그림 1.4 참조)을 적용하는 것은 교육자로 하여금 교육과정 설계에 있어서 보편적으로 추천되는 실제를 가지고 피라미드의 하단부에서 시작할 것을 상기시켜준다. 이러한 추천 실제에는 (1) 모든 학생에게 필수적인 내용을 규명하는 교육과정 개념틀(예 : 모든 학생이 알아야 하는 것과 할 수 있어야 하는 것), (2) 사실과 정보에 국한되지 않는 교육과정 내용으로, 여기에는 개념, 원리, 고차원적 사고, 문제해결 전략, 다른 관점으로 세상을 바라보기 등이 포함된다(Fennimore & Tinzmann, 1990; Wiggins & McTighe, 2005).

통합적 교수(inclusive teaching)에서는 폭넓은 학생 요구와 특성을 반영하는 교육과정 설계, 교수 준비, 교수전략, 과학기술, 자료 등을 활용한다. 가장 효과적인 교사들은 시작 단계에서부터 학생들이 배워야 할 자료에 접근 가능하게 하고, 학습과정에 참여할 수

✏️ **연구가 말하는 것**

교육계에서 이루어지고 있는 연구 기반 및 증거 기반 실제에 대한 모든 논의에서 그리고 중대한 평가를 위해 학생들을 준비시키는 열띤 노력 가운데 "학생들이 얼마나 많이 그리고 얼마나 빠르게 학습을 하는가?"뿐만 아니라 "학생들이 과연 무엇을 학습하고 있는가? 그리고 학생들이 배운 것을 얼마나 잘 적용할 수 있는가?"와 같은 질문들을 제기하는 것이 중요하다. 교육과정 전문가들과 학교 개혁가들은 교육과정의 목표가 교육자들이 생각할 때 학생들이 알게 되길 원하고, 할 수 있게 되길 원하는 그 무엇 그리고 그들이 주입하길 원하는 가치관과 세계관에 기반을 두어야 한다는 데 동의한다.

Resnick(1989)은 학생들이 실생활의 문제해결 및 의사결정 과업을 하는 데 자신들이 가진 내용지식을 사용할 수 있도록 가르치는 교육과정을 '사고중심 교육과정(thinking curriculum)'이라 일컬었다. 학교 밖 과업을 수행하는 데 요구되는 사고에는 일반적으로 여러 집단의 사람들이 관여하게 된다. 과업을 수행하는 데 참고서, 컴퓨터, 계산기, 그 외 기술 등 도구의 도움을 받게 되는데, 그것들은 일반적으로 여러 학제 간 상호의존적 형태이며, 학교에서 배우는 다수의 과목이 일시에 적용되는 것이다. 이러한 특성들은 의사, 자동차 기술자, 교사, 기업임원 등 서로 다른 많은 직업의 수고를 의미하는 것이다.

이러한 실생활의 과업에서 학생들이 성공하도록 만들기 위해서 사고중심 교육과정은 사실과 정의에 대한 내용를 넘어서 개념, 원리, 일반화뿐만 아니라 학습전략, 비평적 사고, 초인지 기술(즉 생각에 대한 생각을 할 때 사용하는 기술), 사회적 기술 등을 강조한다(Resnick, 1989). 우리 사회에서 성인들에게 요구되는 질적 수준 그리고 학습에 대한 새로운 연구성과에 기초하여 교육과정은 다음과 같은 학생들을 키워낼 수 있도록 설계되어야 한다.

- **유식한 인간** : 문제를 해결하고 의사결정을 하는 데 능숙하게 사용할 수 있는 폭넓고 체계적인 지식을 획득한다.
- **자기결정적인 인간** : 자기 스스로를 유능하고 열정적인 학습자로 바라본다.
- **전략적인 인간** : 자신의 학습을 능숙하게 통제할 수 있는 사고 및 학습전략을 가지고 있다.
- **공감능력을 갖춘 인간** : 자신과 세상을 바라보는 데 다른 문화 사람들의 관점을 포함해 다른 관점으로도 바라볼 줄 안다.

유식하고, 자기결정적이며, 전략적이고, 공감능력을 갖춘 숙련된 학습자를 개발하는 것은 통합교육의 이론 및 실제와 일치한다.

그림 2.1 의미 있는 교육과정 개발하기

있게 하고, 학생들이 학습한 것을 보여줄 수 있도록 다중적 방법을 계획한다. 이것은 교수를 함에 있어서 '어떻게든 간다'식의 접근법이 아니라 학생들 각자의 개별성을 예측하고 그에 반응하며, 학생들을 수동적 학습자가 아닌 능동적 학습자로 가르치려는 계획된 노력이다. 교수를 신중하게 구조화시켜서 (1) 새로운 정보와 개념이 학생들의 기존 지식과 이해에 연합되고, (2) 명확하며 효과적인 교수 모델과 시범이 제공되고, (3) 학생들이 증대된 독립성과 일반화 능력을 바탕으로 새로운 지식과 기술을 연습할 기회를 반복적으로 갖도록 하는 것이다. 교사는 선택, 탐구, 활동적 학습, 학생 상호작용의 효과적인 사용과 교훈적인 교수의 균형을 맞추어 모든 학생이 성취할 수 있는 학습환경을 조성할 수 있다. 교육 관련 연구들은 학생의 성취에 있어서 가장 큰 관건은 "어떤 교과서나 교수전략을 사용하는가?"라기보다는 "교사와 학생들이 매일 함께하는 것들을 근본적으로 변화시키는 접근법"이라는 점을 반복해서 보여주었다(Slavin, Lake, Chambers, Cheung, & Davis, 2010, p. 34).

　제1장에서 언급한 바와 같이 학교개선을 위한 현재의 노력은 학생들에게 다양한 학습 프로파일이 존재한다는 현실을 당연하게 여기고, 교육자들로 하여금 모든 학생이 질적으로 높은 수준의 교육을 받을 수 있는 기회를 제공하는 유연하고 반응적인 학습환경을 조성하는 책임을 요구하고 있다(Capper & Frattura, 2009; Waldron & McLeskey, 2010). 상상 속에 존재하는 '평균수준'의 학생들을 위해 교수계획을 수립한 후 개인차를 지닌 학생들에 맞춰 그 계획을 수정하는 것(그래서 자동적으로 불평등과 배제가 발생하는)이 아니라 시작단계에서부터 학습자 변량을 담아낼 수 있는 방식으로 계획하는 것이다(CAST, 2011). 학생들이 어떤 특수교육대상 범주에 속하는가에 관계없이 다양한 학생들이 속한 학급을 위해 교수를 계획하는 출발점은 좋은 교수이다(그림 2.2 참조). 효과적인 교수란 반드시 개인차에 반응할 것을 요구하지만 그것이 학습의 어려움을 가진 학생들을 그 특성에 기초해 특정 범주로 분류할 것을 요구하는 것은 아니다. 대신에 효과적인 교수는 교사로 하여금 "개별 학습자에게서 효과를 거두지 못하는 한 어떠한 교수실제도 최상의 실제가 될 수 없다는 것을 매일 회상할 것"을 요구한다(Tomlinson, 2001, p. 17).

　이 장은 학교에 존재하는 학습자 변량에 반응적인 교수를 교사들이 계획적이고 선행적으로 설계할 수 있게끔 도와주는 일반 접근법과 구체적인 전략에 초점을 맞추고 있다. 우리는 이것을 모든 학습자들이 교육과정에 접근할 수 있게 해주는 가이드라인과 전략을 제공해주는 2개의 큰 개념틀인 보편적 학습설계(UDL)와 차별화 교수에 대한 설명으로 시작할 것이다. 다음으로 우리는 통합교육의 철학에 걸맞을 뿐만 아니라 연구를 통

연구가 말하는 것

연구들은 "좋은 교수가 좋은 교수"라는 격언을 지지하는 경험적 증거들을 제공해왔다. 즉 많은 연구 기반 교수실제가 폭넓은 학생들에게 효과적이다. 효과가 있다고 알려진 이들 교수실제에는 사전지식의 활성화, 새로운 학습으로의 연결, 명확한 학습목표와 기대수준, 명시적 교수, 적극적 반응의 최적화, 내용에 대한 비언어적 표상 사용, 특정 피드백 사용, 숙련방법 지도 등을 포함한다(Ellis & Worthington, 1994; Good & Brophy, 2008; King-Sears, 2007; Marzano, 2003).

　장애학생들을 포함한 학급에서의 교수 효과성에 대한 연구에 의하면 비장애학생들을 잘 가르치는 교사가 장애학생들 역시 잘 가르치는 것으로 밝혀졌다(Larivee, 1985; Mastropieri et al., 1998). 높은 성취를 보이는 학생들을 가르치는 교사들은 적절한 수준의 난이도를 가진 수업을 계획하고 전달했으며, 학생들이 학습에 적극적으로 참여하도록 만들었다. 이런 교사들은 전환에 시간낭비가 이루어지지 않는 잘 조직된 학급을 운영하고 있었으며, 학생들의 실수와 문제행동에 대해 처벌이나 비난하기보다는 지원적 방식을 취했다. Vaughn, Gersten, Chard(2000)는 통합학급 내 학습장애 학생들을 위한 효과적인 교수방법에 대한 연구들을 종합했는데, 학습장애 학생들의 성취를 개선해주는 데 효과적인 교수방법은 비장애학생들에게도 효과적이라는 점 또한 발견하였다. 효과적인 교수 관련 연구들에 의하면 수정을 하거나 특정 장애학생을 위한 다른 중재에 초점을 제한하기보다는 모든 학생에게 혜택을 주는 교수실제를 개선하는 것이 의미가 있다고 주장했다.

그림 2.2 "좋은 교수가 좋은 교수"

해 대부분의 학습자들에게 긍정적 효과가 있는 것으로 알려진 다른 교수실제에 관해 간략히 소개할 것이다. 다양한 특성을 가진 학생들과 다양한 집단의 학생들이 특정 교수실제에 반응하는 방식들을 가려내기 위해서는 더 많은 연구가 필요하겠지만 교육자들은 대부분의 학생들에게 효과적이고 모든 학생에게 전망이 밝은 것으로 타당성이 입증된 교수방법과 전략을 사용할 수 있을 것이다. 종종 이 견실한 교수방법은 학생에 특화된 수정을 통해 달성될 수 있다. 게다가 교사들은 풍부한 학습기회, 활성화된 배경지식, 눈으로 확인할 수 있는 명시적 교수, 풍부하고 다양한 교수자료를 통한 적극적 참여, 학생들 간 상호작용, 비계 교수(scaffolded instruction), 높은 성공률, 체계적 피드백과 같은 효과적인 교수의 일반적 특성에 대한 연구들로부터 도움을 받을 수도 있다(Ellis & Worthington, 1994; Simmons & Kameenui, 1996; Vaughn et al., 2000).

보편적 학습설계 및 차별화 교수

보편적 학습설계(UDL; CAST, 2011)와 차별화 교수(Tomlinson, 2001)는 구체적인 방법이나 전략이라기보다는 교사들이 다양한 학생에게 보다 도움이 되는, 반응적인 폭넓은 접근법이라 할 수 있다. UDL과 차별화 교수는 교육과정 혹은 교수방법의 추가적인 개별화 이전에 사용되어야 하는 보편적인 혹은 학교수준 실제의 각 범주에 매우 적합하다. 비록 이 두 접근법이 서로 겹치는 부분이 있고 이론과 구체적인 실제에서 많은 부분이 공유되지만(그림 2.3 참조) 우리는 독자의 이해를 돕기 위해 두 가지를 각기 분리해서 이론과 실제를 제시할 것이다.

 연구가 말하는 것

보편적 학습설계(Sopko, 2008)와 차별화 교수(Rock, Gregg, Ellis, & Gable, 2008) 모델의 완전한 실행에 대한 연구들이 아직은 제한적이지만 계속 증가하고 있다. 6개 지역학교 체계에서 실행했던 UDL에 대한 질적 보고서에 의하면, 그 실행이 학교와 교사에 따라 일관성이 부족했지만 피면접자들은 UDL이 학생, 교사, 행정가들에게 혜택을 주었다고 믿었다(Sopko, 2008). 그들은 교사들의 UDL 실행을 위한 노력의 결과로 학생의 수행과 시험점수가 개선되었으며 학생들의 학습 참여도가 높아졌고 더 흥미로워했다고 보고했다. 또한 피면접자들은 교사들이 개별 학습자들의 요구를 다루는 데 보다 능숙해졌고 가르치는 일에 보다 활력적이 되었다는 점도 언급했다. 그러나 이 보고서에 사전·사후 측정 혹은 중재자료가 수집되지는 않았다.

신경과학(neuroscience), 학습과학(learning science), 인지심리학의 기초연구를 통한 굳건한 기반은 UDL과 차별화 교수 모두를 지지한다. 기초연구에는 Vygotsky(1986)의 준비도(readiness level)와 근접발달지대(ZPD, 개별 학생에 의해 알려진 무엇과 알려지지 않은 무엇 사이의 존재하는 내용)에 대한 연구, Piaget(1960)의 인지발달 단계 이론, Bruner(1966)의 구성주의 학습 이론, 그 외 다른 학자들이 연구한 학습변량의 범위와 출처 그리고 그것들의 교수적 활용에 대한 공헌 등이 포함된다. 학생 준비도의 사정과 근접발달지대에서의 교수, 학생의 참여와 흥미 촉진, 학습 프로파일에 따른 반응, 비계와 모델링의 사용과 같은 실제는 UDL과 차별화 교수의 중심적 내용이다. 다양한 개인차를 가진 학습자들에 적합한 구체적인 실제를 확인하기 위해서는 효과성에 대한 연구가 요구된다(CAST, 2011).

그간 학급환경 그리고 실행을 촉진하거나 장벽으로 작용하는 조건을 포함한 여러 학습환경에서 구체적인 UDL과 차별화 교수를 적용한 실행연구들이 크게 증가해왔다. 예를 들면, Dymond 등(2006)은 경도 및 중도 장애학생들이 통합된 고등학교 과학수업에서 보편적 학습설계 요소를 적용하는 참여실행연구를 수행했다. 일반교사 1인과 특수교사 1인이 협력해서 새로운 기술, 보다 활동적이고 상호적이며 협동적인 활동을 적용해 수업자료와 활동을 보다 용이하게 접근할 수 있도록 재설계했다. 이 연구에 참여했던 교사들의 보고에 의하면, 그들의 재설계 노력은 중도장애 학생들의 참여와 또래 상호작용에서 향상을 가져왔을 뿐만 아니라 비장애학생들의 수업 참여, 과제완수, 시험점수에서도 개선을 가져왔다고 한다. 출현율이 높은 장애를 가진 고등학생들을 위해 교사들은 대수와 생물수업에서 UDL 원리를 적용했는데, 기술사용의 증가와 신기함이 높은 학습활동을 포함한 UDL은 수업활동에 그 학생들의 참여를 높이는 데 도움이 되었고, 교사들이 더 많은 UDL 중재를 사용하길 원했다고 보고했다(Kortering, McClannon, & Braziel, 2008).

　또한 관련연구들은 차별화 교수를 위한 이론적 개념틀과 일치하는 다양한 전략을 규명해 왔다. 예를 들면, Baumgartner, Lipowski, Rush(2003)는 초등학교와 중학교 학생들의 읽기 성취를 신장시키기 위해 유연한 집단화, 학생들의 학습과제 선택, 읽기 시간의 자율선택, 다양한 텍스트에 접근 등을 결합한 중재를 설계했는데, 이 중재를 받았던 학생들은 해독, 파닉스, 이해기술 그리고 읽기와 읽기 기술에 대한 태도가 개선되었다고 한다.

그림 2.3　보편적 학습설계와 차별화 교수

보편적 학습설계

UDL이란 "시작 단계에서부터 개인차를 다루기 위해 계획적이고 체계적으로 설계된 교육과정(즉 목표, 방법, 교수자료, 사정)의 절차"를 일컫는다(CAST, 2011, p. 9). UDL의 설명을 빌리자면, 유연하지 못한 전통적 교육과정은 가상의 '평균적' 학생들의 요구에 부합하도록 설계되어 서로 다른 능력, 배경, 동기를 지닌 많은 학습자들을 배제하기 때문에 '사용될 수 없는(disabled)' 것이라고 한다. UDL은 유연하지 못하고, 한 가지에 모든 사람을 맞추는 식의 교육과정이 많은 학습자들에게 장벽 혹은 바리케이트를 초래함을 지적하고 있다(Rose & Gravel, 2010).

　다양한 사용자들이 접근할 수 있도록 설계된 최근의 건물, 보행자 도로, 과학기술처럼 교육실제 역시 보다 유연해지고 각종 장애물을 없애고 있는 중이다. 장애인을 위해 무엇인가를 추가해 개발한 수많은 기술이 이제는 여러 방식으로 많은 사람들에게 혜택을 주는 표준기술로 인정받고 있는 것이다. 원래 TV캡션장치는 농과 난청인을 위해 개발되었고 일반 TV에 연결하려면 수백 달러의 비용이 들었지만 지금은 불과 몇 센트의 비용으로 새로 출시되는 모든 TV에 칩 형태로 장착되고 있어 영어를 배우는 학습자, 읽기에 어려움이 있는 자, 주의력결핍이 있는 학생, 소음이 심한 환경에서의 시청자들에게 혜택을 주고 있다(Rose & Meyer, 2002). 동일한 방식으로 UDL은 교육과정의 다양한 측면에 유연성을 심어주어 장애가 확인된 학생들뿐만 아니라 많은 학생들에게 혜택을 주는 것이다.

> UDL은 교육연구에서 가장 널리 반복된 연구결과에 기초하고 있다. 그것은 교수에 대한 학습자들의 반응이 매우 다양하다는 것이다. 교수 혹은 중재에 관한 거의 모든 연구보고서에서 개인차는 명백할 뿐만 아니라 매우 중요한 결과이다. (CAST, 2011, p. 10)

UDL은 이러한 개인차를 문제로 인식하기보다는 효과적인 교수에 대한 교육자들의 이해를 도울 수 있는 하나의 중요한 결과로 바라본다. UDL 개념틀은 교육 종사자들이 교육과정을 설계하고 실행하기 위한 통합적이고 진화하는 가이드라인으로 역할을 한다. 이 가이드라인은 UDL의 세 가지 주요 원리에 따라 구성되어 있는데, 인간 두뇌의 세 가지 학습 네트워크인 인식 네트워크, 전략 네트워크, 정의적 네트워크와 일치한다(CAST, 2011).

1. **복수의 표상 수단을 제공하라.** 학습자들은 정보를 지각하고 이해하는 방식이 서로 다르다(인식 네트워크). 학습의 장벽을 줄이기 위해서는 교육과정의 내용, 즉 학습내용에 있어서 다양한 선택이 제공되어야 한다. 단일의 고정된 방식인 인쇄된 자료와 비교할 때 디지털 자료는 학습자가 변경할 수 있는 여지를 허용한다. 예를 들면, 인쇄된 책의 경우 난독증이나 시각장애로 인해 읽기능력이 학년수준에 미달하는 학생 또는 현재 영어를 배우고 있는 학생의 학습기회를 제한한다. 반면에 디지털 책의 경우 글자확대와 음성산출이 가능하고 점자출력이나 다른 언어로 변환할 수 있다. 핵심 아이디어를 강조해 표시하고, 용어의 정의를 포함하고, 그림이나 개념에 대한 설명과 연결시키고, 이해를 묻는 질문에 답하는 것을 돕기 위해 움직이는 만화캐릭터를 사용하는 것과 같이 주요 내용을 효과적으로 전달할 수 있다. 시각적 자료, 동영상, 애니메이션에 관한 텍스트 혹은 음성정보가 함께 제시될 수 있고, 텍스트 안에 어휘나 상징과 연결된 정의, 설명, 예시가 담긴 하이퍼링크를 독자가 따라갈 수도 있다(CAST, 2011). 디지털 자료의 활용은 UDL의 성공적 실행에 결정적 역할을 한다(Hall, Strangman, & Meyer, 2003).

2. **복수의 활동 및 표현 수단을 제공하라.** 학습자들은 학습환경을 탐구하고 학습내용을 표현하는 방법이 서로 다르다. 그러므로 학습법(전략적 네트워크)이나 학생들이 수행하는 과제 그리고 자신의 학습내용을 보여주기 위해 제시하는 산출물에 있어서

선택을 제공하는 것이 매우 중요하다. 독자가 인쇄된 책에 표시를 하는 방법은 제한적이지만 디지털 책은 조이스틱이나 마우스 그리고 키보드를 통해 문단 전체를 부각시키거나 메모를 삽입하는 것이 가능하다. 모든 학생이 종이 위에 연필을 사용하는 전통적인 쓰기과제를 하는 대신 음성인식 소프트웨어, 녹음기능, 받아쓰기, 문장완성 혹은 작문용 프레임워크를 활용할 수 있다. 게다가 학생들은 그래픽 조직자와 점검표와 같이 과제를 완성하는 데 도움을 주는 자료와 정보에 대해 제공받을 수도 있다.

3. **복수의 참여수단을 제공하라.** 학습자들은 서로 다른 방식으로 동기화되고 학습과정에 참여하기 때문에 왜 학습을 하는가에 관한(정의적 네트워크) 복수의 참여 선택 기회를 제공하는 것이 중요하다. 교사들은 학생들에게 자신의 교육과정 목표를 선택할 수 있도록 매번 허용하지는 못한다 할지라도 보상과 지원 그리고 과업의 구성 순서와 시기같이 목표가 추구되는 많은 사회적·물리적·감각적 상황에 대한 선택을 제공할 수는 있다(CAST, 2011). 일부 학습자들은 대처기술 학습, 인내의 유지, 성공할 수 있다는 신념의 개발을 위한 지원을 필요로 할 수 있다. UDL 환경은 학습자들이 보다 목적적이고 동기화되도록 돕는 선택을 제공한다.

앞의 세 가지 원리와 함께 보다 상세한 가이드라인과 실행을 위한 점검사항을 담은 UDL 종합 가이드라인은 교육자들이 대부분의 교육과정에서 발견되는 장애물을 줄일 수 있도록 도우며, 어려움과 지원의 수준을 최적화시켜줄 전략을 제공한다(CAST, 2011). UDL의 연구기초에 대한 추가적인 자원과 실제적 적용법은 부록 B에 수록되어 있다.

UDL 개발자들과 실행전문가들은 잘 조성된 UDL 환경이라 할지라도 일부 학습자들(예 : 중도·중복장애를 가진 학생)은 개별화된 추가적 지원과 수정을 필요로 할 수 있다(McGuire, Scott, & Shaw, 2006). 그러나 UDL 개념틀은 수정의 부담을 학생 측에서 교육과정 쪽으로 옮겨놓는다. UDL 환경은 어려움을 제거하는 것이 아니라 교육과정에 공평하게 접근할 수 있게 장애물을 제거하는 선택과 지원을 제공한다는 것을 이해하는 것이 중요하다(Rose & Meyer, 2002). UDL의 효과적인 사용은 교사들로 하여금 시급한 학습목표에 대해 명확히 알고 있어야 함을 요구하는데, 제공된 기술 혹은 다른 선택들이 당면한 학습활동에서 학생의 접근과 참여에 비계를 제공하지만 어려움은 유지된다. 예를 들면, 학생이 받은 읽기과제의 목적이 과학내용을 학습하는 것이라면 영어로 된 글을 이해하거나 유창하게 읽기가 목적일 때와는 다른 지원의 선택기회를 갖게 될 것이다. 어떤 경우 비계는 자전거의 훈련용 보조바퀴를 제거하듯이 점차 감소되거나 철회된다. 또다른 경우 지원이 지속적이긴 해도 학생 주도하에 운영될 수도 있다. 예를 들면, 교사가 처음에는 학생이 매일 밤 완성해야 할 숙제목록을 직접 제공해주고, 이후 학생이 베껴갈 수 있게 시범을 보여주고, 최종적으로는 학생이 교실 벽 차트의 과제들을 스스로 베껴가도록 하는 것이다.

차별화 교수

차별화 교수는 교사가 교수를 함에 있어서 다음의 세 요소[UDL의 세 원리와 맥을 함께 하지만 완전히 동일한 것은 아님(Hall et al., 2003)]에 대해 의도적으로 계획하고 다양한 접근법들을 실행할 때 가능해진다.

1. 내용 : 학생들이 알기 위해, 이해하기 위해, 하기 위해 학습하는 그 무엇으로서 교수에 있어서 투입물에 해당
2. 절차 : 학생들이 아이디어와 정보를 이해하는 방식으로서 학생들이 내용에 관여하고 상호작용할 때 활용되는 교수전략, 환경조건, 교수자료, 활동
3. 성과물 : 학생들이 자신의 이해를 표현하고 학습한 것을 보여주는 방식으로서 교수에 있어서 산출물에 해당

차별화 교수의 기저에 놓인 기본 원리 한 가지는 "호감이 가고, 관련성이 높고, 적절한 수준의 학습경험이 가장 효과적"이라는 것이다(Tomlinson, 2001, p. 5). 학습경험의 호감도, 관련성, 흥미, 수준은 학생에 따라 다른데, 다음의 세 가지 학습자 특성은 차별화에 관한 교사들의 의사결정을 안내해준다(Tomlinson, 2001).

1. 준비도(readiness)란 현재 학생의 교육적 수행수준, 또는 학생이 현재 알고 이해하고 할 수 있는 것을 일컫는다. 학생들은 학습과제가 자신들이 막 독립적으로 수행할 수 있게 된 기술과 지식으로 확장될 때 보다 잘 배울 수 있다(Vygotsky, 1986). 준비도에 기초한 차별화의 예로는 읽기수준에 따른 다양한 텍스트의 제시, 어휘학습을 위한 보충적 지원, 단계에 따른 과제 제공 등을 들 수 있다(표 2.1 참조).
2. 흥미(interest)에는 학생에게 동기를 부여해줄 수 있는 주제, 과목영역, 활동, 표현방식 등이 포함된다. 흥미와 선택은 동기와 강한 연관성이 있다(Brandt, 1998). 흥미에 따른 차별화 방법으로는 집단 조사, 인터넷 조사, 문학 동아리, 지그소(협동 학습의 한 가지), 학습메뉴 제공 등을 들 수 있다.

표 2.1   차별화 교수 전략

단계별 과제

과제를 선택할 때 다양한 수준의 난이도와 절차(예 : 읽기, 쓰기, 듣기, 수행하기, 구성하기)를 활용한다. 그러나 그것들은 모두 동일한 내용과 관련된 것이다. 과제 난이도는 단계의 수, 독립적 수행의 정도, 인지적 복잡성의 수준 등에 따라 조정될 수 있다(Tomlinson, 2001). 교사는 학생들의 준비도를 평가한 후 학생들이 어떻게 과제선택을 해야 하는지에 대한 가이드라인을 고안한다. 예를 들면, Lewin(2003)은 중 · 고교 영어과목의 단계별 과제(tiered assignment)를 위해 다음과 같은 제안을 한 바 있다. 학생들에게 장 · 단편 소설에 대한 비평을 가르치는 하나의 방법으로 '저자와의 대화'를 사용했다. 학생들로 하여금 작품의 저자에게 편지를 쓰게 하는 것인데, 작품에서 좋았던 점, 싫었던 점, 개선을 위한 제언 등을 작성하는 것이다. 이 과제는 학생들의 단계에 따라 다음의 네 가지 양식으로 제공된다(교사 혹은 학생에 의해 선택될 수 있음). (1) 우편엽서 : 작은 사이즈, 전면부에 그림이 그려져 있음, (2) 메모 : 보다 큰 사이즈이고 구조화된 양식임, (3) 편지 : 익숙한 양식이며 보다 많은 쓰기를 요구함, (4) 견해작문 : 가장 어려운 양식이며 작성을 위해서는 참고문헌들이 필요함.

메뉴

학급의 수업활동 혹은 숙제를 위해 활용되는 이 선택은 다양한 형태로 제시될 수 있다. 메뉴목록(list menu)은 과제의 서로 다른 선택에 따라 다양한 점수가 할당되고(예 : 덜 복잡한 선택의 경우 10점, 보다 많은 시간과 노력이 드는 과제는 20점), 학생들은 자신이 선택한 과제를 완수할 때 해당 점수를 받게 된다. 틱택토(Tic-Tac-Toe) 메뉴는 총 아홉 가지 선택이 주어지는데, 학생들은 일렬로 세 가지 선택을 완수해야 한다(Westphal, 2007). 이러한 활동은 단계화될 수 있고(복잡성 정도에 따라 다양해짐), 표현의 절차 혹은 형식에 의해 차별화될 수도 있다. 그림 2.4에 제시된 교사개발 메뉴는 어느 4학년 학급에서 공부 중인 문학선집과 관련해 차별화된 활동을 제공하기 위해 설계된 것이다. 이러한 학급은 다양한 능력과 요구를 갖고 있는 학생들을 포함하고 있어서 학생들에게 종종 선택시간 동안 자신에게 알맞은 과제를 안내해줄 메뉴가 제공된다.

흥미집단

이 소집단에 속한 학생들은 상호 관심을 갖고 있는 주제에 대한 연구결과를 읽고, 조사하고, 토론하고, 공유한다. 예를 들면, 동물입양에 관해 알아보고자 할 때 학생들은 먼저 조사할 동물을 구체적으로 선정한 후 그들이 발견한 내용을 보여주기 위해 아트워크가 가미된 서면 보고서를 사용할 것인지, 인공물과 모델 등을 활용할 것인지, 아니면 학급에서 구두발표를 할 것인지 등을 결정할 수 있다.

학습센터

이러한 개인 혹은 소집단 활동(학생 혹은 교사 주도)은 몇몇 물리적 장소에서 행해지며, 센터는 차별화된 절차와 수행형식 그리고 복잡성 수준의 차별화를 활용한다. 학습센터는 일반적으로 학생들이 교수를 받은 내용에 대해 안내된 혹은 독립적 연습기회를 제공하지만, 탐구의 기회와 조사학습의 기회를 제공할 수도 있다. 학생들은 특정 센터에 할당되거나, 2개 이상의 센터에 시간 간격을 두고 교대로 할당될 수도 있다. 예를 들면, 초등학교 학급에서 학생들은 학급 전체 학생을 대상으로 교수된 내용을 연습하기 위해 다음과 같은 학습센터를 교대로 거칠 수 있다. (1) 소집단 교수 : 교사가 단원을 재교수하거나 개별화한 단원을 교수함, (2) 게임센터 : 학생들이 파트너와 수학게임을 하기 위해 카드, 주사위, 게임보드를 사용함, (3) 컴퓨터 센터 : 온라인 연습과 모의시험, (4) '스스로' 센터 : 종이와 연필을 사용하는 과제 실시(스스로 체크할 수 있도록 정답 제시).

　학습센터가 일부 학생들을 위해 활동을 수직적 · 수평적으로 확대할 경우 학생들은 특정 학습센터를 서로 다른 방식으로 이용할 수도 있다. 교사들은 각 학습센터에서 무엇을 하는지를 가르칠 뿐만 아니라 학습센터에서 언제 그리고 어떻게 다른 학습센터로 전환하는지 지도해야 하며, 일부 학생들의 경우 학습센터들을 성공적으로 이용하기 위해서는 점검표, 그림, 음성장치, 또래모델 등의 추가적 지원을 필요로 할 수 있다(King-Sears, 2007).

할아버지의 긴 여행(*Grandfather's Journey*)을 위한 개별 메뉴

이름 : _____   날짜 : _____

1. 두 장소의 분리

저자 Allen Say와 그의 할아버지는 일본과 샌프란시스코에 대해 좋은 기억을 가지고 있다.

종이 한 장을 준비해서 둘로 나누어라. 한쪽에는 일본에서 함께한 기억을, 다른 한쪽에는 샌프란시스코에서 함께한 기억을 삽화로 그려라. 색연필을 사용하여 최고의 4학년 활동으로 만들어라. 도움이나 영감을 얻기 위해 이야기 삽화들을 다시 살펴볼 수 있다.

2. 문장의 종류

우리가 학습한 네 종류의 문장을 각각 세 문장씩 써라.
- ☞ 서술형   .
- ☞ 질문형   ?
- ☞ 감탄형   !
- ☞ 명령형   .

학생용 연습 교재 21쪽을 참고하라.

3. 여행에 대해 읽기

이런 수준의 읽기 교재를 선택하라.
- **Elena in America**
- **Goodbye to Angel Island**
- **Streets of Gold**

책상이나 카펫에서 읽으라.
'이야기 다시 만들기'를 수기로 완성하라.

4. 할아버지가 노래하는 새를 계속 키운 것은 일본을 기억나게 하기 때문이다. 만약 당신이 여러 해 동안 집을 떠나야만 한다면 가져가고 싶은 한 가지는 무엇인가? 그리고 그 이유는 무엇인가?

당신이 가져갈 것을 그리고 색칠하라. 그림 아래에 그에 대한 설명과 왜 선택했는지를 설명할 수 있는 글을 작성할 공간을 남겨놓아라.

5. 당신만의 여행 계획하기

미국 지도에 방문하고 싶은 장소 네 군데를 고르라. 고향에서 여행지에 이르는 최선의 길을 그려라. 방문하게 될 모든 장소에 표기하라.

** 보너스 : 여행 거리가 얼마인지 특정하기 위해 지도에 있는 마일 단위를 사용하라.

6. 편안하게 다시 읽기

이 방의 어떠한 곳이든 편안한 곳을 찾아 할아버지의 긴 여행을 다시 읽어라. 다 읽고 나서 76쪽에 '선택에 대해 생각하기' 질문에 대답하여 이 이야기에 대한 퀴즈를 스스로 풀어라.

조용히 해당 박스별 활동을 완성하라.
4학년 최고의 활동으로 열심히 했는지 확인하라! ☺

그림 2.4   교사 개발 차별화된 활동의 메뉴

출처 : Kristyn McDaniel Calber의 허락하에 게재.

3. 학습 프로파일(learning profile)이란 학생이 가장 잘 배울 수 있는 방식을 수반하는데, 학생이 선호하는 학습양식 또는 학생의 지능[예 : 언어성/동작성, 논리적/수학적, 공간적/시간적, 신체적/운동적(Gardner, 2006)], 환경 배치(예 : 조용하거나 시끄러운, 자극적인 혹은 한산한), 집단화(독립적으로, 또래들과 함께, 성인과 함께), 인지적 양식(예 : 귀납적인 또는 연역적인, 협동적인 혹은 경쟁적인) 등이 포함된다. 학생들은 자신의 학습 프로파일에 적합한 방식으로 배우게 되면 학교에서 성공할 가능성이 보다 높아지게 된다(Sternberg, Torff, & Grigorenko, 1998). 교사들은 청각적 · 시각적 · 운동적 양식에 의해 그리고 학생들에게 아이디어와 정보를 구성하기 위한 접근법(예 : 마인드맵핑, 내용 윤곽 잡기, 스토리보드 활용하기, 개념지도)에 대한 선택권을 제공함으로써 학습 프로파일에 따른 차별화를 할 수 있다.

　교사들은 위의 세 가지 학습자 특성이 내용, 절차, 성과물이라는 교육과정 접근요소에서 어떻게 다루어질 수 있는지에 대한 고려를 통해 차별화를 위한 선택을 확장시켜 나아갈 수 있다. 예를 들면, 과학과목에서 간단한 기계에 관한 어떤 단원의 내용은 텍스트를 학생들의 읽기수준에 따라 복수로 제공함으로써 학생들의 준비도에 따른 차별화가 가능해진다. 내용과 상호작용하는 절차는 학생들에게 한 가지 이상의 간단한 기계를 사용해 가정생활에 도움이 되는 발명을 하도록 도전하게 함으로써 학생들의 다양한 흥미에 따른 차별화가 성취될 수 있다. 학습한 내용을 보여주기 위해 산출되는 성과물은 보고서 작성, 모형 만들기, 컴퓨터를 활용한 애니메이션 발표와 같은 선택을 제공함으로써 학습 프로파일에 따른 차별화가 될 수 있다. 교사들에게 세 가지 학습자 특성에 따라 세 가지 교육과정 접근요인 각각에 대한 차별화를 요구하는 것은 아니다. 대신 차별화 교수는 교사가 학생들을 제대로 파악하고 학습과제와 학급환경을 차별화할 수 있는 가능한 많은 방법을 고려해 서로 조합해낼 수 있기를 바라는 것이다.

　Tomlison(2001)은 차별화가 가능하도록 돕는 다음의 일반적인 지침을 제공했다. 학습에 어려움을 지닌 학생들의 요구를 충족시키는 데 특히 도움이 될 것이다.

- 필수적인 정보, 주요 개념 및 원리, 그리고 가르쳐야 할 기본적인 기술에 대해 명확하게 하라. 세부 정보로 연결시켜주는 닻을 제공하는 주요 아이디어는 지식의 습득으로 촉진되고 또한 학습에 어려움을 가지는 학생들에게 다음 학습을 위한 비계를 제공한다.
- 모든 학생을 위한 학습활동은 동등하게 참여할 수 있어야 하고 흥미가 있어야 한

다. 앞서가는 학습자만을 위한 창의적인 프로젝트를 제공하는 동안 학습에 어려움을 지닌 학생들에게는 대부분의 시간에 반복연습을 요구하는 것을 피하라.

- 학생선택 과제 및 활동과 교사제시 과제 및 활동의 배치 간 균형을 유지하라. 때때로 교사들에게 학생들이 한 단계 도약하고, 그들의 흥미를 확장하고, 안주하는 수준을 넘어설 수 있도록 돕는 것이 중요하지만, 더 나은 결과를 초래할 것이라는 선택이 그렇지 않은 결과를 이끌 때도 있다.

- 전체 교실, 집단, 그리고 개별적인 수업의 혼합을 사용하라. 소집단을 위해서는 다양한 시간에 공유되거나 다른 준비수준, 흥미, 그리고/혹은 학습 프로파일에 기초하여 집단을 유연하게 묶는 방법을 사용하라.

- 평가는 단지 학생이 얻는 점수가 몇 점인지를 보는 것이 아니라 계속되고 수업으로 연계되는 것임을 기억하라. 차별화된 평가는 다수준 평가를 포함해야 할 뿐 아니라 진짜 산출물과 학생 자기 평가를 포함해야만 한다.

수업의 차별화는 우선 이러한 일반적인 지침의 이해를 가지고 차별화를 위한 관리전략을 획득하는 교사들을 위한 학습과정이며, 학생 준비도, 흥미, 그리고 학습 프로파일을 사정하기 위한 능력을 신장하고, 계속해서 정제된 차별화된 활동 및 전략의 폭넓은 레퍼토리를 계속적으로 축적하는 것이다. Tomlinson(2001)은 준비 시간이 적게 걸리는 전략(예 : 교재의 선택, 독립적인 혹은 협동적인 활동의 선택, 새로운 기술연습을 위한 다양한 게임 및 컴퓨터 프로그램)을 편안한 속도에서 시작할 것을 제안한다. 그리고 한 단원 혹은 한 학기마다 1개의 많은 준비가 필요한 전략을 더한다. 다양한 시점과 학생 변량의 다양한 차원에서 여러 교육과정과 연계된 차별화로서 사용 가능한 많은 준비가 있지만 더 강력한 전략은 단계별 과제, 메뉴(예 : 그림 2.4 참조), 흥미집단, 및 학습중심을 포함한다. 이러한 전략은 표 2.1에 간략하게 소개되어 있다. 제5장에서는 주요 교과목을 위한 이러한 전략의 여러 가지 추가적인 적용법을 설명한다.

차별화에 새로운 교사가 사용할 수 있는 또 다른 전략은 특정 접근 시점(교과내용, 과정 혹은 산출) 그리고/혹은 특정 교과영역에서 시작하는 것이다. 예를 들어, 고등학교 영어교사가 수업에서 그래픽 조직자를 사용하여 교과내용을 위한 선다형 옵션으로 시작할 수 있고, 학습의 각 단원(컴퓨터 프로그램 혹은 웹사이트, 소설, 잡지 및 신문 논설, 슬라이드쇼 혹은 스트리밍 비디오)을 위한 다수준 및 복합적인 보충자료를 만들 수도 있다. 중학교 역사교사는 초반에 흥미집단, 학습 로그, 혹은 팀 토너먼트의 사용을 통해 역사학습의 과정을 차별화할 수도 있다. 초등학교 교사는 발달 포트폴리오나 계층화된 숙제의 다양한 메뉴에 학생을 포함하여 수행 평가를 실시함으로써 과학에서 학생 **산출물의** 차별화를 하는 것으로 시작할 수도 있다.

　UDL과 차별화는 교사 스스로 좋은 교수를 하도록 만드는 것은 아니다. 대신 교사로 하여금 계속해서 효과적인 학습환경을 만드는 데 역할을 수행하도록 하는 따뜻한 학급 분위기 조성, 교과내용의 유의미함과 적절성, 수업설계의 질, 그리고 수업전략의 힘이다. Tomlinson(2001)이 언급했듯이, "효과적인 차별화는 전형적으로 다양한 범위의 학습 요구에 반응할 수 있을 만큼 충분히 강력한 교사에 의해 미리 계획되어야 한다"(p. 4). 그러나 몇몇 학생들은 추가적인, 개별적으로 결정된 학습목표와 개별화된 수정이 요구되는 지원 요구를 가질 것이다(제3~4장 참조).

　부록 B에 나열된 다양한 자원은 학생의 요구, 강점 및 흥미에 좀 더 반응적인 교육과정을 사전에 고안할 수 있도록 교사의 능력을 향상하고자 하는 데 안내하는 것으로 사용할 수 있다.

　UDL과 차별화 교수는 교과내용, 교수방법, 자료, 및 평가를 넓게 포함하는 **교육과정**(curriculum) 용어를 적용하는 것임을 기억해야만 한다. 이 책의 다른 장에서 우리는 **교육과정** 용어를 가르칠 것(즉 교과내용 혹은 학습목표 및 목적)으로 사용하고 교수(instruction) 용어는 어떻게 교육과정을 가르치는지(즉 교수 방법 및 자료)로 사용한다. 우리가 이렇게 사용하는 것은 UDL 혹은 차별화 교수의 개발자들 사이의 어떠한 불일치 때문이 아니라, 간단하게 특정 학생을 위한 개별화된 조절 및 지원의 사용을 논할 때, 교육과정 내용 및 교수방법을 과정에 대한 별개의 측면으로 다룰 것이기 때문이다.

능동 학습과 뇌 친화적 학습

앞서 정리된 UDL과 차별화 교수는 학생들을 잘 이해하는 것의 중요성과 학습하는 데 다양한 방법을 제공하는 것에 대한 중요성을 언급하고 있다. 그러나 모든 학생을 효과적으로 가르치기 위한 원리와 실제의 한 측면에서는 추가적인 주의를 요구한다. 실제적인 학습은 교육학적으로 신빙성이 높은 강력한 자극, 다양한 양식, 그리고 실제적 과제 혹은 시뮬레이션의 사용을 만드는 수업 접근법 중 광범위한 범주이다. 실제적인 학습은 시범, 자극, 실험, 모델, 그리고 확장된 학습 상황이 포함된 개별적 수업 속에서 일어날 수 있다. 더 심도 있고 거시적이며 실제적인 학습의 사용은 학교나 지역사회, 서비스 학습, 직업체험, 혹은 연구 팀의 실제적인 프로젝트에 초점을 맞춘 교수의 단위(units of instruction)를 포함한다.

실제적인 학습은 그것의 기초를 뇌 친화적인 교육에 두고 있다(Hart, 1999). "인간 뇌 사용의 최적수준은 연결들을 만드는 뇌의 무한한 능력의 사용을 의미하고, 이러한 과정을 최대화할 수 있는 조건이 무엇인지를 이해하는 것이다"(Caine & Caine, 1997, Chipongian, 2006에서 재인용). 뇌 학습 관련 연구에 따르면 인간은 세 가지 상호적인 요소가 존재할 때 복잡한 학습을 최상으로 성취할 수 있다는 것을 보여준다.

1. 유연한 변경, 즉 낮은 위협과 높은 도전으로 구성된 마음의 상태
2. 다양하고 복잡하며 실제적인 경험 속의 학습자의 조화로운 몰입
3. 의미를 만들어내기 위한 기초로서 경험의 능동적인 과정

교실 상황에서 뇌 연구 활용 전문가들은 연합적인 개념 혹은 다양한 교육과정 영역에서 기술과 지식을 통합하는 주제를 사용하는 동안은 교수환경과 교수과정을 가능한 한 실제 세상의 경험과 가깝도록 유지하는 것을 지지한다(Kovalik & Olsen, 2010). 뇌 친화적인 교수의 특징은 (1) 아직 없는 도전적인 교실환경의 고려, (2) 통합적인 주제중심 교육과정 접근, (3) 강력한 다감각적 자극 투입, 그리고 (4) 실제적인 조작 가능한 학습활동이다. Kovalik와 Olsen(2010)에 따르면 교사들의 교수적인 투입의 첫 번째 선택은 우선 손에 집히는, 혹은 '거기에 있는' 경험들이다. 구체적 사물의 조작을 포함한 수업은 단순히 사물이나 상징을 보여주는 수준의 조작을 담고 있는 것보다 교수적인 영향력이 훨씬 크다. 그러나 실제 세상의 경험을 제공하는 것이 가장 강력한 학습 플랫폼을 제공한다.

능동적인 학습은 교훈적인 수업 혹은 탐구를 기초로 하는 수업의 부분이 될 수 있다. 그러나 능동적인 학습 접근은 더 수동적인 교수 플랫폼에 의존하는 교수에 반대되는 입장이다. 예를 들어, 컵, 쿼트, 갤런을 사용하여 동일한 액체를 측정하는 개념에 대한 수업을 제공하는 한 가지 방법은 시범과 함께 구두 설명을 제공하는 것이다. 첫째로 4개의 쿼트 용기에 네 컵의 물을 붓는다. 그리고 하나의 갤런 용기에 쿼트의 물을 붓는다. 다음에 학생들은 "1 쿼트는 ___컵과 같다." 같은 진술문을 작성해야 하는 학습지를 완성할 수 있을 것이다. 혹은 동일한 양을 지닌 다양한 측정 용기들의 그림을 짝지을 수 있을 것이다. 그러나 교실 수조를 물로 채우거나 각 학생들에게 한 컵씩 주어 충분한 과일 주스를 만드는 것과 같은 실제적인 문제를 해결하기 위해 액체 측정 도구를 사용하는 활동에 참여시키면 학생들의 주의력 및 이해는 더욱 증진될 것이다. 학생들은 여전히 교사로부터

설교적인 조언을 받을 수 있고, 측정 개념에 대한 학습지는 나중에 완성할 수도 있다. 그러나 구체적인 활동을 직접 해보는 기회 또한 가질 수 있다.

통합교실에서의 능동적인 학습은 몇 가지 이유에서 장점이 있다. 첫째, 직접 해보는 능동적 학습은 다른 추상적인 내용에 실제적인 의미를 제공하고, 또한 상호적인 자료의 조작 및 주요 데이터 자료의 사용을 통해 지식을 구조화하는 데 도움을 받을 수 있다. 미성숙한 인지적 기술을 가진 학생들과 시각적·촉각적 혹은 신체적 투입이 필요한 학생들에게 특히 이러한 상호적인 구체물과 실제적인 활동은 유익을 가져다준다. 경도장애 고등학교 학생들에게 과학과 사회 교과에서 내용중심 접근보다 적절한 수정과 지원이 제공되었을 때 활동중심 접근의 유익이 더 큰 것을 발견하였다(Scruggs & Mastropieri, 1993). 교사가 학습에 무엇을 제공하면 도움이 되냐고 물었을 때, 학습장애 고등학생들은 직접 해보는 활동을 더 많이 제공해줄 것, 더 많은 실험을 사용할 것, 더 흥미롭게 만드는 것, 구체적으로 설명해주는 것, 교과서를 읽기보다는 학생들을 가르쳐주는 것을 요구하였다(Kortering & Braziel, 2002).

활동중심 학습은 선택과 차별화를 쉽게 통합할 수 있으므로, 학생의 흥미와 참여를 높이고 공유된 활동 속에서 학습목표 범위에 도달하는 것을 수월하게 도와준다. 교실 수조 채우기 과제를 받은 학생집단에서 대부분 학생들은 쿼트의 물 혹은 컵의 물이 10갤런의 탱크를 채우기 위해 얼마나 필요한지를 계산할 것이고, 몇몇 학생들은 또한 물의 양과 동일한 계량을 계산할 수도 있고, 다른 학생은 탱크에 붓는 쿼트나 컵의 개수를 셀 수도 있다. 또한 이 활동이 통합적인 주제중심의 일부라면 다양한 수준의 과학 개념 및 언어기술이 활동 속에 녹아들어갈 수 있다는 것을 기억해야 한다.

교사를 위한 한 가지 도전은 직접 해보는 조각 활동이 활동과정뿐 아니라 활동의 목적, 목표 개념, 원리, 그리고 기술까지도 학생들로 하여금 계속 집중하게 할 수 있게 구조화되도록 보장하는 것이다. Wiggins와 McTighe(2005)가 말했듯이 의미 있는 학습은 '직접 해보는(hands-on)' 것뿐만 아니라 '전념하는(minds-on)' 것을 요구한다. IEP의 여부에 관계없이 학생들은 특정한 기술과 지식에 대한 직접 교수를 필요로 할 수 있다. 그러나 학습의 최종목표는 학생들이 기술과 지식을 다양한 상황 맥락에 적용할 수 있도록 하는 것이다. 학생들에게 실제적인 맥락의 다양한 영역에서 기술을 적용하도록 기회를 주는 교수적인 활동을 제공하는 것은 동기, 주의집중, 유지, 일반화를 증진시킬 수 있다. 이러한 이유로 많은 교육자들과 연구자들(예 : Halle & Dymond, 2008-2009; Kluth, 2000)이 교실에서의 더 많은 활동적인 학습뿐만 아니라 장애 여부에 관계없이 모든 학생을 위한 교실 밖 학습까지도 옹호하는 것이다.

또래 중재 학습의 구조

또래 중재 학습(peer-mediated learning)이라는 용어는 교사가 다른 학생들에 대해 교수적으로 지원해주는 학생과 함께할 때 적용된다. 2개의 대표적인 또래 중재 학습 모델인 협동 학습(cooperative learning)과 상호보완적인 또래 교수(reciprocal peer tutoring)에 대해 기술할 것이다. 중도장애를 가진 또래를 위해 장애가 없는 학생들이 개별화된 지원을 제공하는 것을 포함해 더 전문화된 또래지원 모델은 제4장에서 소개할 것이다.

협동 학습과 또래 교수는 통합교육과 차별화 교수의 철학과 실제에 적어도 세 가지 측면에서 잘 어울린다. (1) 이들은 준비도, 흥미와 학습 프로파일에서 학습자의 다양성을 조절한다. (2) 이들은 학업적 성취와 사회성 발달에서 효과적인 방법으로서 잘 입증되어 있다. (3) 이들은 또래 간의 사회적 관계를 위한 기회를 조성한다. 학업적 이익은 학생들이 더 활발한 반응, 더 많은 피드백의 기회, 그리고 더 자주 개별화된 지원을 받을 기회를 제공하는 교수환경 영향에 대한 동기부여의 경험을 축적하는 것이다(Greenwood, Carta, & Kamps, 1990). 향상된 협동기술과 타인을 향한 지원적인 행동의 증가(그림 2.5 참조)를 포함하는 사회적 이익은 주요 목표와 학습에 대하여 도움이 되는 피드백을 주고받으며, 함께 활동하며 지원받는 연습의 기회를 증가시킬 수 있도록 한다. 협동 학습과 또래 교수에 대한 학급차원의 접근은 교과내용, 과정, 그리고 결과물이 개별적으로 재단되지는 않지만 특별화된 중재를 받기 위해 따로 선발된 사람이 아무도 없는 것과 같은 차별화를 촉진한다.

협동 학습

협동 학습은 통합학급의 교사들에게 교수적인 접근 중에 가장 빈번하게 사용하도록 권장한다(Johnson & Johnson, 1999; Putnam, 1998; Sapon-Shevin, Ayres, & Duncan, 2002). 협동 학습을 위한 몇 가지 접근법이 있다. 학습자들에게 협동 커뮤니티를 만들어주고자 하는 교사는 Johnson과 Johnson(1999)에 의해 개발된 접근법인 함께 학습하기(learning together)가 끌릴 것이다. Kagan(1998; Kagan & Kagan, 1994)의 구조적인 접근으로 개발된 집단 구조는 교사 주도적 수업과 학생 주도적 연습활동에 손쉽게 사용하는 데 효과적이다. 활동에 기초한 혹은 탐구 기반 학습과 다른 지원 전략의 결합에서 때

연구가 말하는 것

방대한 양의 연구는 협동 학습과 학급차원의 또래 교수 활용에 대한 이유를 제시하고 있다. 또래 중재 학습의 형태를 띠고 있는 이 둘은 다양한 학생, 교과영역, 그리고 학습환경에 걸쳐 탄탄하게 검토되고 있다. 협동 학습은 경쟁적인 혹은 개별화된 목표 구조와 가장 빈번하게 비교되었고, 또래 교수는 교사 주도 수업과 많이 비교되었다.

협동 학습의 이점

다음은 협동 학습의 이점이다(Dugan et al., 1995; Ginsburg-Block, Rohrbeck, & Fantuzzo, 2006; Hunt, Staub, et al., 1994; Johnson, Johnson, & Stanne, 2000; Lou et al., 1996; Slavin, 1991).

- 집단 수업에서 학업적 참여의 증가와 방해행동 감소
- 다양한 교과영역과 다양한 연령수준에서 향상된 학업적 수행
- 향상된 대인관계 기술 및 자아 개념
- 능력, 인종적 배경, 그리고 성별에 대한 차이 수용의 증가
- 장애가 있는 학생과 일반 학생 간 상호작용의 향상
- 과제 지속성과 학업적 동기의 향상
- 학습한 자료에 대해 유지, 일반화, 전이의 개선

학급차원 또래 교수의 이점

학생들에게 하나 혹은 여러 개의 이점이 다양한 연령수준(초등학교, 중학교, 고등학교)과 다양한 요구 및 장애[예 : 장애 없음, 위험군, 영어학습자(ELL), 정서 및 행동 장애, 학습장애, 지적장애, 자폐성 장애, 중도장애]에서 발견되었다(Bowman-Perrott, 2009; Greenwood et al., 2001; Greenwood, Delquandri, & Hall, 1989; Kamps et al., 2008; Scruggs, Mastropieri, & Marshak, 2012; Sideridis et al., 1997; Spencer, Scruggs, & Mastropieri, 2003; Utley et al., 2001; Veerkamp, Kamps, & Cooper, 2007).

- 수업 중 활동적인 학생 반응의 증가된 비율과 초등 읽기(읽기 시작 단계 외), 철자, 초등 수학, 사회, 과학, 건강 그리고 체육 등 폭넓은 교과에서의 학업적 수행의 향상(때로는 학습한 내용에 대한 평가뿐 아니라 표준화된 성취 검사)
- 사회적 유능감 증가, 다양한 장애를 가진 학생, 다른 문화 혹은 언어적 배경을 가진 학생들과의 긍정적인 상호작용의 증가, 협동수준 향상, 상충되는 문제행동의 감소
- 특수교육의 요구를 지닌 학생 수 감소(7학년 때), 학교 중퇴 감소(11학년 때)

그림 2.5 협동 학습과 또래 중재의 이점

때로 사용되는 협동 학습은 다중의 개별화된 조절요구를 감소시킬 수 있다고 보고된다 (Slavin, 1991).

협동 학습은 학생들이 공동의 목표를 향해 함께 활동하는 것을 가르치고, 집단 구성원 개인이 만들 수 있는 헌신의 범위에 대한 가치를 가르친다. Johnson과 Johnson(1999)은 다음의 다섯 가지 필수적인 협동 학습의 구성요소를 기술하였다.

1. 긍정적인 상호의존(positive interdependence) : 집단과제는 목표에 도달하기 위해 학생들이 서로서로 의존해야만 하도록 구성되어 있다. 예를 들어, 학생은 집단에서 각자의 역할을 수행한다(예 : 촉진자, 기록자, 보고자, 자료 책임자, 정찰자). 그리고 과제의 특정 부분을 완성한다. 교사 또한 각 집단에게 하나의 자료세트만 제공하는 것과 같이 과제 자체를 긍정적인 상호의존을 촉진하도록 구성할 수 있다.

2. 개별적인 책무성(individual accountability) : 집단은 전체로서 목표를 달성해야 하지만, 각 집단 구성원 개인이 자신만의 책임을 가지고 모두가 개별적인 학습목표를 달성하는 것을 돕는다.

3. 이질적인 집단(heterogeneous grouping) : 집단 내에서 기술이나 능력 수준의 범위를 최소화하기보다는 일반적으로 능력이나 개인적인 특징이 최대한 다양하도록 집단을 편성한다. 유연한 능력의 집단은 특정 활동에서 특정 필수 선행기술을 습득할 수 있다.

4. 사회적 기술의 직접교수(direct instruction of social skill) : 교사는 사회적 상호작용과 집단을 위해 효과적으로 기능해야 하는 과제와 관련된 기술을 적극적으로 가르친다. 학생들은 듣기, 다른 사람 격려하기, 혹은 갈등을 조율하기와 같은 효과적인 의사소통과 협력 기술의 사용을 지도받는다. 교사는 집단기술의 사용에 대해 관찰하고 평가하며 피드백을 제공한다. 그리고 학생들도 스스로를 평가하고 다른 집단을 평가한다.

5. 집단 과정(group processing) : 과제를 잘 완성했는지를 평가하기 위해서 집단은 그들을 평가하고, 의사소통과 협동능력 향상에 도움을 주는 기준을 제공받는다. 예를 들어, 활동 말미에 각 집단은 집단 구성원이 자신의 역할을 얼마나 잘 수행했는지와 특정 협력기술이 잘 수행되었는지에 대해 묻는 자기 평가 도구를 완성할 수도 있다.

통합학급의 교사들은 공식적인 협동 학습 집단이나 비공식적 또래 협력을 교실 구조나 문화의 통합적인 측면으로 사용한다. 협동 학습이 실행되고 있는 많은 교실에서 학생들은 종종 일정 기간 혹은 학기 단위로 함께 활동하는 학생들로 구성된 '기본 집단'에 속해 있다. 학생들은 또한 해당 활동의 목적 혹은 상태에 따라, 흥미 혹은 취미에 따라, 생일, 색깔, 착용한 것, 도덕적 선호 등의 다양한 방법으로 집단을 이룬다. 공식적 집단은 한 수업 동안 혹은 긴 시간 동안의 과제 혹은 프로젝트를 완성하는 데 활용된다. 협동 학습의 집단은 작은 규모를 유지해야 한다. 한 집단은 3~4명의 학생으로 구성하는 것이 바람직하다. 비공식적 집단은 새로운 수학기술을 빠르게 짝지어 연습하는 경우나 과학수업 동안 무엇을 배웠는지 파트너와 확인할 때 활용될 수 있다.

4학년 수업에서 플래너리 선생님은 4~6주 동안 학생들을 3~4명씩 함께 앉혔다. 그녀는 학년이 끝날 때 대부분의 학생이 교실 친구들과 무리를 이루게 된 것을 확인했다. 그녀는 또한 사회적 상호작용에 어려움이 있는 체이스가 상호작용에 어려움이 없는 다른 학생들과 집단 속에 항상 함께 있는 것을 확인했다. 이러한 기본 집단의 구성원들은 철자, 숙제, 수학 반복연습에 대해 질문하고 자료를 공유하며 서로를 도왔다. 학생들은 또한 수학 올림픽(연속적인 게임과 팀으로 완성되는 문제해결 과제)과 집단 구성원들이 흥미를 가지는 특정 동물에 대한 연구보고서와 같은 장기간 과제를 위해 다른 협동집단과 같이 배정되기도 하였다.

만일 (1) 몇 가지 계획된 활동에만 활용되거나, (2) 긍정적인 독립성을 촉진하기 위해 구조화된 과제가 아니거나, (3) 학생들이 협력하여 활동하는 데 필수적인 기술에 대한 적절한 지도를 받지 않는다면 협동 학습은 상호 간의 지원과 협력에 대한 교실 기풍과 학생의 관념에 적은 영향을 줄 것이다.

또래 교수

또래 교수는 특정한 주제, 과제 혹은 기술에 대해 또래나 교실 교사에 의해 감독받고 훈련받은 상급생에 의한 일대일 수업이다. 학급차원 또래 교수(Classwide Peer Tutoring, CWPT)는 특별한 종류의 또래 교수로서 교실의 모든 학생이 상호적으로 교수 관계에 참여하는 것이다(Greenwood, Delquandri, & Carta, 1997). 또래 교수는 특별히 또래 교수자가 피교수자를 향해 안내할 수 있는 1개의 정답 혹은 행동 반응이 있는 점진적 학습(incremental learning)에 효과적인, 잘 수립된 일반적인 전략이다. 또래 교수에 대한 연구에 따르면 새로운 수업을 제공하는 것보다는 연습활동에 주로 사용할 것을 지지한다. 또래 교수를 계획하는 방법에 하나의 정답은 없지만 효과적인 프로그램은 몇 가지 공통적인 특징을 가지고 있다. 성공적인 또래 교수 프로그램은 학생 짝짓기의 신중한 계획과 교과 내용의 선택, 또래 교수자에게 어떻게 교수하는지에 대한 수업, 그리고 교사의 점검이 포함되어 있다.

1980년대 이후로, 학생 대 학생 교수의 교수적·사회적·재정적 효과성에 대한 증거가 증가했다(그림 2.5 참조). 또래 교수의 옹호자들은 학생 반응 기회의 증가, 길어진 기술 연습 시간, 지속적인 점검과 즉각적인 오류 교정, 그리고 또래 간의 협동심 향상의 이점을 주장한다(Greenwood, Terry, Delquandri, Elliott, & Arreaga-Mayer, 1995; Maheady & Gard, 2010). 연구에 기초하여 Maheady와 Gard는 학급차원 또래 교수(CWPT)가 "(1) 재빠르게 학생집단의 다양성의 요구를 충분하게 충족시키고, (2) 학급차원을 기반으로 실행하기에 적절하며, (3) 사회적으로 교사와 또래에게 수용 가능하다."(p. 71)고 기술하였다.

문제행동 혹은 인지적 장애를 가진 학생들이 또래 교수를 받거나 혹은 또래 교수자가 되기에 훌륭한 후보자라는 사실에 몇몇은 놀랄지도 모른다. 정서 및 행동 장애를 가진 것으로 분류되는 학생들을 위한 14개 또래 교수 중재 연구의 분석 결과 모든 종류의 또래 교수 중재에서 긍정적인 결과가 발견되었다. 같은 연령 간 교수는 모든 연령의 학생에게 전 교과영역에 걸쳐 효과적이었고, 피교수자보다 또래 교수자에게 더 긍정적인 결과가 나타났다(Ryan, Reid, & Epstein, 2004). 인지적 장애를 가진 학생을 피교수자로 하여 촉진 절차를 실행한 또래 교수의 효과성을 검증하는 연구에서, 연구자는 또래 교수자가 확실하게 피교수자를 지원하는 과정을 따라가는 것뿐 아니라 피교수자 또한 특수교사와 하는 것처럼 그들의 또래와 같은 속도로 학습하는 것을 발견했다(Miracle, Collins, Schuster, & Grisham-Brown, 2001). 이러한 또래 교수의 긍정적인 학업적 효과는 특정 환경에서만 제한적인 것이 아니다. 12개 또래 교수를 6~12학년의 장애학생에게 적용한 연구를 분석한 결과 긍정적인 학업적 효과가 일반교육과 특수교육 환경에서 모두 나타나는 것을 발견했다(Okilwa & Shelby, 2010).

Juniper Gardens Children 프로젝트는 우선 학급차원 또래 교수를 1970년대 후반에 도시 학급 학생들의 학습 향상을 위한 중재로 개발하였다(Delquadri, Greenwood, Whorton, Carta, & Hall, 1986). 이 학급차원 또래 교수 프로그램은 또래 교수자-피교수자가 짝을 이루어 함께 작업하고 교수자와 피교수자를 번갈아 해보는 것을 포함하였다. 다음은 학급차원 또래 교수 과정의 주요한 요소이다(Greenwood, Delquandri, & Carta, 1999).

1. 교사는 학습할 자료를 소개하거나 복습시킨다.

2. 교사는 교수할 교과자료를 준비한다(예 : 읽기지문, 단어목록의 철자, 수학문제 목록).

3. 매주 새로운 파트너를 짝지어준다.

4. 파트너 전략이 적용되고(예 : 높은 수행 학생과 낮은 수행 학생), 능력의 균형을 맞춘 팀으로 교실을 구분한다.

5. 수업 중 짝지어진 학생들은 역할을 번갈아 담당하는 상호적인 교수를 한다. 교사는 교수자로서 그리고 피교수자로서 각 파트너가 맡은 10분이 끝나가는 것을 확인하기 위해 초시계를 사용할 수 있다(예 : 교수자의 역할은 금주의 철자목록에서 단어를 읽어준다. 피교수자의 역할은 그 단어의 철자를 크게 이야기하고 쓴다).

6. 팀은 가장 높은 총점을 받기 위해 경쟁한다.

7. 개별적인 피교수자는 수행력에 따라 점수를 얻는다(예 : 정답에 2점).

8. 또래 교수자는 피교수자의 오류를 즉각적으로 교정한다.

9. 개별 점수와 팀 점수는 교실에 공개한다(예 : 개별 점수는 매일 합산되고 팀 차트에 연동된다. 개별 점수 및 팀 점수는 매주 마지막에 합산하여 우승 팀을 결정하고 금주의 철자에 가장 우수한 3인을 선정한다).

10. 사회적인 보상은 우승 팀에게 준다.

학급차원 또래 교수에 포함된 이 10개의 과정은 다른 교구나 학습목표에 포함하거나 협동을 더 강조하는 구조화된 경쟁적인 목표로 대체하기 위해 조정할 수 있다. 상호보완적인 교수는 학업적 능력이 높은 학생과 낮은 학생을 짝짓는 것을 포함한다. 각 구성원은 교수자와 피교수자의 역할을 번갈아 한다. 그러므로 또래 교수를 효과적으로 사용하기 위해서 교사는 개별화된 교재(예 : 단어 철자)를 고안해야 하고, 교수자가 적절하게 훈련받았는지를 확인해야 한다. 몇몇 연구자들은 난이도의 수준을 다양하게 시작하고 개별적인 속도로 튜더링 진행이 가능하도록 교수자에게 단계별 활동을 제공함으로써 학급차원 또래 교수를 하는 동안 사용된 활동을 차별화하였다(Mastropieri et al., 2006; Simpkins, Mastropieri, & Scruggs, 2009).

이러한 중재의 결과로서, 중학교 과학 학생들은 단원 평가 및 주 단위 평가에서 더 높은 수행을 나타냈다(Mastropieri et al., 2006). 그리고 5학년 과학 학생들은 전통적인 과학수업을 받은 학생들에 비해 다지선다 검사에서는 아니지만, 산출(회상) 검사에서 높은 점수를 획득했다(Simpkins et al., 2009).

교수방법으로서 통합학급에서 협동 학습과 또래 교수의 활용은 Teacher's Guides to Inclusive Practices 시리즈의 다른 호인 *Social Relationships and Peer Supports*(Janney &

Snell, 2006)에 충분하게 제시되어 있다. 또래 중재 학습 접근의 실행에 대해 많은 가치 있는 참고문헌은 부록B에 제시되어 있다.

학습전략

캔자스대학교 학습센터는 학습과제의 계획, 실행, 평가를 위한 인지적이고 초인지적인 기술에 대해 명확한 수업을 제공하는 학습전략 교육과정을 개발하였다(Schumaker & Deshler, 2006; University of Kansas Center for Research on Learning, 2009). 학습전략 수업은 학생들이 학습과제와 지식 구조의 상태에 대한 더 나은 이해를 제공하고, 그래서 학생들을 더 활동적이고 효과적인 학습자가 되도록 돕는다(Pressley et al., 1990).

몇몇 전형적으로 발달하는 학습자들, 학업적 실패에 경계선에 있다고 판단되는 학습자들, 그리고 장애로 진단받은 학습자들이 포함된 많은 학생들은 더 계획적인 학습자가 되도록 도와주는 수업의 혜택을 받는다. 효율적이고 효과적인 학습자는 학습에 대해 전략적으로 접근한다. 즉 그들은 의도적이고 독립적으로 학생에게 요구되는 과제를 효과적으로 완성하기 위해 정보를 해독하고 저장하며 인출하는 것을 촉진하기 위해 전략을 창안한다(예 : 쓰기과제 완성하기, 시험 보기, 또래 및 교사와 효과적으로 상호작용하기). 그러나 많은 학생들, 특히 특정 학습장애를 가진 학생들은 학습 요구에 대한 인식이 없으므로 학습전략의 사용을 돕는 비공식적인 지원 혹은 효과적인 전략 사용을 획득하기 위해 명백하고 반복적인 수업이 필요하다. 학습전략이 학급 전체를 기반으로 교육될 때, 그들은 1단계 연습을 받도록 고려될 수 있다. 그러나 특정 학습전략의 획득과 사용을 위해 집중된 수업을 받는 2단계 중재(일반 교육과정의 보완적 중재이고 개별적인 학습 요구를 반영하는 추가적인 지원을 제공)를 받도록 고려된다.

학습전략 중재에 대한 연구는 과학과 사회 교과, 어휘 읽기, 문장과 글 쓰기, 그리고 공부하기/조직하기 기술을 학습장애와 정서 및 행동 장애, 학업적 문제의 경계선에 있는 학생들에게 가르칠 때 효과성을 입증받고 있다(Schumaker & Deshler, 2006). 특수교사와 일반교사는 모두 개별적·협력적으로 연구자들이 개발한 전략수업을 실행한다. 이 연구들은 초등학교 고학년, 중학생, 고등학생을 대상으로 실시되었다.

캔자스대학교 학습센터의 연구자들(2009)에 의해 성공적으로 실제 검증된 학습전략은 다음을 포함한다.

1. 단어 인지 및 이해 전략을 포함하는 읽기와 관련된 전략. 예를 들어, 시각적 이미지 전

략은 학생들에게 이야기 글의 등장인물, 상황, 사건을 묘사하는 인지적 영화를 형성하게 가르친다. 그리고 자기질문 전략은 읽기 지문에 대한 질문을 만들고 답을 예상하게 하고, 그들의 예측을 확인하거나 거절하기 위해 탐색해봄으로써 학생들로 하여금 읽기의 목적을 만들어내도록 돕는다.

2. **정보를 학습하고 기억하기 전략.** 이 전략은 교과 내용 지식(예 : 역사적 날짜 및 이름)과 과정적 지식(예 : 방정식을 해결하는 과정) 모두에 효과적이고 어떤 교과 영역의 정보목록을 암기하는 데 사용되는 '첫 글자 기억법(first-letter mnemonics)'을 포함한다. 첫 글자 기억법에서 각 글자의 두문자 약어는 단어와 연관되고(예 : Huron, Ontario, Michigan, Erie, Superior의 호수를 나타내는 'HOMES') 각 문장이나 구절 속 단어의 첫 글자를 사용하는 특정한 어구(예 : Sam's horse must eat oats ─ 호수의 크기 순서)를 이룬다. 키보드 어휘 전략을 적용할 때 학생들은 용어, 비슷한 단어, 그리고 새로운 용어를 회상하는 데 도움을 주는 시각적 이미지(예 : 평화주의자 William Jennings Bryan을 기억하기 위해 *lion*과 *Bryan*을 연결짓고 평화주의자 사자의 그림을 그린다)가 포함된 각 어휘 용어의 학습 카드를 만든다(Scruggs, Mastropieri, Berkeley, & Marshak, 2010).

3. **쓰기전략.** 글로 표현하기 전략은 단락 쓰기 전략, 아이디어 조직하기, 아이디어의 계열성 계획하기, 세부내용 추가하기를 위한 전략이다. 오류 점검 전략은 글을 제출하기 전 학생들에게 작업이 정확한지 살펴보는 것을 돕기 위해 약어 'COPS(Capitals, Overall appearance, Punctuation, Spelling)'를 적용한 교정 및 편집 전략이다.

4. **과제와 시험 수행 향상을 위한 전략.** 이 전략은 학생들이 주어진 과제를 계획하는 데 도움을 주고 시간을 효과적으로 사용하게 하며 그 과정을 스스로 점검하는 과제 완성 전략, 시험 시간을 전략적으로 할당하기 위해 지시문을 주의 깊게 읽기, 비공식적 추측을 만들고 수행을 점검하는 시험관리 전략이 포함된다.

5. **타인과 효과적으로 상호작용하기 위한 전략.** 이 범주에 포함되는 것은 교실 참여를 위한 SLANT(Sit up, Lean forward, Activate your thinking, Name key information, Track the talker) 전략이다. 이러한 몇몇 전략은 학급 친구와 협동 학습 집단에서 효과적으로 활동하는 데 초점을 맞춘 것도 있다.

연구의 증거는 긴 시간 동안 깊게 활용할 수 있거나 다양한 교육과정 영역에 사용할 수 있는 작은 전략의 레퍼토리를 학생에게 가르치는 것이 좋다고 제안하고 있다

(Pressley, 2000). 학습전략 수업에 대한 학교차원 접근은 대부분의 학생들이 학습전략과 이점에 대한 설명에서 도움을 받는다고 언급한 전문가들에 의해 제안된다(예 : Lenz, 2006). 그러나 독립적으로 전략을 구성하는 학생들이 있는 반면, 다른 학생들은 두 단계 더 높은 강도에서 전략수업에 참여한다. (1) 교사들로부터 전략 사용을 시범하고 촉구받는 학생, (2) 전략, 시범, 안내된 연습과 피드백의 기술이 포함된 명백한 수업을 받은 학생이 그들이다(Lenz, 2006).

학습 전략에 대해 더 많이 알고 싶다면 부록 B에 나열된 자료를 참고할 수 있다.

그래픽 조직자

교사들이 교과내용을 제시하기 위하여 다양한 표상방식을 사용할 때 더 많은 학생들이 교육과정에의 접근을 획득할 수 있다. 일반적으로 학습자들의 이해와 회상은 그들이 언어적이고 비언어적인 표상양식 혹은 이미지의 조합을 통해 교육받았을 때 향상된다(Paivio, 1990). 그래픽 표현, 신체적인 시범, 그림과 사진, 운동감각적 활동을 포함하는 비언어적인 표상양식은 모든 주요 교육과정 영역에서 학생의 학습 향상에 효과적인 것으로 나타난다(Marzano, 2003).

그래픽 조직자는 잘 개발된 비언어적 표상양식 전략이다. 이는 교육과정 교과내용(예 : 개념, 원리, 사실, 용어, 과정)의 시각적이고 그래픽적인 표현이다. 예로는 개념 지도, 이야기 지도, 벤다이어그램, 연대표가 있다(그림 2.6 참조). 그래픽 조직자는 추상적인 정보를 좀 더 구체적인 형태로 제시하고 또한 어떻게 정보가 조직되어 있는지 나타내어 교사와 학생의 '사고를 시각화'하도록 하는 데 도움을 준다. 그래픽 조직자는 학생들의 주의에 닻을 내려주는 역할을 하고 이해, 저장, 인출에 도움을 준다. 교사들은 그래픽 조직자를 아래의 내용을 포함하여 다양한 방법으로 사용할 수 있다(Hall & Strangman, 2002).

- 선행 조직자로서 어떻게 새로운 정보가 이전 지식과 연결되는지 나타낸다.
- 수업 동안 어떻게 정보가 조직되는지 나타낸다.
- 사후 조직자로서 정보를 요약하고 복습한다.
- 학생들의 사고와 학습을 평가한다.

학생들은 아이디어를 나열하고 조직하여 쓰기, 시험치기 전략(즉 완성된 그래픽 조직

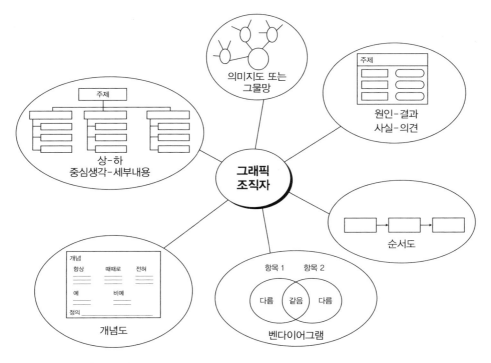

그림 2.6 그래픽 조직자

출처 : From Walther-Thomas, Chriss; Korinek, Lori; McLaughlin, Virginia L.; Williams, Brenda Toler, Collaboration for inclusive education: Developing successful programs [1st ed.]. 2000. Printed and Electronically reproduced by permission of Pearson Education, Inc. Upper Saddle River, New Jersey)

자의 시각적 이미지를 만들거나 그래픽 조직자를 시험 시간 동안에 재생산하기) 등 여러 가지 목적을 위해 또한 그래픽 조직자를 사용하는 것을 학습할 수 있다. 교실에서 사용되는 그래픽 조직자는 다음과 같은 정보 조직하기의 일반적인 패턴과 상응한다(Dean, Hubbell, Pitler, & Stone, 2012).

- 사람, 장소, 사물, 사건과 관련된 사실을 위한 **기술적인 패턴**(descriptive pattern)은 어휘 용어를 가르치기에 효과적이다. 인물 묘사하기, 역사적인 인물, 혹은 장소, 쓰기를 위해 아이디어 전개하기(예 : 바퀴 묘사하기, 기술적인 지도, 계층적 혹은 조직적인 차트) 등이 그것이다.
- 시간 혹은 계열 패턴(time or sequence pattern)은 한 국가의 역사적으로 중요한 사건들이나 저자나 유명인사의 삶의 사건과 같이 연대기적 순서로 사건을 조직한다(예 : 연대표).

- 원인과 결과 패턴(cause-effect pattern)은 제2차 세계대전의 원인이나 종이가 만들어지는 과정과 같이 특정한 성과를 이끌기 위한 단계의 정보를 조직한다(예 : 계열적인 사건 지도, 문제해결 지도).
- 비교 및 대조 패턴(compare and contrast pattern)은 2개나 그 이상의 개념, 사건, 사람, 장소 혹은 사물 사이의 공통점과 차이점을 보여준다(예 : 벤다이어그램, 비교−대조 매트릭스).
- 개념 패턴(concept pattern)은 사람, 장소, 사물, 사건 혹은 아이디어의 분류를 정의하기 위한 정보를 조직하고 범주로 분류한다(예 : 각 열의 머리말로 분류목록을 제시한 표).

그래픽 조직자의 교실 사용에 대한 연구는 종종 읽기 이해나 교과영역(자연과학과 사회과학)에 대한 이해나 어휘 지식에 초점을 맞추고 있다(Hall & Strangman, 2002). 그래픽 조직자의 효과성에 대한 증거는 견고하다(Dexter & Hughes, 2011; Griffin, Simmons, & Kameenui, 1992; Hattie, Biggs, & Purdie, 1996; Kim, Vaughn, Wanzek, & Wei, 2004). 성공적인 결과가 초 · 중 · 고등학교에서, 일반학생과 장애학생 모두에게 나타나며 특히 학습장애 학생에게 나타난다(Dexter & Hughes, 2011; Horton, Lovitt, & Bergerud, 1990).

그래픽 조직자가 어떻게 구성되는지뿐 아니라 무엇이 그것을 강력하게 하는지에 대해 이해하는 것이 중요하다. 강력함은 교사의 전략적 사용으로부터 나온다. 즉 그래픽 조직자의 목적과 구조를 말로 표현하기, 조직할 정보의 과정에 대한 설명, 학생들에게 그 과정에 투입하고 상호작용할 수 있는 기회를 제공하는 것으로부터 나오는 것이다(Merkley & Jefferies, 2001, Hall & Strangman, 2002에서 재인용). 교사들은 그래픽 조직자를 화이트보드에 영사하고 그 조직에 대해 기술하고 수업 중 제공함으로써 사용을 설명할 수 있다. 교사들은 또한 학생들을 위해 교사가 자신의 조직자를 종이, 칠판 혹은 컴퓨터에 만들어보임으로써 모델을 제공할 수 있다(그림 2.7은 교사가 안내된 읽기 소집단 수업 중에 만든 기술 지도를 보여준다. 조직자는 학생들이 읽은 암석에 대한 설명글의 내용을 정리할 수 있게 도와준다). 그래픽 조직자의 사용은 학생들이 적절한 쓰기 도구, 인쇄된 스티커, 혹은 포스트잇 노트를 사용하여 완성할 수 있게 일부분만 완성된 조직자를 사용하는 것과 같이 다양한 방법으로 비계나 구별을 제공할 수 있다. 제시된 정보의 양과 복잡성의 다양함, 표현양식, 학생들이 조직자와 상호작용하는 방법에 따라 이러한 학습도구는 보편적으로 유용할 수 있다.

그림 2.7 교재 요약에 사용된 설명지도

전체 수업 동안 활발한 반응 촉진을 위한 전략

전체 수업 혹은 대집단 수업은 때때로 필요하고 타당하다. 첫째, 필수적인 정보(예 : 새로운 개념과 기술을 설명하고 시연하기, 과제나 조직적인 과정에 대한 지시 제공하기)를 전체 교실 집단에게 전달하는 것은 효과적인 방법일 수 있다. 둘째, 모든 학생에게 언제 새로운 단원이나 주제가 소개되는지와 같은 학습을 위한 맥락을 공유하는 것이 중요하다. 그러나 전체 집단 수업은 모든 학생을 참여시키고, 집중을 유지하며 활동적인 반응을 위한 적절한 기회를 제공하는 데 도전이 될 수 있다. 연구는 (1) 높은 비율의 활동적인 학생 반응과 즉각적인 피드백을 증진시키는 교수전략은 향상된 학습과 관계가 있고, (2) 손을 들게 하는 전체 집단에 대한 질문과 대답은 높은 성취를 이끄는 높은 수준의 참여와 올바른 반응의 빈도를 보장하지 않는다는 사실을 명백하게 설명하고 있다(Ellis & Worthington, 1994).

여러 가지 전략은 전체 집단 수업 중 학생 참여 및 활동적인 반응 향상을 위해 효과적이다. 이러한 방법은 투표기법, 반응 카드, 생각하기-짝짓기-공유하기, 그리고 안내된 노트(guided note)를 포함한다. 각각 학생들에게 '매번 한 번씩' 기회를 주기 위하여 이러한 기법은 단독적으로 혹은 2인씩 사용할 수 있다(Korinek, 1996, Walther-Thomas et al., 2000, p. 247에서 재인용). 이것들은 도입 또는 복습하기, 수업 중 투입에 대한 이해, 안내된 연습, 기술 훈련의 점검을 포함한 수업의 여러 부분에서 사용될 수 있다. 더욱이 이것들은 다양한 반응양식, 또래 지원 혹은 다른 조절이 가능하도록 쉽게 차별화가 가능하다.

투표기법

투표기법을 사용할 때 교사는 학급에 대한 여러 시리즈의 '예/아니요' 혹은 선다형 질문과 문제를 준비해야 한다(Harmin, 1994). '예/아니요' 질문은 구두로 제시될 수 있으나 선다형 문제의 선택지는 쓰인 형태여야 한다(예 : 화이트보드). 학생들 개별적으로 생각하거나 파트너와 1~2분 정도 토론(제한된 토론을 위해 타이머를 사용)하도록 지시받을 수 있다. 학생들은 반응을 즉각적으로 나타낸다. '예/아니요' 혹은 '참/거짓' 질문에 대해서 학생들은 엄지 들기 신호를 '예' 혹은 '참'에 해당될 때 제시하거나, 엄지 내리기 신호를 '아니요' 혹은 '거짓'에 제시하고 확실하지 않은 것에는 엄지를 옆으로 제시한다. 만약 선다형 질문이라면 학생들에게 다른 색의 색인 카드를 제공한다(예 : 노란색은 a, 흰색은 b, 초록색은 c). 그리고 교사는 결과에 대한 토론의 기회를 제공한다(예 : "c로 투표한 사람 중 누가 생각을 설명해볼래요?").

엄지 들기 혹은 내리기 신호와 색인 카드를 사용하는 것은 반응하기 위해 손을 사용하지 않아도 되는 방법을 포함하도록 구별되고 보편화될 수 있어야만 한다. 파트너 점검의 커플 투표는 이 전략을 더욱 보편적으로 만들어준다.

반응 카드 혹은 반응 신호

반응 카드는 전체 집단 수업에서 각 학생의 활동적인 반응을 촉진하기 위한 또 다른 전략이다(Heward et al., 1996). 교사는 집단에게 일련의 질문 혹은 문제를 제시한다. 학생들은 신호로 사용할 카드, 신호 혹은 다른 물품을 소지한다. 반응 카드는 '예'와 '아니요', 혹은 교과목에 따라 단어, 글자, 숫자, 상징 혹은 그림으로 미리 인쇄될 수 있다. 대안적으로 각 학생 혹은 짝지어진 학생들은 보드판, 매직펜, 그리고 지우개(한 짝의 양말이 잘 사용된다)를 가진다. 학생은 자신의 답을 쓰고 교사의 신호에 따라 보드판을 들어

올린다.

　반응 카드 전략을 보편화하기 위해 학생은 음성 출력 의사소통기기 혹은 문자-음성 변환(text-to-speech) 기능이 있는 컴퓨터를 활용하는 것과 같이 다른 신호를 사용할 수 있다. 짝을 지어줌으로써 서로의 도움을 받을 수 있게 하는 것도 또 다른 옵션이다.

　Randolph(2011)의 전체 집단 수업에서 손 들기와 반응 카드를 비교한 18개 실험연구의 메타분석에서 유의미하게 학생의 참여와 시험 및 퀴즈 점수에서 월등한 효과를 발견했고, 반응 카드가 사용되었을 때 방해행동 또한 감소한 것을 발견하였다. Maheady, Michielli-Pendl, Mallette, Harper(2002)는 6학년 학생의 수업참여 행동과 화학 퀴즈 및 시험 점수가 수업 동안 반응 카드를 사용했을 때 개별 학생을 지명하여 질문하는 것에 비해 유의미하게 향상되는 것을 발견했다.

생각하기-짝짓기-공유하기

생각하기-짝짓기-공유하기는 전체 교실수업에 아주 적합한 협동 학습 구조에 **빠르고 쉽게** 사용할 수 있다(Harmin, 1994; Kagan & Kagan, 1994). 모든 학생에게 아이디어를 공유하거나 연결고리를 만들어주는 기회를 제공함으로써 흥미와 동기를 만들어내는 데 활용할 수 있다. 그리고 이것은 또한 새로운 기술이나 개념에 대한 학생들의 이해를 점검할 수 있다. 단계는 다음과 같다.

1. 학생들에게 파트너를 찾기 위한 방법을 제시한다(예 : 책상의 대각선 방향에 있는 사람, 이번 주 공부 친구).
2. 질문이나 문제를 제시한다(예 : 네가 좋아하는 문학 속 인물은 누구인가? 만약 250마일을 1시간당 50마일의 속도로 운전한다면 목적지에 다다르기까지 얼마나 걸리겠는가? 광합성을 정의하라).
3. 답안을 생각하거나 작성하는 데 **생각할 시간**을 제공한다.
4. 파트너와 답안을 비교하는 **짝 활동 시간**을 제공한다. 서로 합의하지 못한다면 정답을 결정하기 위해 함께 협력한다.
5. **공유하기 시간**을 제공하고, 모든 학생이 정답을 찾는 기회를 갖도록 무작위로 아무 학생을 부른다.

안내된 노트

안내된 노트는 교사의 설명 중에 학생들이 노트 필기를 하도록 돕는 유인물이다. 학생들이 학습한 것을 정확하게 필기하게 하기 위해 교사의 강의에 대한 개요나 복사물을 제공하는 것과는 반대로, 안내된 노트는 정확성을 확신할 뿐 아니라 학생들이 능동적으로 듣고 반응할 것을 요구하도록 구성되어 있다(Heward, 2001). 안내된 노트는 학생들이 강의에 대한 주요 정보를 작성하도록 제공받는 빈칸 노트(slot note) 혹은 골조 노트(skeleton note)와 비슷하다. 그러나 안내된 노트는 다음의 예처럼 학생의 주의에 직접적인 표준화된 단서와 결합하기도 한다(Konrad, Joseph, & Itoi, 2011).

- ★ 이것은 중심 내용입니다.
- 🕭 연필을 내려놓고 들으세요.
- ? 이것에 대해 스스로 평가하세요.
- ✎ 개인적인 성찰을 쓰세요.
- 🗨 이것을 옆 친구와 토론하세요.
- ② 이 주제를 이미 알고 있는 어떤 것과 관계를 지어보세요.
- ✖ 이것은 새로운 학습도구입니다.
- □ 멈추고 자신을 살펴보세요. 지금 과제에 집중하고 있나요?

교사는 강의나 발표의 개요를 만들 때 우선적으로 안내된 노트를 개발할 수 있다(파워포인트 같은 프리젠테이션 소프트웨어를 사용하면 쉽게 할 수 있다). 그리고 학생들이 단어나 구를 주요 용어, 개념, 사실을 빈칸과 함께 재배치한다. 활발한 반응이 많아지도록 하는 데 노트를 통해 공평하게 분배된 짧은 기재(1~3개 단어, 고학년의 경우 4~5개 기재)가 추천된다(Konrad, Joseph, & Eveleigh, 2009). 부분적으로 완성되어 있는 그래픽 조직자를 넣어 안내된 노트를 향상시킬 수 있다. 일러스트레이션, 클립아트, 혹은 그림 상징을 추가할 수 있고, 학생들의 미술작업을 추가할 수 있는 공간을 넣을 수 있다. 구름 종류에 대한 과학수업에 대한 안내된 노트 예시(그래픽 조직자가 포함된)가 그림 2.8에 소개되어 있다.

교사는 당연히 설명하기, 시범 보이기, 그리고 피드백과 함께 안내된 연습 동안에 어떻게 안내된 노트를 사용하는지 학생들에게 가르쳐야 한다. 정확한 확인을 위해 교사나 또래가 한 번 점검한 안내된 노트는 퀴즈와 시험을 위해 학습 안내서로 사용될 수 있다.

듣기와 필기하기 요구에 대해 상당한 어려움을 지닌 학생들은 다양한 방법으로 안내된 노트의 사용을 지원받을 수 있다. 예를 들어, 또래끼리 노트가 정확하게 완성되었는지 확인하기 위해서 복습하고 학급친구와 노트를 비교할 수 있다. 더욱이 쓰기가 조금

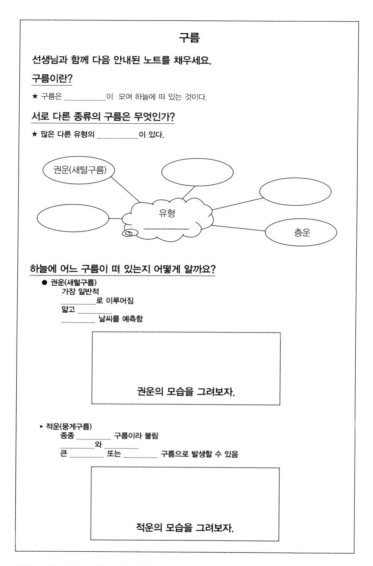

그림 2.8 그래픽 조직자가 포함된 안내된 노트 중 예시

출처 : Konrad, M., Joseph, L.M., & Itoi, M. [2011]. Using guided notes to enhance instruction for all students. *Intervention in School and Clinic, 46,* 131-140. SAGE 출판사의 허락하에 게재. Copyright ⓒ 2011 by SAGE Publications.

덜 요구되거나 더 많은 그래픽 향상이 있는 여러 버전의 안내된 노트가 준비될 수 있다. 빈칸에 단어 쓰기를 대신해 학생의 안내된 노트는 단어나 그림을 선택해서 동그라미 표시하기로 제공될 수 있고, 혹은 빈칸에 미리 인쇄된 라벨지나 포스트잇을 선택하여 채울 수 있다. 학생은 또한 노트를 완성하는 데 도움을 제공하는 보조공학과 같은 전자 버전의 안내된 노트를 제공받을 수 있다.

안내된 노트는 다양한 연령과 능력의 학생을 대상으로 활발한 반응을 증가시키고 퀴즈나 시험 점수의 향상을 보여준다(Blackwell & McLaughlin, 2005; Konrad et al., 2009). 전체 교실 강의 중 활발한 학생 반응을 증가시키기 위하여 반응 카드나 생각하기-짝짓기-공유하기를 포함한 여러 방법을 함께 조화롭게 사용할 수 있다(Blackwell & McLaughlin, 2005).

다양한 학생집단을 위한 협력적인 계획

시작부터 모든 학생을 위한 계획을 수립하기 위하여 교실집단을 위한 공유된 책무성을 지닌 일반교사와 특수교사는 일에 대해 일정한 공유된 지식과 기대가 필요할 뿐 아니라 그 일을 마치기 위한 실제적인 도구나 전략이 필요하다. 이 단락에서는 협력 팀 계획하기에 대해 약간의 안내를 제공하고 함께 계획을 하기 위해 사용될 수 있는 도구를 제안한다. 이 책의 어느 부분에서 언급한 사실처럼 전체 모든 수업을 팀으로 가르치는 협력교수를 가정하지 않는다. 하지만 담임교사와 특수교사는 협력적 계획하기와 일정 부분 협력교수를 하며 보조교사와 관련 서비스 제공자와 일정 수준의 협력을 할 것을 가정한다.

팀 구성원은 (1) 모든 학생이 교실에 포함되기 위한 일반적인 방법, (2) 모든 학생의 능력, 요구, 그리고 다른 관련된 특징, (3) 교실의 표준 운영절차, (4) 모든 학생을 위한 계획하기에 어떻게 팀이 접근할 것인가에 대해 공유된 지식과 기대가 필요하다.

통합적인 서비스, 지원, 교수에 대한 공유된 지식과 기대

팀을 이룬다는 것은 모든 팀 구성원이 특수교육을 구성하는 것, 통합교육의 특징, 중재와 지원에 대한 학교차원의 시스템, 그리고 조절 및 수정과 같은 용어를 포함한 제1장에서 다룬 주제에 대한 이해가 있다면 유리할 것이다. 또한 제1장에서 기술했던 것처럼 팀은 각 팀 구성원의 역할과 책무성을 명확히 이해할 필요가 있다(그림 1.6 참조).

또 다른 중요한 공유된 이해는 서로 공유된 학습활동 내에 가르칠 다양한 학습목표와 관계가 있다. UDL, 차별화 교수, 개별적인 조절과 수정의 요구를 줄이는 데 일반적으로 효과적인 수업 실제를 사용함에도 불구하고, 통합학급의 학생은 다양한 학습 선호를 가질 것이다. 더 광범위한 지원 요구가 있는 학생이 통합학급에서 성공적이려면, 학급 친구들과 경험 공유가 필요할 뿐 아니라 개별적인 발달을 촉진하기 위해 특별히 고안된 경험이 필요하다. 학급 일정은 성인 및 학생의 유연한 집단 나누기, 다양한 자료, 다수준의 활동과 융합되어야만 하고, 몇몇 학생들을 위해서 개별적인 요구에 초점을 맞춘 추가 시간과 경험이 포함되어야 한다(제3~4장은 중도장애를 가진 학생이 교실 공동체의 멤버십을 방해하지 않고 개별적인 요구에 초점을 맞춘 필수요소를 제공받고 있는지 확인하는 것을 돕는 개별적인 조절과 지원의 활용에 대해 다룬다).

그러므로 개별화된 학습 선호는 계속 진행 중인 교실수업과 활동 중에 종종 다루어질 수 있다. 다수준의 교육과정(multilevel curriculum)과 중첩 교육과정(curriculum overlapping)은 평행적인 수업(parallel lesson) 혹은 대안적인 수업(alternative lesson)의 제공 없이 개별화된 학습목표에 도달할 수 있는 두 가지 가능성이 있는 방안이다(그림 2.9 참조). 교사가 다수준의 교육과정을 사용할 때 소집단 혹은 대집단에 포함된 모든 학생은 같은 교육과정 영역(예 : 수학, 지구과학, 읽기)에서 학습목표를 가진다. 그러나 학습의 수준과 양은 몇몇 학생들을 위해 다양하게 준비한다. 한 학생이 다른 수준의 숙달 혹은 질적 측면의 획득을 기대받을 수 있고, 혹은 교육과정상에 요구되는 양적 측면에서 더 적게 학습할 수도 있다. 또 어떤 학생은 같은 혹은 비슷한 내용의 기능적 적용에 초점을 맞출 수도 있다.

중첩 교육과정이 사용될 때 다시 모든 학생은 공유된 학습활동에 참여한다. 그러나 학생들은 2개 혹은 그 이상의 교육과정 영역으로부터 학습목표를 가진다(Giangreco, Cloninger, et al., 2011). 예를 들면, 대부분의 학생이 과학과정과 화학적 반응에 대해 학습하는 화학실험에 참여할 때 한 학생은 그 과정의 단계를 나열하는 목록을 정리하는 것을 학습하고 있을 수도 있다. 혹은 말이나 의사소통기기로 학급 친구들과 의사소통하는

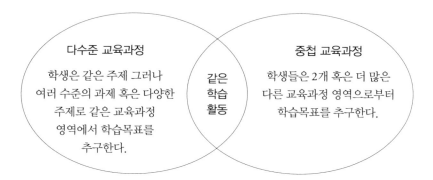

그림 2.9 다수준 교육과정과 중첩 교육과정의 벤다이어그램 비교

것을 학습하거나, 기능적인 혹은 응용 학문을 수행하는 것을 학습하고 있을 수 있다. 중첩 교육과정은 또한 읽기, 쓰기 혹은 수학을 과학 시간 동안에 학습하는 것과 같이 다른 일반 교육과정 영역으로부터의 학습목표를 포함할 수도 있다.

교사가 다수준 교육과정이나 중첩 교육과정을 적용할 때 학생들은 다른 학습목표를 가지는 것에 더하여 다른 투입 양식[듣기 혹은 읽기 대신 문자 판독기(text reader)]과/혹은 다른 반응양식(지적하기 혹은 말하기 대신에 의사소통기기 사용하기)을 사용하는 것과 같은 다른 조절 혹은 수정을 활용할 수도 있다(이러한 개별화된 조절의 계획과 활용은 제3~4장 참조). 평행적 수업의 활용을 피하라. 평행적 수업은 활동에 학생의 참여를 포함하지만 "교과 내용, 맥락 그리고 복잡성에 있어 많이 모순되기 때문에 장애학생은 같은 교수환경에서 장애가 없는 학습자의 활동과는 관련이 없는 참여가 되는" 학습목표 혹은 자료를 학습하게 된다(Udvari-Solner, 1996, p. 250).

학생에 대한 공유된 지식과 기대

일반교사와 특수교사가 협력함으로써 학급 계획하기는 일반 교육과정 표준과 IEP와 학생의 모든 개별화된 학습목표를 포함하는 모든 학생의 목표에 대한 공유된 기대에 도달하는 것으로 시작된다. IEP가 있는 학생을 위해서 팀 구성원들은 제공될 특수교육 서비스, 조절과 수정에 대해 알아야만 한다. 효과적인 교사는 언제나 학생들이 누구인지(즉 흥미, 선호와 비선호, 사회적인 역사), 그들의 수준이 어디에 있는지(즉 학업 준비도, 학습 강점 및 부채, 다른 특별한 요구)를 인식하고 계획을 시작한다(그림 2.10 참조). 학생의 장애에 대한 정보는 중요하지만 우선적으로 개별적인 학생의 요구와 능력과 관련되어야 한다.

이 정보는 프로그램 개요(Program-at-a-Glance, PAG)와 학생 프로파일을 활용하여 요약할 수 있다. PAG(그림 2.11 참조)는 수업계획과 그날그날 매일 지원을 제공하는 것과 관련된 학생의 IEP의 요소에 대한 짧은 요약을 제공한다(양식은 부록 A 참조). 대부분 학생의 IEP 관리자가 완성하는 PAG는 1~2장의 문서로 IEP 목표, 조절과 수정의 요약목록을 포함한다. 그것은 또한 학생의 교육적 요구에 부합하게 될 가장 유용한 어떠한 추가적인 정보도 포함된다. 이 정보는 팀 구성원들에게 학생의 학업적·사회적, 혹은 신체적 조절 요구 및 강점에 대해 알려줄 수 있다. 예를 들어, 학습장애가 있고 사회적·행동적 지원의 요구가 있는 6학년의 바네사를 위한 PAG는 그녀가 학습하고 있는 자기조절 및 자기 점검 전략을 사용하기 위한 단서와 지원적인 피드백이 필요하다는 것과 비공개

◁))　교실의 목소리

에이미 브렐은 통합교육 학교에서 15년 차 3학년 교사이다. "당신 반 학생이 될 장애학생에 대해서 가장 먼저 알고 싶은 것이 무엇입니까?"라고 물었을 때 에이미는 "계획을 시작하기 전에 학생에 대해 알기를 원합니다. 우선 현재 능력과 어느 수준에 위치해 있는지에 대해서 보다는 그들이 누구인지에 대해 더 알고 싶습니다. 사회적으로 정서적으로 그들이 어디에 있는지와 그들이 좋아하는 것과 좋아하지 않는 것은 무엇인지 알고 싶습니다."라고 대답했다.

"그리고 그들의 능력, 강점과 약점이 무엇인지를 알고 싶습니다. 왜냐하면 그들은 약점을 향상시키기 위해서도, 강점을 다져가는 데도 시간이 필요하기 때문입니다. 예를 들어, 읽기에 어려움이 있는 학생이라고 하루 종일 읽기에 어려움을 겪어서는 안 됩니다. 저는 성공의 경험을 쌓아주고 싶고 아이들이 강점으로 활동할 수 있는 시간을 보내게 하고 싶습니다. 만약 전체 교실수업이 아이에게 어렵다면 소집단 활동에 시간을 할애할 것입니다. 그래야 그들이 속한 환경에서 성공을 경험할 수 있을 것입니다."

에이미는 학생에 대한 이런 정보를 어떻게 얻을 수 있는지 설명했다. "지난 학년 교사와 이야기합니다. 학생의 파일을 읽어봅니다. 학년 시작 전에 학부모를 만나고 그 시간 전에 학생을 만납니다. 저나 특수교사가 준거 참조검사나 교육과정중심측정을 실시할 것입니다. 우리는 언제나 IEP가 있는 각 학생을 위해 프로그램 개요를 만듭니다. 그러나 다시 저는 학생들이 누구인지를 알기 원하고, 그들과 관계를 만들어가기 시작합니다."

에이미에 따르면 확장적인 요구를 지닌 학생을 포함하는 것은 그 학생을 교실의 한 구성원으로 인식하는 데서 시작한다. 그러면 학습과 성취를 위한 지원을 가늠해낼 수 있다. "이것은 1차시 수업 혹은 한 단원의 수업계획에 대한 것이 아닙니다. 저는 그 학생이 우리 반의 한 구성원임을 전제하고 시작합니다. 그것이 시작점입니다. 장애를 가진 아이가 시작점이 아닙니다. 소속감을 수립해갈 때 맞춰갈 수 있습니다."

에이미는 특정 수업이나 활동에 학생을 포함시키는 방법에 대한 결정은 학생의 학습목표에 기초한다고 설명한다. "만약 우리가 사회수업을 한다면 저는 그 학생이 사회과목의 교과내용을 학습하는지 혹은 지시 따르기가 초점인지 혹은 사회과목뿐 아니라 계획된 읽기 수업에서 교육과정 간에 읽기와 쓰기가 목표인지를 알아야만 합니다. 심지어 학생을 위한 조절의 일부는 꽤 개별적이고 특수교사에 의해 수립된 것일지라도 학생은 해당 수업이나 단원에서 우리와 항상 함께해야만 합니다."

"통합은 함께하는 경험에서 시작합니다. 우리가 교실에서 하는 모든 것이 이러한 함께하는 경험의 시작입니다."

그림 2.10　모든 학생 포함하기 : 소속감으로 시작

출처 : Amy Brehl의 도움을 받음.

프로그램 개요

학생 ___바네사___   날짜 ___2012년 9월___

IEP 목표(간략하게 기술)	IEP 조절 및 수정
사회적 · 행동적 기술 • 자기 통제 전략을 단서 및 지원과 함께 사용하기 **조직하기 및 공부기술** • 과제 완성 전략 적용하기 • 지속적으로 매일 혹은 매주 숙제 플래너 사용하기 **학업적** • 단어 인지 및 이해 향상을 위한 학습전략 적용하기 (예 : 첫 글자 암기법) • 적절한 문장과 문단 구조, 철자 및 구두점으로 수필, 보고서, 픽션을 쓰기 위한 쓰기 과정 및 전략 사용하기	• 사회적 · 행동적 기술, 조직하기, 그리고 공부 기술을 위해 특수교육 수업 및 학업을 위한 특수교육 상담 • 강의 노트, 공부 가이드 혹은 모델(사회, 영어)에 접근하기 • 만약 적절한 진전이 보이고 추가 시간이 기한 전에 협의되었을 때 과제에 대한 추가 시간 제공(사회, 영어) • 필요하다면 쓰기 반응의 정교화를 위한 수필 질문에 구두 시험(사회, 영어) • 상담 및 또래 중재 수업 • 전자 교과서 혹은 문자해독기(사회, 영어) • 자기점검 행동 점검표(모든 수업) • 숙제 플래너 및 자기점검표의 사용을 지원하기 위한 최소한의 교수적 촉구
행동적 · 사회적 · 신체적 지원 요구	코멘트 혹은 다른 특별한 요구
• 자기 통제, 자기 옹호, 그리고 자기점검 전략 사용을 위한 단서 및 지원적인 피드백이 필요함 • 비공개적으로 피드백을 제공했을 때 가장 잘 수용됨	• 주요 기간마다 한 번의 주요 팀 회의, 전체 팀 회의는 적절하게 학기당 한 번 • 진전 상황 업데이트 공유를 위해 학부모와 정기적인 전화 회의

그림 2.11 바네사(중학생)를 위한 프로그램 개요(양식은 부록 A 참조)
용어 : IEP(개별화 교육계획)

적으로 피드백이 제공되었을 때 가장 잘 수용된다는 것을 기록한다.

팀 구성원은 학생 프로파일과 같은 양식으로 IEP가 있는 각 학생에 대한 관련된 추가적 정보를 얻을 수 있음을 알 수 있다(양식은 부록 A 참조). 그림 2.12에 바네사의 학생 프로파일은 그녀의 선호와 흥미, 교육 및 관련 서비스, 그리고 과거에 성공적이었거나 그렇지 않았던 교수방법과 지원에 대해 좀 더 자세한 세부내용을 담고 있다.

예를 들어, 수학과 엑셀을 열심히 하는 바네사는 교실에서 구두로 읽기에 매우 주저하고 문자 해독기를 사용하거나 집에서 부모님과 글을 읽는 것을 선호한다고 프로파일에

학생 프로파일(기밀사항)

학생 __바네사 (11세)__   학년 __6__   학년도 __2012~2013__

담임교사 __패터슨__   IEP 관리자 __보스크__

팀 회의 __주요 기간마다 한 번씩 주요 팀 회의 진행, 전체 팀 회의는 적절하게 한 학기에 한 번 실시__

특수교육 및 관련 서비스	학습과 행동에서의 강점
☑ 특수교육 지도 영어와 역사 수업을 위해 60분×5일 ☑ 특수교육 자문 과학을 위해 15분×3일 ☑ 간호지원 : 등교 및 하교에 대한 점검과 지원을 위해 30분×5일 ☐ 말 혹은 언어 _____ ☐ 작업치료 _____ ☐ 물리치료 _____ ☑ 기타 : 지역사회 서비스로 학교 시스템 연락처부터 상담, 주당 30분	• 수학 : 수학을 좋아하고 모든 종류의 컴퓨터와 수학적 추론에 있어 탁월하다. • 일반적으로 기쁘고자 하는 열망이 있고 친절하다.
	학습과 행동에서의 문제점
	• 읽기 : 3학년 수준보다 낮고, 구두로 읽기를 주저한다. 그리고 몇 개 이상의 문단의 글을 직면했을 때 자신 없어 한다. • 쓰기 : 좋은 아이디어를 가지고 있으나 전략이 부족하다. • 조직하기 : 소유물을 관리하는 데 어려움이 있고, 과제를 하는 데 종종 늦거나 미완성이다. • 낮은 좌절 인내심 : 스트레스를 받으면 포기한다.
최상의 학습 통로	**선호 및 흥미**
☑ 시각(단어, 그림, 영상, 그래픽 자료) ☐ 말 또는 언어적 경험 ☑ 교사 또는 또래 모델링 ☑ 조작활동, 실험, 프로젝트 ☐ 움직임 ☐ 다감각 접근(위에 제시한 전부)	• 수학, 컴퓨터 • 음악, 음악, 그리고 음악 • 그리기, 색칠하기
	선호하지 않는 것
	• 그녀의 특별한 요구에 집중하는 것
기존에 효과가 있었던 교수전략	**기존에 효과가 없었던 교수전략**
• 시각적 조직자 및 점검표 • 안내된 노트 혹은 빈칸 노트 • 전자 문자해독기 혹은 집에서 부모님과 읽기 • 교과내용 및 어휘의 예습	• 시각적 지원 없는 강의 • 그녀의 읽기수준에 집중하는 읽기지원 및 조정 • 시범이 제공되지 않는 쓰여진 과제

그림 2.12 바네사(중학생)를 위한 학생 프로파일(양식은 부록 A 참조)

용어 : IEP(개별화 교육계획)

나타나 있다. 이 두 양식은 학교 교사들이 IEP가 있는 학생을 위해 사용할 것에 동의한 일련의 계획하기 양식의 일부로 사용될 때 가장 유용하다.

통합학교의 어느 교실에도 적어도 1명 이상의 IEP를 가진 학생이 있기 때문에, 교사나 지원을 위한 관계자들이 학생들에게 필수적인 서비스와 지원의 좀 더 넓은 시야를 가지도록 하는 데 이것은 매우 유용하다. 조절 및 수정 매트릭스(그림 2.13)는 교실에 모든 학생을 위한 IEP 조절과 수정의 유용한 요약을 제공한다. 초등학교에서 조절 및 수정 매트릭스는 교육과정 영역별로 조직된다. 중학교와 고등학교에서는 각 학급이 고유의 매트릭스를 가진다. 그림 2.13에서 보듯이 조절 및 수정 매트릭스의 오른쪽 줄은 몇몇 학

조절 및 수정 매트릭스

교실교사 : 오코너, 5학년　　　　**특수교사** : 젠킨　　　　**날짜** : 2012년 가을

읽기 및 문학

	조절					수정
	컴퓨터 활용 쓰기	시험 시간 연장	근접 베껴쓰기	단서/촉구 조직화 전략	단서/촉구 사회적 기술	
조쉬	×	×				
알리샤		×	×			
마커스	×	×		×	×	PBIS계획 참조
니키			×	×	×	IAS계획 참조

수학

	조절					수정
조쉬	×	×	×	×		
알리샤						
마커스	×				×	PBIS계획 참조
니키			×	×	×	IAS계획 참조

그림 2.13 5학년 교실의 조절 및 수정 매트릭스의 예

용어 : IAS(개별화된 조정 및 지원), PBIS(긍정적 행동 중재 및 지원)

생의 개별화된 조절 및 지원 계획에 대한 근거를 포함한다. 우리가 3단계 지원과 중재로 부르는 수정을 제공받는 학생들이 있다(제3~4장 참조). 그림 2.10 교실의 목소리에 도움을 준 선생님은 IEP가 있는 학생들을 위해 PAG를 받았다는 사실을 언급했다는 것을 알아두자. PAG를 IEP가 있는 각 학생의 교사나 서비스 제공자에게 제공하는 것은 학교 시스템의 표준화된 경영과정의 공유된 부분으로 이 정보가 만들어지는 교육청 수준의 정책이다.

교실에 대한 공유된 지식과 기대

모든 팀 구성원은 어떻게 교실이 운영되는지에 대한 인식이 필요하다. 비록 그들이 교실의 학업적·사회적·신체적·행동적 요구에 친숙할지라도, 특수교사는 개별적인 학생을 위해 효과적으로 협력교수를 하거나 효과적인 지원을 제공하도록 돕는 것이 불가능할 것이다. 교실 실제에 대한 이러한 인식은 '9시 30분부터 10시 30분까지 매일 읽기 시간'의 수준을 넘어서는 요구이다. 그리고 자료, 교수전략, 학생과제, 숙제, 교실에서 주로 사용되는 시험 실제의 인식으로 확장되어야만 한다. 모든 팀 구성원은 교실의 조직적인 일상과 행동 기대 및 우발사태의 인식 또한 필요하다. 교육과정 및 수업방법과 마찬가지로 이러한 조직적인 교실 경영의 실제는 모든 학생을 위해 조절하기 위하여 차별화되어야 하고 학생들이 추가적인 지원이 필요하다면 개별화되어야만 한다(그림 2.14 참조). 담임교사와 특수교사의 팀이 과거에 협력했었다면 어떠한 공식적인 평가 없이도 이러한 정보의 대부분은 알 수 있었을 것이다. 그러나 만약 팀이 새롭게 편성되었다면 특수교사와 다른 지원을 제공하기 위한 관계자는 이러한 교실 변인들에 친숙해져야 한다. 이것은 특수교사가 교수적인 도움에 의해 실행될 계획을 작성해야 하는 책임을 가졌을 때 특히 그러하다.

교실과 일과, 규준 및 구조가 어때야 하는지에 대한 이러한 정보를 구체화하는 방법에 대한 원칙은 없다. 이 내용을 얼마나 길게 적어야 하는지도 없다. 초등학교 교실에서, 팀 구성원들은 전체 수업 일수 및 방법과 자료가 각 교과목에서 사용되어야 하는지에 대해 생각할 필요가 있다. 중학교 및 고등학교에서는 이 정보는 교실별로 수집될 수 있다. 이런 교실 평가를 수행하기 위한 하나의 가능성 있는 양식으로 학급활동에 대한 종합적 사정(General Assessment of Classroom Activities)이 그림 2.17에 제시되어 있다(양식은 부록 A 참조). 고등학교 역사수업의 평가를 위해 사용된 이 양식의 마지막 부분에서와 같이 필요한 기술, 조정, 그리고 지원을 결정하기 위해 좀 더 구체적인 평가가 필요할지 모르

에이미 브렐과 크리스틴 맥다니엘 케이블러는 각각 다양한 능력 범위를 가진 학생들과 장애학생들이 항상 있는 교실을 맡고 있는 3학년과 4학년 교사이다. 다양한 집단의 학생들에게 조절하는 교수방법을 적용하는 것에 더해서, 이 교사들은 학생들이 시간, 자료, 행동 및 학습을 더 잘 관리할 수 있도록 돕기 위해 차별화된 조직적인 관리전략을 사용한다. 에이미와 크리스틴은 모든 학생을 위해 좋은 보편적인 전략으로 시작하고, 그들이 필요로 하는 개별적인 학생 혹은 집단을 위해 추가적인 지원 및 조절을 제공한다. 이 역동적인 교사들의 조직적인 관리전략의 일부는 다음과 같다.

- 아침에 학생이 도착했을 때 하루 일과에 있는 '아침 메시지'와 하루의 특별한 행사 혹은 마감일에 대한 알림장을 상호작용 화이트보드에 붙여놓는다(그림 2.15 참조). 몇몇 학생들은 책상에 보이도록 복사본을 제공받는다.
- 학생들은 색으로 분류되는 각 과목별 공책이나 폴더를 사용한다(파란색은 쓰기 및 언어를 위한 것, 노란색은 과학, 초록색은 사회).
- 학생들은 학교 이름, 마스코트, 학교 맹세, 그리고 연락처를 숙제 폴더에 제공받는다. 좌측에 있는 주머니에는 집에 가지고 가야 할 자료(예 : 학교 뉴스레터, 돌려받은 과제)를 두고, 오른쪽 주머니에는 학교에 제출해야 할 자료(예 : 학부모가 살펴보고 확인할 시험, 학교활동에 대한 동의서)를 둔다.
- 각 학생은 '끝마친 활동 바구니'에 제출하기 전까지 보관하는 학습 수행을 기록하는 '책상 폴더'를 가진다.
- 모든 학생은 숙제, 마감일, 특별한 행사 등을 기록하는 주별 계획안을 제공받는다. 교사는 학생의 그날의 과제를 계획안의 한 페이지를 복사하여 크게 코팅된 포스터에 쓴다(그림 2.16 참조). 매일 아침 학생들은 그 정보를 자신의 플래너에 받아쓴다. 대부분 학생들은 플래너를 책상에 앉아서 완성한다. 몇몇 학생들은 벽 포스터에 가깝게 의자를 옮기고, 필요하다면 따라 써야 하는 페이지를 제공받는다. 만약 더 많은 지원이 필요하다면 플래너는 어른이나 또래에 의해 부분적으로 완성해도 된다. 그래서 학생은 빈칸을 채우거나 형광펜이나 매직펜으로 특정 활동에 주의를 기울여야 할 부분에 사용한다(예 : 빨간색은 음악, 초록색은 체육).
- 각 학생은 하루를 조직하기 위하여 CLASS 약자를 사용하여 책상에 노트 카드를 붙일 수 있다. 의자를 가져오고 짐 풀기, 점심 메뉴 선택, 화장실 사용을 묻기, 2~3개의 연필 깎기, 아침 활동 시작하기. 개별화된 조절 및 지원으로는 CLASS 단서 카드의 대형 버전을 학생에게 제공하기, 그림이나 상징을 더해놓기, 그리고 완성할 때마다 각 단계를 점검하기를 포함한다.
- 쓰기과정의 단계는 큰 포스터로 목록화하고 각 학생의 쓰기 공책에도 제공한다. 그리고

　　교사의 시범 쓰기 공책에도 붙여놓는다.
- 학생들은 책상 속에 대해 '지도'를 그려서 자료를 잘 정리한 채로 유지하도록 돕는다.
- 학생들은 다양한 방법으로 시간 사용에 대한 좋은 선택을 하도록 격려받는다. 과제를 일찍 끝냈을 때, 혹은 전체 교실이 '독립적인 활동 시간'을 가질 때, 학생들은 선호 순서 대로 다음의 옵션으로부터 선택할 것을 기대받는다. (1) 빼먹은 활동 완성하기 혹은 앞선 활동과 연결짓기, (2) 도서관에서 읽은 책에 대한 퀴즈를 보기 위해 컴퓨터 사용하기 (학생들은 각각의 성적 보고 기간에 특정한 수의 퀴즈를 완성해야만 한다), 그리고 (3) 이번 주의 차별화된 활동 메뉴로부터 선택하기(그림 2.4 참조).
- 교실 회의는 '우리 교실이 이렇게 되었으면 하는 것'에 대해 사전 토론으로 개최하고 드러나는 사회적이고 행동적인 어려움에 대해 집단 문제해결을 실시한다.
- 기대하는 학교차원 및 교실 행동은 계속적인 설명, 시범, 촉구 및 강화를 통해 교육한다.

그림 2.14　모든 학생을 포함하는 조직하기 및 관리전략

출처 : Amy Brehl과 Kristyn McDaniel Calber의 도움을 받음.

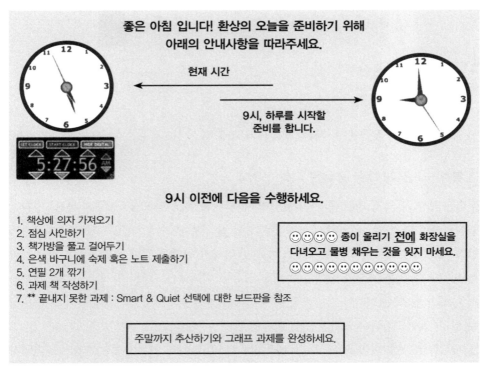

그림 2.15　학생의 조직하기를 돕기 위한 상호작용 화이트보드에 아침 메시지

출처 : Amy Brehl의 도움을 받음.

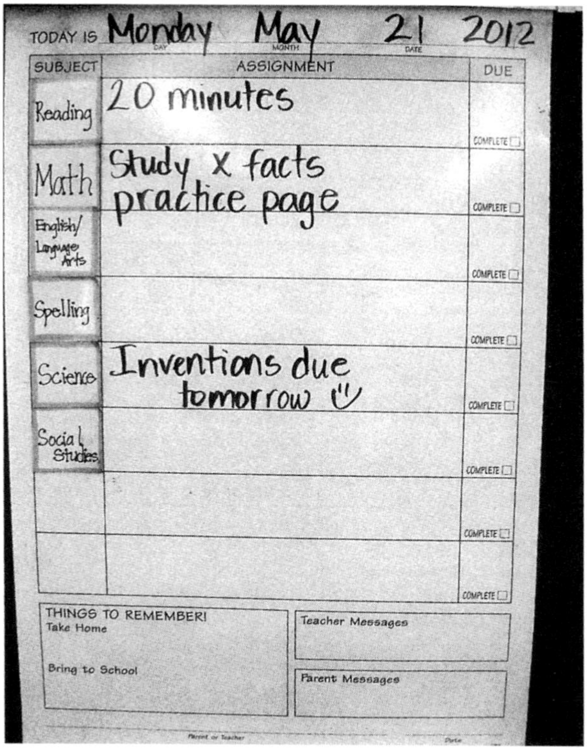

그림 2.16 숙제 벽 포스터

출처 : Amy Brehl의 도움을 받음.

는 학생들의 이름을 묻는다. 제4장에서 이 평가를 다시 살펴본다.

계획하기 과정에 대한 공유된 지식과 기대

우리는 협력 팀의 중요한 몇 가지 요소에 대해 이미 논의했다(예 : 공통의 목표, 명확한 역할과 책임의 분담, 공유된 의사결정을 위해 잘 개발된 과정). 일반교사와 특수교사가 함께 계획하기를 보편적인 설계에 초점을 둔 다양한 집단을 위한 차별화 수업을 실시할 때 팀 구성원들은 계획하기 접근에 대한 공유된 이해에 도달해야만 한다. 함께 계획하기는 일반 및 특수 교사가 지니고 있는 관점에서의 전형적인 차이의 공감부터 도움이 될 수 있다. 일반교사들은 교과내용 및 활동에 관해서 계획하는 경향이 있다. 그들은 '큰 그림' 관점을 채택한다(Walther-Thomas et al., 2000). Potter(1992)는 특수교사와 일반교사의 계획하기 경향을 대조하는 연구를 실시했다. 그녀는 표준화된 교육과정과 대집단의

학급활동에 대한 종합적 사정

교과명 및 학년수준 11학년, 1865년부터 현재까지 미국 역사 　　　　　　　날짜 2012년 9월

흥미 있는 학생 아론, 제시, 리브 　　　　　　　　　　　　　　　　　　교사 머피

전형적인 수업활동	학생 반응/과제
전체 교실수업 교사는 프레젠테이션 소프트웨어와 상호작용 화이트보드를 사용하여 강의한다. 많은 그래픽 조직자, 지도, 그리고 비디오를 사용한다. 상호작용 노트의 사용을 위한 자료 및 세분화된 수업을 제공한다.	학생들은 상호작용 공책의 필기를 위해 교실 내 과제 및 숙제를 위해 사용한다. 안내된 노트, 읽기 자료, 그래픽 조직자, 삽화를 포함하는 유인물을 끼워넣는다. 다양한 때에, 학생들은 (1) 지원자로 손 들기, (2) 합창으로 반응, (3) 생각하기-짝짓기-공유하기 사용으로 질문에 대답한다. 학생들이 지문부터 다른 읽기자료에 이르기까지 소리 내어 읽기를 위해 지원한다.
소집단 수업 구조화된 협동적인 집단활동	학생들은 쓰인 과제를 완성하기 위해 4명으로 이루어진 집단에서 협동적인 학습 역할을 담당한다 (예: 개념 지도, 분류 차트, 각 장의 질문). 그리고 팀 논쟁 및 토너먼트를 준비한다.
독립적 활동 묵독 및 자습	학생들은 교과서, 다른 읽기자료, 그리고 교실 필기를 상호작용 공책에 매일의 과제를 완성하기 위해 사용한다.

숙제 기대
숙제는 대략 매일 20~30분 정도 걸린다.
교과서의 한 단원을 매주 읽고 3~4개의 상호작용 노트 과제를 완성한다. 표지, 내용을 담은 표, 그리고 각 단원의 삽화를 창작한다.

평가 및 시험 방법
어휘 및 필수 사실 및 정보에 초점을 둔 주별 빈칸 채우기 및 참/거짓 퀴즈
단원 평가는 선다형, 짝짓기, 참/거짓 및 짧은 글쓰기이다.
평가 지시문이 모든 상호작용 공책 과제를 위해 제공된다.
평가를 위한 정보의 자료는 교과서, 강의 노트, 그리고 상호작용 공책 자료에 포함된다.
단원 평가 하루 전 복습 시간에는 학생에게 학습안내가 정확히 완성되었는지 확인하는 좋은 기회로 제공한다.

교과서 및 기타 빈번히 사용되는 자료
미국 역사 교과서(디지털 버전 사용 가능)
스트리밍 비디오 및 DVD
파워포인트, 상호작용 화이트보드
상호작용 노트, 가위, 풀, 색연필, 두 자루의 연필(수업 중에 볼펜 사용 안 됨)
지도책, 글러브, 벽 지도

(그림 2.17 계속)

모든 학생에게 제공되는 일반교사의 지원 및 보조

교사는 교실 전체를 순회하고, 상호작용을 위한 많은 기회를 제공하며, 이해하고 있는지 빈번히 점검한다.
학생들은 교과 내용 및 과제를 명확히 하기 위해 서로서로 질문하도록 격려받는다.
교사는 모든 상호작용 공책 자료와 수업을 웹사이트에 게시한다.

필요한 기술, 수정 및 지원을 결정하기 위해 더 자세한 생태학적 평가가 필요한 학생

아론

그림 2.17 (고등학교 교실을 위한) 학급활동에 대한 종합적 사정(양식은 부록 A 참조)

학생들과 마주하는 일반교사는 과제를 만들어내는 것에 좀 더 초점이 있는 경향이 있다고 언급했다. 즉 그들은 가르칠 내용을 선택한 후, 20명 혹은 더 많은 학생들을 가르치기 위해 사용할 자료로 전략과 활동을 계획한다. 반대로 특수교사는 학습목표를 구체화하는 것을 시작으로 계획하기에 접근을 하는 경향이 있고, 그다음에 개별적인 학생의 학습 특성 및 다양한 집단을 위한 차별화 수업 및 IEP 요구사항에 가장 적합한 방법으로 학습 활동을 조직한다(예 : 조절, 수정, 서비스). 이러한 두 가지 관점은 모두 가치 있고, 이 둘은 협력적인 계획하기 준비에서 통합되어야만 한다. 보편적 설계의 원칙에 의해 향상되고 있는 큰 그림으로의 시작은 일반과 특수 전문가의 관점의 차이를 좁히는 데 도움을 줄 수 있다.

제3장에서 우리는 이 장에서 기술하는 보편적인 접근 및 차별화된 전략이 학생의 요구를 충족하는 데 적절하지 않을 때, 팀이 개별화된 조절 및 지원을 개발할 때 사용할 수 있는 접근에 대해 기술한다.

개별화된 수정 및 지원을 만들기 위한 모델

핵심질문

- 모델은 무엇인가? 그리고 그것은 왜 필요한가?
- 학생을 위한 개별화가 언제 필요하고 어떻게 할 것인지 알도록 어떤 원리와 기준으로 팀을 안내해야 하는가?
- 중도장애를 가진 학생들을 위한 '일반 교육과정에의 접근'과 '일반 교육과정 내 진전'이란 어떤 의미인가?
- 교육과정과 수업이 개별화될 수 있는 방법은 무엇인가?
- 어떤 수정 및 지원이 다른 것에 비해 더 수용될 만한가?
- 팀은 확장된 지원이 필요한 학생 또는 중도장애를 지닌 학생을 포함하여 모두에게 필요한 소속감과 성취를 어떻게 알아챌 수 있는가?

제3장과 제4장에서는 학교차원(1단계) 및 목표로 하는 집단지원 및 중재(2단계)가 학생의 교육적인 요구에 모두 적합하게 충족되지 않을 때 학생들을 위한 수업을 계획하고, 실행하고, 점검하는 과정을 기술한다. 비록 지원 틀은 유연하지만 학생의 교육적인 중재 및 지원에 대한 결정은 수행 데이터에 기초하여 장애 분류에 기초하는 것은 아니다. 이 장과 제4장에서 초점을 두는 과정과 전략은 유의미한 지원 요구 혹은 중도장애를 가진 학생들과 좀 더 관련성이 있다. 이러한 학생들은 제한을 가진 지적장애 및 확장적인 혹은 광범위한 지원 요구, 신체적·인지적 의사소통 중복장애, 중등도에서 중도 자폐, 시·청각 중복장애, 그리고/혹은 심각한 행동문제와 같이 좀 더 세분화된 장애를 가진 경우이다. 오늘날 많은 전문가 집단은 결핍의 수준보다는 개인의 패턴과 지원 요구의 강도를 판별할 것을 촉진한다. 지적장애를 가진 학생을 위해서 우리는 미국 인지

및 발달 장애 협회(American Association on Intellectual and Developmental Disabilities, AAIDD; 2010)의 지원 강도 척도를 사용한다.

잘 고안되고 의도된 지원 전략 없이 중도장애를 가진 학생들은 또래 상호작용을 적게 하고 계속되는 수업에 참여하지 못하거나 심지어 고립될 수도 있다(Carter, Hughes, Guth, & Copeland, 2005; Cater et al., 2008; Wehmeyer, Latin, Lapp-Rincker, & Agran, 2003). 이 장에서는 팀이 필수적으로 활동적인 참여와 연결을 증진시킬 수 있는 개별화된 수정 및 지원을 만들기 위해 사용할 수 있는 모델을 기술한다. 제4장에서는 개별화된 수정 및 지원을 활용하기 위한 계획하기, 실행하기, 점검하기 단계를 제시한다. 이 장과 제4장에서는 사용하거나 조정하기 위한 많은 계획하기와 의사소통 도구 및 전략을 제공한다.

이러한 과정을 묘사하기 위해 예로 활용되는 학생들은 애비, 체이스, 아론이다. 그들의 특수교육 및 관련 서비스는 표 3.1에 목록화되어 있다. 각 학생은 네 가지 서비스 전달 옵션의 조합을 통해 전일제 특수교육을 제공받는다. (1) 협력교수 혹은 특수교사로부터 직접교수를 통한 특수교육 수업, (2) 상담을 통한 간접 특수교육, (3) 특수교육 준전문가로부터 지원, (4) 통합된 직접 서비스 혹은 상담을 통한 관련 서비스가 그것이다.

모델이란 무엇이며, 모델은 왜 필요한가

모델은 학생중심의 팀이 몇몇 개별화된 지원 및 수정이 필요한 학생을 위해 수업을 구안하고 실행하며 점검할 때 적용할 수 있는 일련의 원칙과 결정 규칙이다. 이는 일련의 연결된 가정, 기준 및 활동의 방법을 팀에게 제공한다. 교사 교육자들 및 연구자들은 전형적인 교실에 장애를 가진 학생을 포함한 과정에 대해 기술하고 있는 몇 가지 모델을 개념화하였다(예 : Castagnera, Fisher, Rodifer, & Sax, 1998; Giangreco, Cloninger, et al., 2011; Jorgensen et al., 2010; Udvari-Solner et al., 2004; Wehmeyer, Sands, Knowlton, & Kozleski, 2002). 여기에 기술된 모델(표 3.2 참조)은 앞서 언급된 저자의 일부 작업뿐 아니라 우리의 연구 및 전문적인 경험으로 수립하였고, 몇 가지 기본 가정에 기초하였다.

1. 개별화된 수정 및 지원의 창안은 통합을 위한 출발점이 아니다. 오히려 통합은 모든 학생을 위한 학교차원 시스템에 포함되어 있는 것이다(그림 1.4 참조). 통합은 통합적인 문화와 개별적으로 적절한 학습 선호에 대한 의미 있는 참여의 다양한 방안을 허락하는 견고한 교육과정 및 수업 실제의 사용으로 시작된다. 개별화된 수정 및 지원은

표 3.1 세 학생의 특수교육 및 관련 서비스

학생	특수교육 및 관련 서비스			
	특수교육 수업	특수교육 상담	특수교육 보조지원	관련 서비스
애비 (6세, 1학년)	읽기 및 문학을 위한 30분×5일(통합 직접교수) 수학을 위해 30분×5일(협력교수)	진전도 점검, 기록, 수정 개발, 보조 훈련 및 감독, 교사 상담을 위한 20분×2일	아침 활동, 학교 및 교실 일상, 점심, 자기 돌봄, 및 체육을 위한 2시간×5일	언어치료 : 20분×3일(직접 서비스, 2일 분리, 1일 소집단 활동 내 통합) 물리치료 : 20분×1일(분리 직접 서비스) 작업치료 : 20분×1일(분리 직접 서비스)
체이스 (10세, 4학년)	읽기 및 문학을 위해 30분×5일(2일 협력교수, 3일 분리 직접교수) 사회적 · 행동적인 기술을 위해 30분×5일(협력교수)	진전도 점검, 기록, 수정 개발, 보조 훈련 및 감독, 교사 상담을 위한 15분×5일	수학, 교과영역, 특별과정, 휴식, 학교 및 교실 일상, 자기 도움을 위한 4.25시간×5일	언어치료 : 20분×1일(소집단 활동 내 통합 직접 서비스) 작업치료 : 주요 기간 동안 한 번의 상담
아론 (17세, 12학년)	12학년 영어를 위한 60분×5일(기능적인 학업 및 매일 일상을 위한 협력교수 및 통합 직접교수)	진전도 점검, 기록, 수정 개발, 보조 훈련 및 감독, 교사 상담을 위한 30분×5일	체육, 미술 및 그리기, 세계사, 점심, 자기 도움, 매일 일상을 위한 5시간×5일	물리치료 : 주요 기간 동안 한 번의 상담 및 점검 도구 작업치료 : 주요 기간 동안 두 번의 상담 언어치료 : 매주 상담

덜 특화된 지원을 주지 못할 때 의미 있는 참여 및 기술의 획득을 촉진한다.

2. 학생의 학업적 획득을 돕는 것에 더해서 교육 팀은 학생의 이익에 달성을 희망하는 다른 목적도 가진다. 이러한 목적은 교실 집단에서 소속감을 만들고 유지하는 것, 일정 범위의 사회적 관계 및 또래지원의 육성, 그리고 정상화된 학교경험을 촉진하는 것을 포함한다.

3. 확장적인 지원 요구가 있는 학생들조차도 각각의 모든 수업 혹은 교실활동의 모든 측면에서 수정이 필요한 것은 아닐 것이다. 그러나 팀은 중도장애 학생이 성공적으로 통합되도록 필요한 지원 및 수정을 정교하게 창안하기 위한 수많은 결정을 해야만 한다.

4. 팀이 만드는 결정은 명백하고, 견고한 논리 및 동의된 기준에 기초해야 하며, 팀 합의에 의해 만들어져야만 한다.

표 3.2   개별화된 수정 및 지원 창안을 위한 모델의 구성요소

모델의 전제조건	학생지원을 위한 학교차원 시스템이 존재해야 한다(그림 1.4 참조). 교실은 구조적으로 그리고 문화적으로 통합이어야 한다(즉 연령에 적합한 일반교육 교실, 협동적인 일반 및 특수교육 서비스 전달, 환경하는 문화). 조절, 근거 기반 교수실제가 있어야 한다(예 : 보편적 학습 설계, 차별화 교수, 능동적인 교수 및 학습, 그래픽 조직자, 데이터 기반 의사결정).
수정 및 지원을 위한 기준	학생들은 사회적 · 교수적 참여 및 진전을 경험한다. 수정 및 지원은 필요할 경우에만 전문화될 수 있다.
수정의 세 가지 유형	
교육과정 수정	학생의 학습목표를 개별화한다. 학급차원의 계획하기에 모든 학생의 IEP의 목표를 초기에 포함한다. • 범교과(예 : 자기관리 기술, 사회적 기술, 학습전략)을 위한 보충적인 학습목표 • 수정된 학습목표 : 　일반 교육과정 그리고/혹은 대안적이거나 관련된 학습 표준으로부터 단순화된 학업적 목표 　기능적이고 발달적인 기술
교수적 수정	방법과 자료를 개별화한다. • 수업의 배열 변화를 고려한다(예 : 소집단, 특정 또래, 협동 학습). • 교수방법 및 자료 변화를 고려한다. • 학생에게 요구되는 과제의 변화를 고려한다. • 또래 혹은 성인으로부터 추가적인 개별 지원 제공을 고려한다.
대안적 수정	교실수업과 편성할 수 있는 대안적인 활동으로 변화한다. 종종 관련된 부분적 교실활동의 전 혹은 후에 실시하고 가능하거나 적절하다면 또래를 포함한다. • 대안적이거나 보충적인 활동(종종 임시적으로 사용한다) • 기본 기술 혹은 다른 개별화된 학습 선호에 특별한 수업 • 학교에서 연령에 적합한 기능적인 기술수업 및 지역사회 수업(전형적인 학교 및 교실 일상과 다른)

　수정 및 지원 창안을 위해 모델이 필요한 주요 이유는 통합학급에서 일반교육 및 특수교육 협력을 위한 필요와 관련 있다. 1명의 교사가 전체 학급 수업의 계획하기, 가르치기 그리고 평가하기를 위해 더 이상 책임을 가지지 않는다. 이제는 일반교육 및 특수교육 학문 분야로부터 온 한 사람 혹은 그 이상의 교사들과 다양한 학문으로부터 온 한 사람 혹은 그 이상의 추가적인 구성원이 이러한 책임을 공유한다. 팀워크는 책무성이나 목적에 대해 부족한 의사소통과 착오를 이끌 수 있는 수업의 결정을 논의하기 위한 공통의 언어 부족에 의해 방해받을 수 있다(Snell & Janney, 2000; Udvari-Solner, 1996). 동의된

계획하기 과정이 없는 팀은 시간을 비효율적으로 사용할 수 있으며 이는 협력에 대한 부정적인 자세를 불러일으킬 수 있다. 이러한 문제는 (1) 전통적인 방법 및 학생을 위한 차별화 실패의 지속적인 사용, (2) 평행적인 수업 및 적절한 수업목표가 없는 활동의 남용, (3) 일대일 지원 제공 혹은 그 자리에서 수정하는 것에 대해 준전문가 혹은 특수교사에게 과도한 의존, 그리고 (4) 수정을 창안하고 실행하는 것에 대해 한 팀 구성원에게 과도한 의존을 포함하여 장애를 가진 학생의 참여에 대한 부정적인 효과를 가져 올 수 있다 (Snell & Janney, 2000; Udvari-Solner, 1996). 장애학생은 일반학급에 있는 것에 의해 단순하게 일반 교육과정으로의 일정 접근을 할 수도 있다. 그러나 학생을 어떻게 지원받게 할 것인지에 대한 명확한 계획이 없다면 의미 있는 진전을 보이지 못할 것이다(그림 3.1 참조). 적절한 개별화된 수정 및 지원을 개발하기 위해서 교사는 다양한 상황에서 폭넓고 다양한 학생들을 위해 전략적으로 적용할 수 있는 모델이나 과정이 필요하다. 부적절하게 선택한 것으로부터 가능한 수정의 간단한 목록을 만든다(그럼에도 이 목록은 과정에 부합하여 당연히 도움이 된다).

팀이 개별화된 수정 및 지원을 만들기 위해 모델을 선택하는 것에 대해 명백한 의식이 있을 때 이것은 요구되는 과제에 대한 공유된 이해와 그들이 찾는 결과와 함께 팀의 업무를 논의하기 위한 공통의 언어를 제공한다. 이 과정을 만들고 그 가치를 학교 경영의 표준적인 부분으로 설정하는 것은 "이것이 우리가 여기에서 이 일을 어떻게 하는지에 대한 감을 강화하고" 나아가 학생을 위해 더 나은 결과로 이끌 수 있다.

개별화된 수정 및 지원 창안하기

모델(표 3.2 참조)은 개별화된 수정 및 지원 선택을 위해 2개의 기준을 포함하고(즉 학생은 사회적이고 교수적인 참여 및 진전을 경험한다. 수정 및 지원은 필요에 따라서만 전문화된다), 세 종류의 수정 간의 차이점을 포함한다(즉 교육과정적, 교수적인, 대안적인). 우리는 이 영역에서 이 기준과 유형을 다룬다. 제4장에서 우리는 개별적인 학생을 위한 모델을 적용하기 위해 팀이 따라 할 수 있는 단계를 검토한다.

수정 및 지원을 위한 두 기준

가장 효과적인 수정 및 지원은 사회적인 그리고 교수적인 참여 및 진전 모두를 촉진하는 것이다. 다른 방법으로 진술하면, 이 첫째 기준은 학습이 고안될 수 있고, 고안되어야 하며,

연구가 말하는 것

몇몇 연구자들은 지적장애 또는 발달장애 학생들이 특수학급에서 수업을 할 때보다 일반학급에서 일반 교육과정에 관련된 수업활동에 높은 비율의 시간 동안 참여하는 것을 관찰하였다. 이는 중학교(일반학급에서 관찰간격의 90%, 특수학급에서는 50%; Wehmeyer et al., 2003)와 초등학교(일반교육에서 관찰간격의 97.5%, 특수학급에서 46.11%; Soukup, Wehmeyer, Bashinski, & Bovaird, 2007) 학생 둘 다 그러하였다. 하지만 동일한 연구자들은 또한 장애학생들이 진전에 도움이 될 수 있는 개별화된 조절과 수정을 제공받지 못한 것을 관찰하였다.

이러한 관찰 연구의 결과와 대조적으로, 중재연구는 지적장애와 중도장애 학생을 포함한 장애학생들이 적절한 구조, 지원, 수정이 제공되었을 때, 학습활동에 또래들과 적극적으로 참여할 뿐만 아니라 개별화된 학습목표를 달성할 수 있다는 것을 보여주었다. 일반교육 맥락 내에서 학생들이 일반 교육과정과 관련된 학업기술과 기능적 기술 모두 습득할 수 있도록 돕는 효과적인 지원과 수정은 다음의 요소를 포함한다.

- 협력학습 집단(Hunt, Staub et al., 1994)
- 또래와 보조교사에 의해 실행되는 삽입교수(Johnson, McDonnell, Holzwarth, & Hunters, 2004; McDonnell, Johnson, Polychronis, Riesen, Jameson, & Kercher, 2006)
- 목표설정, 자기점검, 자기교수를 포함한 자기결정 학습모델 교수(중등도 및 중도 장애를 지닌 중·고등학생은 일반 교육과정과 연계된 과학과 지리 관련 기술을 학습; Agran, Cavin, Wehmeyer, & Palmer, 2006)
- 협력 팀을 통해 지속적으로 실행되는 지원의 종합적 계획(Hunt et al., 2003; Hunt, soto, Maier, Muller, & Goetz, 2002)

일반 교육과정과 관련하여 학생의 진전을 최대화하는 교수를 제공하기 위하여 효과적이고 효율적인 방법에 관한 보다 많은 연구와 함께, 일반 교육과정 밖의 학생의 IEP 내에서 수업을 제공하는 것과 관련하여 배울 것은 무수히 많다.

그림 3.1 일반학급에서 장애학생의 교육과정 접근과 성취

그 결과 다양한 능력을 가진 학생들이 공유된 활동에서 함께 활동하고 개별적인 학습목표를 달성할 수 있다고 말한다(그림 3.2 참조). 통합교육에서 하나의 목표는 사회성이다. 장애학생이 학교 및 교실 집단의 완전한 구성원이 되도록, 계속되는 교실의 사회적인 삶에 참여하도록, 사회적인 네트워크를 발달시킬 수 있도록 하는 것이다. 또 다른 목표는 교수적인 것이다. 학생들에게 학업적 그리고 기능적인 성숙도의 최대한 가능한 수준의

연구가 말하는 것

몇몇 연구는 장애학생이 교실집단의 온전한 구성원이 되도록 하기 위해서 계속되는 교실
일상 및 학습활동에 활발하게 참여해야만 한다는 것을 보여준다. 교실에 속하는 것과 교우
들과 의미 있는 관계를 가지는 것은 아래의 세 가지가 요구된다.

- 정기적으로 또래들과 교실에서 함께 있기
- 교실활동에 활동적으로 참여하기(필요하다면 개별화된 조절의 지원과 함께)
- 활동과 상호작용에 공헌하기

그림 3.2 참여를 위한 소속감과 성취

출처 : Janney & Snell, 1997; Peck, Gallucci, Staub, & Schwartz, 1998; Schnorr, 1990; 1997.

달성을 위한 것이다. 비록 모든 학생이 사회적인 목적을 위해 같은 나이 또래와 통합되
어야 할지라도 함께 존재하는 것, 혹은 때때로 **사회화**(socialization)로 불리우는 것을 위해
통합되어 있는 것만으로는 충분하지 않다. 학생들은 사회적인 측면, 자기관리, 학업적
혹은 적응 기술을 포함하는지 여부와 관계 없이, 특정 학습목표에 대한 진전을 만들어야
만 한다. 그러므로 학생을 위해 창안된 수정 및 지원은 교우들과 함께 존재하는 것과 바
쁜 것을 유지하는 것뿐 아니라 학생들에게 개별적으로 적절한 수업목표를 연습하고 익
힐 수 있도록 고안되어야 한다.

학생 스냅촬영

체이스의 부족한 소근육 기술은 손글씨 쓰기를 매우 어렵게 한다. 그는 최선을 다해
마지못해 쓴다. 과학 시간 동안 그는 교우들과 똑같은 물의 순환 학습지를 받았다. 다른 학생들
은 학습지에 묘사되어 있는 물의 순환의 단계에 이름을 붙이고 있다. 체이스는 물의 순환 '색깔'
을 위해 크레파스를 사용할 수 있도록 해야 하는가? 혹은 미리 준비된 라벨지를 떼어내서 벤다이
어그램의 적절한 곳에 붙이도록 물의 순환 단계가 쓰여 있어야 하는가? 비록 두 옵션은 체이스를
교우들과 같은 활동에 참여시키지만, 체이스의 팀은 체이스가 수업 참여를 유지하는 데 더 나은
두 번째 옵션을 선택했다.

학생 스냅촬영

달력 시간에 애비는 교우들 가운데 교실 바닥에 앉아 있었다. 그녀의 목표는 교사가
교우들에게 일련의 질문을 제시하는 동안 '말하는 사람에게 집중하기'이다. 간단한 2개 스위치
로 말하기 기기를 프로그램화하여 교사가 제시한 예측 가능한 질문에 애비가 대답할 수 있도록

하는 것이 가능한가? 팀 구성원들은 활동적인 반응을 위해 애비를 돕는 것이 교육목표 달성에 더 타당하다고 동의하였다.

학생 스냅촬영

아론의 12학년 영어 교실은 저명한 작가를 조사하는 프로젝트를 완성하기 위해 팀으로 활동한다. 아론이 맡은 역할은 점검하는 것이다. 각 단계가 완성될 때마다 과제양식에 맞는지 팀 과제를 점검하는 것이다. 게다가 아론은 관련된 웹사이트를 찾고, 저자의 사진과 문서를 다운받아 팀을 위해 출력한다. 이는 아론의 팀이 선택한 접근이다.

교사들은 종종 또래 학생들과는 꽤나 다른 학업적인 우선순위를 추구하는 많은 지원이 요구되는 학생을 위해 특정 수업, 차시, 또는 활동의 가치에 대해 의문을 품는 자신을 발견할지 모른다. 학생이 주어진 활동에 완전히 참여하는 것이 현실적인 목표가 아닐지라도 여전히 학생을 적극적이며 의미 있게 참여시킬 수 있다는, 부분 참여의 원리를 기억하는 것은 도움이 된다(Baumgart et al., 1982). 의미 있는 참여는 모든 학생이 똑같은 것을 봐야 한다는 것이 아니다. 모두에게 개인적인 자유와 자기주도적인 것은 중요하지만, 독립성이 학교나 삶에서 참여를 위한 필요조건은 아니다. 개인적 도움, 교육과정 또는 활동 수정, 조정된 기기, 환경의 수정과 같이 개별화된 수정으로, 중도장애 학생들은 학교와 학급에서의 모든 활동에 의미 있게 참여할 수 있다. 이 같은 참여가 일어나도록 교사와 지원 관계자는 우선적으로 부분 참여의 원리가 타당한 가이드라인이라는 것에 동의해야 하며, 둘째, 필요로 하는 개별화된 수정을 만들어내고 실행하기 위한 시스템이 있어야 한다.

한 학생의 학습목표는 때로는 학급의 목표와 크게 다르지 않거나 상당히 다를 수 있다. 팀은 종종 사회적 참여와 교수적 참여라는 두 가지 우선순위 간의 균형을 맞추고자 노력하거나, 오히려 특정 활동을 위해서는 둘 중 하나를 강조하기 위한 선택을 할지 모른다. 그러나 팀은 가능하면 어떻게 두 가지 모두를 달성할 수 있을지 결정하기 위한 문제해결을 계속할 수도 있다.

가장 효과적인 수정과 지원은 필요한 만큼만 전문화하는 것이다. 통합교육과 학교차원 학생지원 시스템의 원리와 함께(그림 1.4 참조), 이 두 번째 기준은 모든 개별화된 수정과 지원이 오직 필요한 만큼 특수화(전문화)해야 한다고 주의를 준다(Biklen, 1985). 그러므로 보편적인 교육과정의 목표와 일반적으로 효과적인 교수방법은 학생의 학업적 요구를 강조하도록 변경되어야 하며, 이러한 수정과 지원은 교수 팀에게 가능한 친숙하고 학생에게는 되도록 낙인찍지 않으며 침범하지 않아야만 한다. 필요한 만큼만 전문화하는 접근은 보편적으로 설계된 학습의 시작을 제안하고 나서 (1) 학생이 참여와 진전이 가능하도록 하는 데 필요한 차시와 활동의 측면에서만 바꾸고, (2) 가능하면 그 구성요소를 최소한으로 전문화하는 방식으로 변경하는 것이다. 교사들과 IEP 팀들은 학생이 모든 순간 교사와 보조교사를 필요로 한다거나 목표와 자료, 교수전략을 모든 차시에 매번 항상 수정해야 한다고 가정해서는 안 된다. 나아가 일부 수정은 영구적이지만 대부분은 일시적이고 학생이 새로운 기술과 전략을 학습할 때까지 교량 혹은 비계로 작용한다(Lenz & Schumaker, 2003).

필요한 만큼만 전문화한다는 기준을 적용하고자 하면, 어느 누구도 모든 경우 별도의 보조나 전문화된 지원을 위해 지목되는 것을 원하지 않으며, 필요시에만 지원을 받는다 하더라도 보통의 활동과 사회적 상호작용에 참여하는 개인의 기회를 빼앗는다는 것을 알게 된다. 이 같은 지원은 또래 수용, 자신감, 독립성의 발달을 방해할 수 있다.

게다가 과도하게 기술적이거나 특수화된 수정은 맥락에 적합하지 않거나 실행되기 어려우며, 결국 학생의 교육적인 목표를 달성하는 데 상당히 적게 도움이 될지 모른다. 따라서 필요한 만큼만 전문화하는 수정은 학생이 수용 가능하도록 타당화되고, 팀이 수용할 수 있도록 타당해야 한다.

세 가지 유형의 수정

교사들은 단원과 차시를 계획할 때 내용, 수업준비, 자료, 교수전략, 학생 성과 등에 대해 무수히 많은 결정을 내린다. 특정 학생에게 이러한 요소는 모두 혹은 부분적으로 개별화될 수 있는 반면 전혀 그렇지 않을 수 있다. 표 3.2의 모델은 이러한 요소를 수정과 지원의 두 가지 넓은 범주, 즉 교육과정(또는 내용) 그리고 교수적(또는 교수·학습 과정과 성과)으로 조직화한다. 우선 보편적 설계 원리를 적용하고 나서 다수준(multilevel) 교수와 개별화된 교육과정 그리고 필요한 만큼만 전문화하는 교수적 수정과 함께 교육과정을 중복함으로써, 학생들의 교육적 요구의 대부분은 계속해오던 수업 차시와 활동에서 강조될 수 있다. 하지만 모델은 수정의 세 번째 범주, 특별한 학습 요구를 만족하기 위해 차시 또는 실제 활동을 변경하는 것을 포함하는 대안적 수정을 포함하고 있지 않다. 교사가 가장 전문화되어야 하고 학생을 침범하는 것이기 때문에, 이 세 번째 수정은 상당히 엄격한 기준을 만족할 때만 사용한다.

교육과정 수정 : 교육과정 내용에 대한 개별화된 조절과 수정

UDL과 차별화 교수가 모든 학생의 학습 요구에 대한 반응을 증진하였을지라도, 두 가지 틀 모두 학생의 IEP에 교육과정 수정을 포함하고 있는 경우 어떻게 교육과정 내용(무엇을 학습하는지, 또는 교수를 위한 내용지식과 기술)이 달라질 수 있는지에 대해 자세히 제시하지 않고 있다. 기존의 일반 교육과정(최소한의 학습 기준이자 대단위 평가 프로그램)은 모든 학생의 학습 요구를 만족하도록 설계되지 않았음을 보여준다. 전통적인 일반 교육과정은 다음과 같은 교과목과 목표영역을 포함한다.

- 영어와 문해
- 수학과 컴퓨터 공학
- 사회와 자연과학
- 예술
- 보건과 체육교육, 자기개발과 진로개발

통합학급에서 교육과정은 가능한 폭넓은 교과목과 목표영역을 포함할 뿐만 아니라 학습기술의 유형과 보충적 수준이 포함되도록 확대되어야 한다. 예를 들어, 학습장애, 행동장애, 특정 건강 및 감각 장애를 지닌 학생들은 학교 일과 중 다양한 교과목과 활동에서 활용되는 사회성, 학습과 조직화, 자기관리 기술에 대한 교과를 필요로 한다. 또한 장애가 교육과정 접근에 미치는 영향을 줄이기 위한 지원과 조정을 필요로 한다.

교육과정은 또한 지적장애나 중복장애를 지닌 학생들의 학습 요구를 포괄할 수 있도록 확대될 필요가 있다. 이러한 장애유형은 학생들이 특정 유형의 지식을 습득하는 데 있어서 뿐만 아니라 특정 학습기술을 수행하고, 일반 또래 학생들의 일상생활 활동을 완수하는 데 있어서도 어려움을 초래한다. 이는 이러한 유형의 학생들이 학습할 수 없다는 말이 아니고, 무수히 많고 다양한 개별적인 특성을 지니고 있지 않다는 것을 암시하지도 않는다. 그러나 학습 특성에 있어서 어려움을 경험한다(예 : 주의와 집중 · 단기기억 · 가설적 사고 · 일반화와 전이에 있어서 어려움, 감각적이고 신체적인 손상). 이 같은 특성은 학습률, 습득할 수 있는 학업적 복잡성의 수준, 학습하고 일상생활에 참여하는 데 필요한 지원의 수와 유형에도 영향을 미치게 된다.

중도장애 학생들이 지닌 학습상의 어려움에 대한 반응으로, 교수목표는 그들에게 있어 유용성과 마음속 개연성 습득을 고려해 선정함에 따라 매우 중요해지고, 교육자들은 기능적(혹은 생태학적) 교육과정 접근을 고안하며(예 : Ford, Schnorr, Davern, Meyer,

Black, & Dempsey, 1989), 이는 현재 환경에 참여하고 집과 직업 그리고 사회적 삶을 영위하는 것과 같은 성공적인 성인생활의 성과를 달성하는 데 필수적인 기능적 기술을 강조한다(Brown et al., 1979). 내용은 기능적 교육과정 접근으로 구성되고, 다음과 같은 교과와 목표 영역을 포함하는 보편적이고 또한 통합적인 교육과정을 포함해야만 한다.

- 학교, 집, 직장, 지역사회에서의 일상에서 사용되는 기능적 기술
- 기능적 학습기술(예 : 화폐 사용, 시간관리, 일상에서의 읽기와 쓰기)
- 다양한 일상의 기능적 일과와 학교수업 시 여러모로 사용되는 사회성, 의사소통, 자기관리 기술[관련된 혹은 삽입된 기술은 또한 여러 환경 간 적용 가능한 기술로도 언급됨(예 : Giangreco, Cloninger et al., 2011)]

이상적으로 모든 학생은 위와 같은 모든 목표영역과 각 영역에 최적합한 학습 맥락에 접근할 수 있어야 한다. 나아가 학습 기준은 개방형으로 진술되고 교육과정은 실로 보편적 설계의 원리를 사용하여 계획되고 설계되어야 한다(Wehmeyer et al., 2002). 실제 현장에서는 학생의 IEP상 학습목표를 결정할 때 교육자들은 학생이 주 정부 또는 단위 교육청 학습 기준으로 제시된 것처럼 일반 교육과정 내에서 진전도를 평가할 수 있는지와 수정된 학습목표를 달성할 수 있는지 결정하기 위한 의무감이 강요된다. 이는 평가가 학생이 할 수 있고, 해야만 하며, 학습한 모든 것을 결정한다는 것을 뜻하지는 않는다. 하지만 이는 학생의 교육 프로그램이 요구되는 기준을 강조해야만 한다는 것을 의미한다.

일반 교육과정 내 학습목표는 세 가지 방식으로 개별화될 수 있다. (1) 조절, (2) 보충/확대, (3) 수정/변경이다. (여기에서 **학습목표**는 목적, 목표, 기준을 아우르는 하나의 일반 용어로 사용한다. 이 용어는 일상 학습목표 또는 학습 기준에 또한 적용할 수 있다.)

조절과 보충적 학습목표

일부 장애학생들은 UDL, 차별화 교수, 일반적으로 효과적인 교수법과 선정된 특수교육 지원과 서비스가 주어졌을 때 일반 교육과정에 완전히 참여하고 수용할 만한 진전을 보인다. 이와 같은 2단계 교육과정 지원과 중재는 (1) 학생이 교육과정에 접근하고 학습했다는 것을 입증 가능하도록 하는 교수와 평가의 조절과, (2) 학생의 장애가 성취에 미치는 영향을 최소화하는 데 도움이 되도록(종종 사회성 기술, 자기관리 기술, 학습전략과 공부기술) 보충적 학습목표를 포함한다. 그러므로 2단계에서 개별적 학습 우선순위는 보충하거나 확대하는 것이지 일반 교육과정의 목표를 교체하는 것이 아니다. 대신 이와 같이 관련이 있거나 발달적인 기술은 일상적으로 유용하고 다양한 학습과 성과 맥락에

서 사용된다. 예를 들어, 학생들은 효과적인 공부기술을 개발하고, 목표를 설정하고 시간을 관리하며, 과제 수행 시간을 향상하기 위한 자기점검 전략을 사용하도록 특수교사에게 보충적인 수업이나 상담을 지원받을 수 있다.

교육과정 수정 : 단순화와 기능적 학습목표

일부 학생들(예 : 중도 · 중복장애 학생)은 두 가지 유형의 교육과정 수정이 요구된다. (1) 일반 교육과정과 연계된 학업적인 학습목표를 단순화하는 것, (2) 학생의 나이, 성별, 문화, 학생이 참여하는 특정 맥락 또는 환경에서의 요구와 연계된 기능적인 기술이 그것이다. 2004년 미국 장애인교육법(PL 108-446)은 교육과정을 수정한 장애학생의 IEP는 적응 행동과 학업적 기술 요구 둘 다를 강조하도록 요구한다. 비록 이 책에서 IEP 목적과 목표 또는 기준을 결정하기 위한 종합적인 절차에 대해 안내하고 있지는 않지만, 다음 부분에서 중도장애 학생 또는 전반적인 지원 요구를 지닌 개별 학생을 위한 학습 우선순위를 선택하는 것과 관련한 제안을 제공하고 있다. 그들의 IEP 목표는 이 같은 두 가지 유형의 교육과정 수정 사이에서 개별적으로 결정한 균형을 포함한다. 표 3.3은 3명의 학생을 위한 교육과정 수정의 예를 제시한다.

단순화된 학업적인 학습목표는 일반 교육과정 기준에서 선정하지만 분량과 복잡성을 감소한다. 학생은 각 학년의 학습 기준에 상응하는 IEP 목표를 지니지 않는다. 대신에 일

표 3.3 3명의 학생을 위한 교육과정 수정의 하위 유형과 예시

교육과정 수정 하위 유형	3명의 학생 소개		
	애비 (1학년)	체이스 (4학년)	아론 (12학년)
단순화된 학업 기술	1~10까지 구체물 세기	읽기, 쓰기, 초성 및 종성 자음을 사용한 1음절 단어 철자 쓰기	서체와 크기에 관계없이 자신의 이름, 나이, 주소, 전화번호 선택하기
대안적인 기술 (기능적이고 발달적인)	표현 의사소통을 위한 보완적 사진 시스템을 활용한 몸짓과 어휘 사용(예 : 요구를 표현하고, 선택하고, 질문에 답하기)	학교 일과 완성 : 도착, 출발, 점심 그리고 학급 내 임무	작업에서 체크인과 체크 아웃 시스템을 사용해 일하기, 그림과 글자로 된 과제 일과 준수하기

출처 : Janney, R. E., & Snell, M. E. (2011). Designing and implementing instruction for inclusive classes. In M. E. Snell & F. Brown (Eds.), *Instruction of students with severe disabilities* (7th ed., pp. 224-256). Pearson Education Inc.의 허락하에 게재, Upper Saddle River, NJ. ⓒ 2011 Pearson Education, Inc.

반 교육과정에서 핵심으로 하는 바를 개별화하여 '큰 개념'과 다음 차례 논의에서 소개되는 다른 기준과 원리를 충족하기 위한 관련 기술과 지식에 중점을 둔 학습목표를 설정한다.

예를 들어, 2학년 일반교육 학습 기준으로 속씨식물의 부위와 각 부위별 기능을 확인하기의 경우에는 (1) 복잡성의 감소(학생들은 속씨식물의 부위와 기능을 단순한 어휘와 자세한 설명을 줄여서 학습한다)와, (2) 학습 분량 감소(속씨식물의 부위와 기능의 가지 수를 적게하여 학습한다)를 통해 단순화할 수 있다. 학습의 깊이는 학생으로 하여금 속씨식물의 부위별 기능은 학습하지 않고 부위만 확인하게 하여 더욱 감소시킬 수 있다.

왜 학생들이 일반 교육과정을 바탕으로 학습의 우선순위를 정해야 하는지 그리고 IEP를 작성하지 않는 또래 학생을 위한 학습 기준에 대한 책무성을 지녀야 하는지와 관련된 몇 가지 이유가 있다.

1. 법적으로 IDEA에서 명확히 IEP에 "아동의 장애로 인한 요구를 만족시키고 일반교육과정에 아동이 참여 가능하고 진전을 나타내도록 하는 데 관계된 도달 기준과 단기 목표를 포함하여 연간 목표의 진술"을 포함해야만 한다고 명시하고 있다(20 U.S.C. § 1414 [A] [ii] [II]).
2. 기본 문해력과 수리력을 포함한 특정 학업기술은 학교에서 뿐만 아니라 성인 사회에서 유의미한 성과를 달성하는 데 있어서 중요하다.
3. 개선된 태도와 새로운 기술은 중도장애 학생을 포함해 장애학생의 학업적인 성장을 위한 기대감을 향상시킨다.
4. 장애학생을 위한 학급 소속감은 (교사와 또래의 관점에서) 학생의 모든 학업적인 우선순위와 교수활동이 학급 또래들과 너무 많은 차이가 있어 진행 중인 활동에 좀처럼 참여하기 어렵다면 이에 영향을 받는다(그림 3.1 참조).

단순화된 학업적인 목표는 일반교육 학습 기준(해당 학년 기준은 폭/양 또는 깊이를 줄일 수 있고, 그 외 학년 기준 또한 동일하게 적용 가능)이나 대안적 평가 체제에서 사용되는 대안적이며 연계되고 확대된 기준에서 직접적으로 선정할 수 있다. 특별히 학생의 IEP 목표는 주(state)의 대안적 평가 프로그램을 위한 요건을 충족해야만 한다. 많은 경우 대안적 평가를 위한 행동 지표는 일반 교육과정 기준과 연계된 학업적인 목표로 단순화한다(Browder, Spooner, Wakeman, Trela, & Baker, 2006). 하지만 대안적 평가 프로그램을 위한 요건을 충족하기 위해 기본적으로 선정한 학업적인 목표에 대한 좁은 관점은 학생을 위한 상당히 제한적인 목표를 초래할 수 있다. 결과적인 단순화된 학업적인 학습목표의 모음은 학생에게 일반 교육과정에의 의미 있는 접근이나 유의미한 교육적 성과를 달성하는 데 추가되지 않은 일반적인 지식을 조금만 전달할지도 모른다. 학생은 대안적인 평가를 통과하지만 의사소통을 하거나 일상생활에서 수리와 문해 기술을 사용하거나 기본 개인적인 요구를 요청하는 것을 어떻게 해야 하는지 모를 수 있다. Lou Brown이 언급하였듯이 "대안적 평가를 통과하고 학위를 취득한 것이 성과는 아니다" (personal communication, 2008년 6월 12일).

일반 또래 학생들이 추구하는 목표와 연계된 학업적인 목표로 단순화하는 것은 매우 중요하다. 하지만 일반교육 기준과의 연계에 대해 강하게 염려할 때 유의미한 성과에 대한 집중이 흐려지며, 학생이 가능한 학급 내 활동에 참여하지만 타당한 학습목표 달성을 위해 학습하지 않는 쪽으로 단순화될 수 있다. 예를 들어, 속씨식물의 부위를 확인하고 각각의 기능을 살펴보는 과학 기준이 "학생이 속씨식물의 그림을 그릴 수 있다."로 축소된다면, 이 활동은 학생으로 하여금 또래가 학습하는 주제에 큰 관계없이 포함시키면서 오히려 분주하게 만드는 활동으로서, 학습목표 달성에는 실패하게 된다.

대안적인 평가의 통과나 자체적인 연계에 대한 좁은 관점에 대조적으로 학생의 IEP는 기능적 기술로 언급하는 일종의 학업적인 기술을 강조할 수 있다(Ford, Davern, & Schnorr, 2001). 근본적인 기술은 학교, 지역사회 참여, 자기결정을 위해 필수적이며 기능적인 학업기술이다. 시간관리 및 말하기, 필요한 정보를 편집하기 위해 듣고 읽고 쓰며 의사소통하기, 화폐 사용과 문제해결을 위한 연산기술은 학교뿐 아니라 일상생활에서 성공적으로 생활하는 데 알아둘 필요가 있는 기술이면서 기능적인 학업기술이다.

체이스는 우리가 집중하는 학생들 중 학년수준에서 대안적인 평가 프로그램에 참여하도록 요구되는 중도장애 학생이므로, 팀은 원리를 나타내도록 균형 잡힌 IEP 목표를 설정하고자 노력했다.

📷 학생 스냅촬영

지적장애가 있는 체이스는 기본적인 학업기술(30가량 대응하며 수 세기, 대략 1학년 초기 수준의 읽기, 글자와 어휘 쓰기)을 지니고 있다. 교육 당국 내 모든 4학년 학생들처럼, 체이스는 주정부 학생 평가 프로그램에 참여할 것이다. 대안적 평가 프로그램에 참여할 수 있도록 체이스를 위한 IEP 목표가 요구된다(실제 IEP상에 제시한 관찰 가능한 행동, 조건, 기준은 제외하고 여기서는 약식으로 쓰임). 이러한 학습목표는 연계된 학습 기준에서 선정하며, 체이스의 경우 1~2학년 일반 학습 기준에 부합한다. 각 교과에서의 목표는 주 정부 대안 평가 요건과 일치한다(예 : 학생들은 각 교과영역별 가닥이나 요소에 대한 기준을 충족해야 한다).

읽기와 언어 시간 동안 체이스와 교사 모두 IEP상에 제시된 좁게 집중한 읽기목표에 제한을 받는다. (1) 단일 음절 단어를 부호화하고 쓰기 위해 초성과 종성 자음 사용하기와, (2) 다양한 소설과 비소설을 읽고 기본적인 이해 질문(육하원칙 질문)에 답함으로써 이해하기이다. 비록 이러한 목표는 교사들로 하여금 그를 많은 읽기활동 수업에 참여시킬 수 있도록 하는 데 적절하기도 하지만, 체이스의 문해기술은 대안적 평가에서 요구하지 않는 쓰기중심 목표가 부족하다는 점에서 짧게 변경되었다. 팀은 두 가지 넓은 읽기와 의사소통 목표를 IEP에 포함하였다. (1) 마침표와 대소문자를 사용하여 간단한 문장과 단락으로 글을 쓰고 의사소통하기와, (2) 눈맞춤, 화자 바라보기, 관련된 질문하기, 적절한 시기에 관련 답에 기여하기와 같이 집단활동 중에 의사소통 기술을 향상시키기가 그것이다.

이 두 가지 목표는 (1) 체이스에게 유의미하고 적용할 수 있는 학업기술을 제공하고, (2) 읽기와 언어 시간뿐만 아니라 사회와 과학 수업 시 중복되는 교육과정에서 다양한 수준의 수업에서 사용 가능할 수 있는, 보다 많은 기회를 제공한다는 두 가지 목표를 지니고 있다.

우리는 또래들이 학습하는 바와 연계된, 알아둘 필요가 있는 학업적인 목표에 해당하는 경우를 살펴보았다. 하지만 사실 일부 학업적인 학습목표는 수업을 위해 목표하고 있는, 알아두면 좋은 가치 있는 것으로 표현하는 것이 보다 더 적절할 수 있다. 유명한 미국인의 기여, 태양계의 행성, 주도의 위치는 가치 있는 삶의 성과를 달성하는 데 필수적이지 않다. 하지만 이러한 학습목표 일부는 여전히 타당할 수 있다. 예를 들어, 일부 알아두면 좋을 내용은 보다 전인적인 개인으로 성장하도록 돕고 연령과 문화적으로 적절한 일반적인 지식을 제공하기 때문에 학생과 가족들에게 중요할지 모른다.

팀은 핵심 교육과정 영역에서 일부 넓고 개방형의 목표를 포함하고, 학생에게는 진행되는 수업에의 참여를 위한 더 나은 기초를 제공하고, 교사에게는 차시나 단원 학습 성과와 활동을 최소한으로 수정하도록 더 많은 선택을 제공함으로써, 폭넓은 교육과정에 대한 요구에 접근할 수 있다.

학생 스냅촬영

체이스는 4학년 사회와 과학을 위한 대안적 평가 요건을 충족시키는 매우 구체적인 IEP 목표를 지니고 있다. (1) 나라의 수도와 주도의 위치를 알고 확인하는 지도 활용 기술과, (2) 유명한 미국인의 기여에 대해 알아보기(예 : 조지 워싱턴, 마틴 루서 킹, 헬렌 켈러), (3) 자석을 조사하고 이해하기, (4) 수생과 육생 먹이사슬에서 생물들 사이의 관계를 조사하고 이해하기이다.

체이스가 IEP 목표로 강조한 특정 내용의 사회 또는 과학 수업에 참여할 때, 그의 학습목표는 또래 학생들의 목표와 직접적으로 연관된다. 하지만 4학년 사회와 과학 교과에서 강조하고 있는 주제의 폭은 체이스의 IEP에 비해 훨씬 넓다. 교사들은 체이스의 학습 우선순위와 또래들의 활동을 연결하는 데 어려움을 겪었다. 따라서 교사들과 나머지 IEP 팀은 체이스의 교과교육에 대한 폭을 넓히고자 사회와 과학의 폭넓은 목표를 추가하였고, 그를 계속해서 또래와 연결시켰다. 각 사회 및 과학교과 단원에서 네다섯 가지의 주요 개념과 핵심용어에 대해 이해하기(예 : 용어와 정의 연결, 범주 분류하기)와 비교, 패턴, 안전, 문제해결을 강조하기이다. 체이스의 특수교사와 학급교사들은 이러한 주요 과학 및 사회과 개념과 어휘를 각 단원을 위한 상호계획 회의에서 선정하였다. 비교, 패턴, 안전, 문제해결에 대한 강조는 체이스의 폭넓은 교과 학습목표에 나타나 팀으로 하여금 단원의 큰 개념의 실제적 적용뿐만 아니라 고차원적 사고를 강조하도록 상기시켜 주었다.

기능적 학습목표는 다섯 가지 지역사회 영역에서 상위수준의 활동에 참여하는 데 요구되는 기술에 중점을 둔다. (1) 학교, (2) 가정생활(또는 가사)과 자조, (3) 일반적인 지역사회 활용, (4) 직업, (5) 여가이다(Ford et al., 1989). 학생의 IEP 목표는 연령에 적절한 기능적 일과와 그러한 활동을 완수하는 데 요구되는 관련 사회성, 의사소통, 자기조절 기술을 포함한다. 그러한 일과 내에서 필요한 기능적인 학업기술 또한 목표로 한다.

전반적인 지원이 요구되는 학생 또는 중도장애 학생들은 학업적인 기술과 적응행동 모두에 있어서 상당한 어려움을 지닌다. 그러므로 이 같은 요구는 IEP 내에서 반드시 고려되어야 한다. 통합 맥락에서 기능적 기술을 강조하는 데 있어서 한 가지 잠재적인 어려움은 학생의 학습(내용과 교수법 둘 다)이 또래와 덜 연결될 수도 있으며, 이는 학급 교우관계에 영향을 미친다는 것이다. 하지만 만약 애비, 체이스, 아론이 연령에 적절하도록 학교와 지역사회 활동에 참여하기 위한 집중적이고 체계적인 교수와 지원을 제공받지 않는다면, 교육 팀이 중요하다고 판단한 가치 있는 삶의 성과의 일부를 달성하지 못할 수 있다(Giangreco, Cloninger et al., 2011). 기능적 기술 교수는 지역사회중심 교수 또는 교실 밖 수업과 동일시되어서는 안 된다. 일반적으로 기능적 기술 교수는 또래 학생들이 보통 수행하는 기술을 목표로 한다. 제4장에서 필요한 만큼 특수할 뿐만아니라 효율적이고 효과적인 기능적 기술 교수를 위한 전략을 소개한다.

기능적 평가는 기능적 활동과 관련된 기술을 평가하고 이를 교수하기 위한 과정이다. 팀은 기능적 평가의 독립수행 버전을 실행하기 위한 특정 원리와 가이드라인을 따를 수 있다(예 : Brown, Lehr, & Snell, 2011; Downing, 2008). 일부 매우 유용한 상업적 자료도 이용할 수 있다(그림 3.3 참조). 기능적 교육과정 접근에서 평가와 교수를 위한 기

FACTER: The Functional Assessment and Curriculum for Teaching Everyday Routines(Arick, Nave, Hoffman, & Krug, 2004)는 생태학적 평가를 수행하고, 해당 기능적 일과를 지도하기 위해 체계적인 교수를 개발하기 위한 시스템이다. 사용자 편의와 타당도를 갖춘 도구는 초등과 중등 버전의 6개 영역으로 구성되었다. 일상생활 기술, 활동, 학업적 활동, 여가활동, 지역사회 일과 그리고 직업 관련 활동 간의 전환이 그것이다. 또한 FACTER는 여섯 가지 기술 영역 내 **관련 기술**을 강조한다. 표현적 의사소통, 수용적 의사소통, 문제해결, 팀워크/사회적 기술, 운동기술과 기능적 학업기술(학업적 내용은 고려되지 않으며, 학업적 맥락 내에서 손 들기, 질문하기, 자료 관리하기 등의 기술을 다루고 수행하는 데 요구되는 기술)이 그것이다.

첫째, 특수교사는 다른 아는 것이 많은 팀 구성원의 조언과 함께 모든 일과(초등학생은 29, 중학생은 39)에서의 학생의 수행수준을 전반적으로 사정하였다. 다음은 학생의 개별화 교육 프로그램(IEP) 팀은 수행 사정을 위한 각 영역별로 가장 우선하는 일과를 선택하여 학생이 해당 일과를 수행하면서 직접적인 관찰을 하였다. 각각의 일과를 위해 최대 네 가지의 관련 기술을 확인하였다. 저자들은 여러 일과에서 참여를 증진할 수 있는 기술을 선택할 것을 권장한다. 매뉴얼은 각각의 일과를 가르치기 위한 교수적 프로그램의 설계, 실행, 점검을 위한 안내를 제공한다. 두 가지 학생 책자(초등과 중등)는 학생의 학년 주기에 따라 사용되도록 고안되었다.

COACH: Choosing Outcomes & Accomodations for Children(Giangreco, Cloninger, & Iverson, 2011)은 종합적인 "강도 높은 특수교육 지원이 요구되는 학생들을 위해 팀으로 하여금 개별적으로 적절한 교육적 프로그램의 요소를 결정하도록 돕는 계획도구"(p. 1)이다. COACH 과정은 1970년 후반 이래로 현장 검증되었으며, 가족 상담으로 시작하며 과정 전반에 걸쳐 가족 개입의 가치를 매우 강조한다. 양식(종이와 CD-ROM 버전 모두)은 아홉 가지 교육과정 영역에서 83개의 기술을 사정하도록 제공된다. 의사소통, 사회성, 개인관리, 레크리에이션, 교과 접근, 교과 적용, 학교, 지역사회(14~21세 학생), 그리고 직업(14~21세 학생). COACH의 특징은 가족이 선택한 우선순위, COACH의 기능적·생태학적 교육과정 사정으로부터 추가된 팀 선택 학습 성과와 일반교육에서의 추가 학습 성과를 포함하여, 가족이 선택한 우선순위에 대한 강력한 강조와 적은 수의 연간 IEP 목표에의 명확한 집중이다.

그림 3.3 생태학적·기능적 평가와 교육과정 가이드

본 단원은 일과 또는 "여러 개의 연결된 핵심 단계로 구성된 일상적인 삶에서 자연스럽게 발생할 수 있는 사건"이다(Arick, Nave, Hoffman, & Krug, 2004, p. 4). 기능적 평가는 일과가 각 기술영역에서 학생의 나이, 성별, 문화에 대해 보편적인가를 가장 먼저 생각해야 한다. 팀은 일과에 대한 학생의 현재 수행수준에 대한 보편적인 평가를 완수한다 (예 : 독립적으로 수행, 시각 · 언어 · 제스처의 촉구를 받아 수행, 부분적 신체적 도움을 받아 수행, 계속적인 신체적 도움을 받아 수행). 각 영역별 한두 가지의 일과를 목표로 추천한다. 그러면 모든 팀 구성원의 투입 노력을 기본으로 하되 가장 우선적으로 학생과 가족의 선호를 근거로 팀은 교수를 위해 학생의 일과 중 어느 것을 목표로 할 것인지와 필요한 교수의 수준을 결정한다. 각 영역별 한두 가지의 일과를 목표로 추천한다.

다음으로, 팀 구성원(대체로 특수교사)은 자연스러운 상황에서 학생이 목표로 하는 일과를 수행하는 것을 관찰함으로써 수행평가를 실시한다. 때때로 특수교사가 특정한 일과에 친숙하지 않을 경우, 우선 첫 단계로 일반 또래가 같은 일과를 수행하는 것을 관찰하여 해당 일과의 보편적인 단계에 대한 과제 분석 목록과 개발될 수 있는 또래들이 사용하는 자연스러운 단서와 촉구 같은 다른 중요한 정보를 요구한다.

학교와 학급 일과는 기능적 교육과정 접근의 가장 중요한 부분이다. 학급과 학교의 다른 부분에서 발생하는 많은 기능적인 활동은 등교와 하교 일과, 점심시간, 교내 이동, 화장실 이용을 포함하여 중도장애 학생들이 부수적으로 학습하지 않을지 모른다. 한 활동에서 다음으로 전환하기, 도움 요청하기, 과제나 기타 서류작업 다루기와 같은 학급 구조/조직 일과나 절차는 어떤 학생들에게는 중대한 학습목표가 될 수도 있다. 이러한 일과나 절차에의 참여는 학생으로서도 중요하고 학령기 이후 삶을 준비하는 데 또한 중요하다. 학생의 교육 팀은 실제 어느 일과를 학습목표로 IEP에 작성하고, 체계적인 교수를 위한 중점과 학생의 일과 참여를 지원함으로써 어디를 좀 더 자연스럽게 지도할 것인지 결정한다.

학생 스냅촬영

애비는 대부분의 일상생활 일과(예 : 식사하기, 옷 입기, 화장실 이용하기)와 학급 일과(예 : 수업 간 전환)를 수행하고 학업적·사회적 활동에 참여하는 데 강도 높은 신체적 지원을 필요로 한다. 그녀의 팀, 특히 부모님은 애비의 기능적 기술 교수가 일상생활 일과로 매우 집중될 경우 그녀가 1학년 학생으로서 전반적 경험의 많은 부분을 놓치게 될 것이라고 여겼다. 그러므로 팀은 다음 해를 대비하여 (시범 보이기, 촉구하기, 강화를 통하여) 일상생활 일과와 학급의 구조화된 일과에 적극적으로 참여하도록 격려하였다. 하지만 별도의 시간을 이러한 일과를 직접적으로 지도하는 데 할애하지는 않았다. 애비의 기능적 기술 교수는 학급활동의 일반적인 각 유형에 부분적으로 참여하는 데 요구되는 사회성, 의사소통, 운동기술을 강조하였다. 대집단 그리고 소집단 바닥활동, 소집단 테이블 활동, 개별 테이블 활동과 컴퓨터 사용 등 학업적 내용 또한 각 교과 영역별로 확인하였다.

 학생 스냅촬영

체이스는 강도 높은 의사소통 요구와 상당한 행동적 문제를 지녔으며, 여러 기술 습득하고 학교와 지역사회에서 이를 사용하며 개인관리(예 : 안전한 이동, 개인위생, 소지품 관리)를 하는 데 상당한 지원을 필요로 하였다. 게다가 이러한 요구는 특수교육 서비스를 제공받기 위해 확인된 요구의 프로파일의 일부였다. 체이스의 IEP 팀은 연간 교육 목적으로 다음의 네 가지 범주의 기능적 일과에 집중하기로 결정하였다. 등교 및 하교와 카페테리아 이용, 개인 소지품과 학교 물품관리, 수업 간 전환, 그리고 학급 내 역할이 그것이다.

 학생 스냅촬영

아론은 17세로, 고등학교 4학년이다. 봄 학기 동안 그는 학교 시스템과 전환 파트너십을 유지하고 있는 지역사회 내 대학으로 전환할 계획이다. 그의 IEP는 고등학교에서의 몇 가지 기능적 일과(예 : 학교 관련 소지품 관리하기, 카페테리아와 미디어센터 사용하기, 소집단 및 대집단 참여하기)뿐 아니라 지역사회 대학에서의 일과(예 : 지역사회 내 이동하기, 패스트푸드 식당 이용하기, 캠퍼스 내 운동 및 레크리에이션 활동 참여하기, 캠퍼스 내 직장에서 일하기)를 포함한다.

적절한 교육과정 수정 선택하기

교육과정 수정에 대한 이 논의는 학생들을 '보충적'이거나, '수정된' 교육과정 또는 3개의 분리된 교육과정[일반, 보충, 수정(학업과 기능적인 가닥을 단순화함으로써 수정한 교육과정)]으로 가두어야만 한다고 제안하는 것을 의도하지 않는다. 하지만 교사들이 개인적인 학습 우선순위가 대부분의 학생들을 위해 설정하고 있는 교육과정 목표와 어떻게 연계되는지 이해하는 것은 매우 유용하다.

 IEP 팀은 학생의 학습 우선순위에 대해 합의에 도달해야만 한다. 가족 구성원, 학생, 교사, 그리고 다른 팀 구성원들로부터 투입노력을 수합한 이후에 IEP 팀은 표 3.4에 제시된 바처럼 동의한 기준에 상응하는 잠재적인 학습목표를 평가해야만 한다. 팀은 학업과 기능적 기술의 개별화된 혼합, 즉 '알 필요가 있는 것'(기능적 기술, 기본/근본적인 학업 기술, 핵심적인 사회성 의사소통, 자기관리, 문제해결 기술)과 '알면 좋은' 내용(일반적인 지식, 문화적 상식, 연령과 또래 관련 정보, 개인적 관심사) 간의 균형을 결정할 것이다. 전반적인 지원 요구를 지닌 학생은 다른 교과와 목표 영역 내에서 다양한 유형의 목표를 가질 것이며, 목표의 유형 가운데의 균형은 시간이 지남에 따라 변화할 것이고,

표 3.4 잠재적 IEP 목표의 우선순위를 고려하기 위한 기준

장기 목표와 연계하라.
다양한 환경과 활동을 연계하라.
학년수준 일반 교육과정과 연계하라.
학생의 현재 환경과 연계하라.
상징을 사용하여 표현하는 능력에 기초하라.
건강 또는 체력, 의료적 요구를 향상하라.
현재와 미래에 빈도가 높은, 의미 있는 활동에서 독립적이기 위한 핵심 기술을 포함하라.
사회적 상호작용과 관계를 촉진하거나 늘려라.
학생 독립성을 늘리고 타인 의존도를 줄여라.
해당 학년도에 습득하기 쉬운 것(적절한 난이도)으로 하라.
가족이 최우선시하는 것을 살펴라.
학생이 가장 우선시하거나 많이 선호하는 것을 살펴라.
학생의 또래가 높은 가치를 두는 것을 살펴라.
학생의 나이, 문화, 강점과 요구에 관한 프로파일을 반영하라.

출처 : Brown, Lehr, and Snell(2011).

학생이 나이가 들수록 기능적인 방향으로 기울게 될 것이다. 학교차원 학생지원에 대한 틀과 IDEA에 맞추어 더욱 특화된 학습목표를 요구하는 학생은 그들이 배우기 위해 다른 곳으로 가야만 하는 것이나 일반 또래들과 함께하는 활동을 통해 학습할 수 없다는 것을 의미하지 않는다는 사실이다.

Giangreco(2011)는 IEP 팀이 마주하는 '교과 균형 활동'은 교육과정의 깊이와 너비 사이에서 적절한 균형을 찾기 위한 것이라고 논의하였다. 교육과정의 깊이나 중점은 학생이 숙달해야만 하며, 이로써 학생이나 가족에게 유용하고 학생이 가치 있는 삶의 성과(안전하고 건강하기, 의미 있는 관계를 지니기, 집 가지기, 선택하고 조절하기, 다양한 장소에서 유의미한 활동에 참여하기)를 달성하도록 도와주는 핵심적인 학습 성과이다. 교육과정의 폭은 우리가 보통 '알면 좋은' 내용이라고 일컫는 일반적인 지식과 같이 또래나 학교 커뮤니티에의 참여와 소속감을 증진하는 학습목표를 말한다. Giangreco는 팀에게 평가된 적절성의 수준과 도전의 수준 사이에서 균형을 찾는 것을 상기시켜주었다(Giangreco, 2011).

일반 교육과정 접근에 대한 탐색은 학생의 학습 잠재력에 대한 기대감을 확장할 때, 학생이 그러한 고양된 기대감의 실제적인 결과를 해낼 때 중도장애 학생들에게 유익하다. 그러나 일반교육 학업 기준을 단순화된 학습기술로 나누는 좁은 초점은 학생에게 또래들 곁에서 할 수 있는 무언가를 주기는 하지만 의미 있는 학습이 되지는 않을 것이다.

나아가 학생들을 포함하는 과정은 교육과정 정렬과 접근뿐만 아니라 맥락적 정렬로 중도장애 학생들이 계속되는 하루 수업 일과나 학습 의식 동안에 기능할 수 있는 방식을 만들어낸다.

(연방정부의) 공보(公報)는 일반 교육과정에의 접근에 대해 학업적이고 기능적인 학습기회의 균형을 조화롭게 하고, 이러한 균형을 제공하는 데 있어서 일반학급에서의 교육이 필수 맥락이라는 관점을 강화한다는 해석을 제시하였다. "중도장애 학생을 위한 일반 교육과정에의 접근은 접근, 참여, 진전, 서비스의 제공을 포함해 다양한 영역을 아우른다"(Office of Special Education, 2002). 접근에 대한 이러한 설명의 관점에서 일반 교육과정은 학습 기준에 있어서의 내용뿐 아니라 일반교육 환경에서의 생활로써 모든 역동적인 경험 내에 존재한다. 이름으로 또래를 인식하고 반기기, 또래와의 상호작용 일과에 참여하기, 또래 모델을 관찰하고 모방하기와 다양한 '일반' 학급의 구성원 되기이다 (Ryndak, Moore, Orlando, & Delano, 2008-2009). 이러한 논리에 따르면 분리 또는 전일제 특수학급에 있는 학생들은 학년수준의 교육과정 활동과 경험에 접근하기가 어렵다는 것이다.

요약하면 일반교육 학습 내용에의 접근은 중요하지만 풍부한 학습경험 내에서 내용을 숙고하여 보다 생산적으로 사용함으로써 유의미한 진전과 궁극적으로는 가치 있는 성인기 성과로 이어지도록 하는 것이 더욱 중요하다(그림 3.4 참조). "소수 양질의 목표는 가치가 있고 잦은 참여적인 활동에서 여러 핵심 기술을 겨냥한 것으로 쉽게 파악할 수 있는 목적들과는 별개로 목적으로 하는 기술에 대한 무수한 목표로 추천된다" (Downing, 2008, p. 55). 학생의 IEP 목표는 일상생활에서 독립성, 문제해결과 자기조절, 사회적 집단의 범위 안에서 구성원으로서의 자격을 위해 필요로 하는 최우선의 학습성과를 달성하는 데 초점을 두어야 한다. 교육과정 범위는 일과 내 다양한 집단, 장소와 활동을 통해 이러한 목표를 지도하는 것에서 출발한다.

교수적 수정 : 방법, 자료, 그리고/또는 개인지원을 개별화하라

보편적 설계가 사용될지언정, 때때로 교사들은 중도장애 학생이 의미 있게 참여하여 도움이 되도록 교수적 활동의 측면을 개별화해야만 한다. 교수적 수정은 교사가 가르치는 방식, 학생이 참여하고 학습한 것을 보여주는 방식의 개별화를 포함한다. 즉 교수적 수정은 투입(교수적 자극 또는 과정)의 하나 또는 여러 측면의 변화 그리고/또는 결과(학생 반응 또는 산물)의 하나 또는 여러 측면의 변화를 의미한다. 물리적 · 사회적 환경, 보조

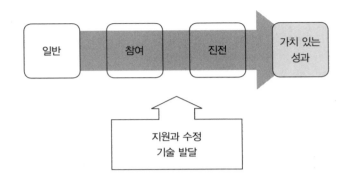

기회 : 연령에 적절한 일반교육 환경, 교육과정 내용과 또래에의 접근, 학습할 기회

참여 : 적극적인 참여, 즉 (1) 수업과 다른 학교활동, (2) 대·소집단과 개별 활동, (3) 학급과 다른 학교환경

진전 : 목표로 하는 학습의 우선순위에 대한 수용할 만한 향상

가치 있는 성과 : 건강하기, 집·직업·사회적 관계 가지기, 다양한 장소에서 여러 활동에 참여하기

기회로부터 가치 있는 성과로 이어지도록, 학생들은 학업적이고 기능적인 기술과 이를 어떻게 그리고 언제 사용하는지 배우기 위해 수정과 다른 지원을 제공받을 필요가 있다.

그림 3.4   중도장애 학생을 위한 일반 교육과정에서의 접근과 진전

공학, 개인지원 또는 감독의 향상된 시스템의 변화는 모두 교수적 수정이라는 항목 아래 들어 있다. 교수적 에피소드의 양상으로 팀은 다음에 제시되어 있는 가능한 수정과 지원의 예시들을 개별적으로 고려할 수 있다. 수정과 지원의 방해가 때로 특정 학생과 상황에 의존적이지만, 다음과 같은 다섯 가지 교수적 변인은 일반적으로 최소에서 최대한으로 방해적이거나 특별하게 기술된다.

1. 교수적 배열의 수정을 고려하라(예 : 교사와 학생의 집단화).
   - 학급 또래 4~5명을 집단으로 할 때 학생은 3명 집단으로 구성한다.
   - 학급 또래들이 개별로 할 때 학생은 또래 파트너와 함께한다.
   - 학급 또래들이 학생 주도 소집단 활동을 할 때 학생은 선택된 또래와 함께 교사 주도 소집단으로 한다.
2. 물리적 또는 사회적 환경에 관계된 요인의 수정을 고려하라.

- 학생은 책상 대신 탁자에 앉거나 (또는 그 반대), 또는 큰 (또는 작은) 책상에 앉는다.
- 학생은 '조용한 공간' 또는 개별 열람실, 또는 칠판 가까운 책상과 같은 교실의 특정 부분에서 활동한다.
- 미디어센터, 다른 교실, 또는 교실 밖과 같이 학교 내 다른 공간에서 활동한다.

3. 수업 내용 (또는 투입) 전달에 사용되는 방법과 자료의 수정을 고려하라.

- 교사는 지도, 사진, 그림, 사물, 비디오와 같은 보다 시각적 자료를 사용한다.
- 교사는 그래픽 조직자를 사용한다.
- 교사는 추가적인 모델과 시범 보이기를 제공한다.
- 교사는 상징적인 표상보다는 (또는 이전에) 구체적인 자료를 사용한다.
- 교사는 화이트보드, 스트리밍 비디오, 무선 클리커와 같은 추가적이거나 다른 도구를 사용한다.
- 교사는 적극적인 반응(예 : 반응 신호, 투표하기)을 요구하는 방법을 활용해 보다 자주 이해를 점검한다.
- 학생은 읽기수준 그리고/또는 흥미에 기초하여 차별화된 읽기자료를 제공받는다.
- 학생은 증진된 교재(예 : 주요 부분이 강조되어 표시된, 그림과 상징이 추가된, 글자 크기가 확대된)를 제공받는다.

4. 학생에게 요구되는 과정과 과제의 수정을 고려하라.

- 학생은 교사가 집단으로 제공한 구두의 교수보다는 쓰기, 그림, 청각자료로 된 과제 단계를 수행한다.
- 학생은 같은 자료를 사용하지만 적은 문항을 완성한다(예 : 수학 학습지에서 학생은 단지 홀수 문항만 수행).
- 학생은 같은 자료를 사용하지만 다른 방식으로 한다(예 : 수학 학습지에서 학생은 모든 문제풀이 대신에 표시된 특정 문제만 해결).
- 학생은 강의 중에 가이드 노트나 빈칸 노트를 사용해 노트 필기를 한다.
- 학생은 글쓰기를 대신하여 도표, 지도, 혹은 개요를 완성한다.
- 학생은 모델을 만들거나 포스터를 제작하고, 쓰기과제를 수행하는 대신에 글을 말로 하는 발표자료를 개발한다.

5. 또래, 담임교사, 특수교사 또는 보조교사에 의해 제공되는 개인적 보조에 수정을 고려하라.

- 다른 사람이 과제의 단계를 모델링한다.
- 다른 사람이 추가적인(구두의, 몸짓의, 또는 신체 부분적으로) 촉구를 제공한다.
- 다른 사람이 즉각적인 피드백과 추가적인 격려를 해준다.
- 다른 사람이 과제 단계의 일부분을 완성한다.

표 3.5는 4학년 체이스를 위한 교수적 수정의 다섯 가지 하위 유형을 제시하고 있다.

대부분의 수업이나 정기적 학급활동은 수업 일과 또는 몇 가지 투입과 결과의 연속과 병행된다. 결과적으로 개별화된 수정과 지원의 시리즈가 요구될 것이다. 예를 들어, 영어수업 또는 국어수업에서는 (1) 도입과 복습, (2) 저자가 사용한 쓰기 기법을 설명하기 위한 멀티미디어 프레젠테이션, (3) 학생 전체 사이사이 질문과 함께 쓰기법의 시범 보이기, (4) 파트너 또는 협력집단과 함께 읽기와 쓰기 과제 완성하기, (5) 대집단에 보고하기, (6) 수업 시작 전 개별 과제와 숙제 완성하기 활동을 포함할 것이다. 그러므로 주어진 수업 또는 교수 활동에서 한 가지 또는 그 이상 교수적 방법, 자료, 그리고/또는 학생 반응에 있어서 개별화가 요구된다.

📷 학생 스냅촬영

애비는 매일 소집단 안내된 읽기수업에 참여한다. 첫째, 교사는 전날의 읽기와 연계하고 당일 회기의 목록과 관련짓는다. 애비는 시간과 과제 관리를 위한 시각적 지원을 필요로 하기 때문에, 읽기 집단 활동 동안에 해야 할 세부활동까지 시각 그림 일정을 가지고 있다. 교사 또는 보조교사는 애비에게 각 활동을 완수하면 해당 그림 상징을 체크하도록 촉구할 것이다. 그 후 교사는 학생들로 하여금 당일 해당 읽기 교재를 미리 살펴보도록 안내한다. 학생들은 제목과 표지 일러스트를 공부하고, 내부 일러스트를 살피며, 내용에 대한 예측을 한다. 애비는 책을 집고 스스로 페이지를 넘길 수 없으므로, 커버 앞장을 잡으면 파트너가 커버 뒷장을 잡아주고 페이지를 넘긴다. (애비가 혼자서 선택적 읽기를 할 수 있을 때 책의 페이지 끝을 들어 올릴 수 있도록 해준다.) 애비는 책의 앞과 뒤 커버와 제목 페이지를 확인하는 학습을 하는데, 교사는 그녀에게 이것들을 손가락으로 가리키도록 요구한다. 교사는 어휘목록을 소개하는 데 작은 화이트보드를 사용하고, 학생들이 어떤 방식(예 : 단어 읽기 또는 쓰기, 문장에 사용해보기, 시의 운으로 만들기)으로든 단어와 상호작용할 수 있는 기회를 갖도록 한다. 애비는 새로운 단어의 초성에 해당하는 알파벳 글자 카드를 선택함으로써 참여한다. 다음으로 교사와 학생들은 책의 페이지 순서를 바꾸어가며 읽기를 하는데, 교사가 학생들에게 전략을 상기시키거나 단어를 강조하는 경우에는 읽기를 중단한다. 애비는 소리 내어 읽기를 할 수 없지만 '예/아니요' 또는 "소년이 그의 모자를 잃어버렸을 때 행복해했나요?"와 같은 단답형 질문에 답을 한다. 그녀는 그림을 가리키거나 제

표 3.5 체이스(4학년)을 위한 교수적 수정의 다섯 가지 하위 유형과 설명

교수적 수정(최소에서 최대한 특별하고 방해적인)	체이스를 위한 설명
1. 교수적 배열 바꾸기	안내된 읽기 수행 중 학급 또래들이 5~6명의 집단으로 할 때, 체이스는 비슷한 읽기수준을 보이는 2명의 학생과 집단으로 배치한다.
2. 물리적 또는 사회적 환경과 관계된 요인 바꾸기	또래들이 파트너와 수학 게임을 할 때 체이스는 또래지원 집단 중 1명과 짝을 이룬다. 체이스는 바닥에 다리를 꼬고 앉는 것이 육체적으로 불편하기 때문에, 학급 전체가 바닥활동을 하는 동안 의자나 바닥용 의자를 제공한다.
3. 수업 내용 전달에 사용되는 방법과 자료 바꾸기	체이스의 4학년 선생님이 침식을 설명하는 동안, 특수교사는 화이트보드에 개념도를 완성한다. 체이스는 책상에 개념도 사본을 가지고 있다. 안내된 읽기를 위해 체이스와 학급 또래들은 특정 집단의 읽기수준에 적합한 같은 주제의 네 가지 다른 책으로 수준별 읽기를 한다. 색이 있는 하이라이트용 테이프는 체이스의 과학과 사회 교과서에 사용된다. 주제 문장은 분홍색, 목표 어휘 용어는 노란색, 정의는 파란색(학급 또래들은 색테이프 사용을 옵션으로 한다)을 사용한다.
4. 학생에게 요구되는 과정과 과제 바꾸기	학급이 과학 조사를 수행할 때, 체이스의 4학년 담임교사는 스마트보드에 차례로 수행할 단계를 제시한다. 그리고 체이스를 위해 자료 사본을 출력해 책상 가까이에 두도록 한다. 체이스는 책 요약을 위해 이야기 틀을 사용한다. 틀은 제목, 저자, 인물, 상황 등을 채워넣을 수 있는 여백이 있다. 체이스는 이야기의 결과를 그림으로 그린다. 체이스의 또래들은 1주 단위에 10, 12, 15개의 철자 단어를 과제로 수행한다. 체이스는 5개의 고빈출 단어나 특정 철자 패턴이 있는 단어를 과제로 한다.
5. 또래, 담임교사, 특수교사 또는 보조교사에 의해 제공되는 개인적 보조 바꾸기	과학 프로젝트에서 한 성인은 체이스가 또래들을 관찰하고 그들이 수행하고 있는 것을 하도록 촉구한다. 복잡하거나 작은 도형을 자르기를 요구하는 활동에서 체이스는 또래나 성인에게 대신 잘라달라고 요구할 수 있다. 모든 성인은 체이스가 참여적이고 규칙을 준수할 때 최고라는 손짓, 하이파이브, 구어적 격려를 자주 제공한다.

출처 : Janney, R.E., & Snell, M. E. (2011). Designing and implementing instruction for inclusive classes. In M.E. Snell & F. Brown (Eds.), *Instruction of students with severe disabilities* (7th ed.; pp. 224-256). Pearson Education, Inc.의 허락하에 게재, Upper Saddle River, NJ. ⓒ 2011 Pearson Education, Inc.

스처로 답한다. 읽기집단이 쓰기를 요구하는 과제를 받으면 애비는 미리 출력된 카드와 함께 응답할 수 있는 쓰기 프레임을 사용하여 답한다.

학생 스냅촬영

체이스의 4학년 선생님은 대집단 과학수업에서 강의를 하고 학생들이 상호작용 노트를 사용하도록 안내한다[상호작용 노트는 모든 학생을 위해 새로운 내용을 적고 조직하며 진행하도록 설계하였다. 교사는 새로운 내용에 관한 자신의 의견을 탐색하거나 내용을 시각적으로 표현하고 개요를 작성하는 데 이 노트를 사용할 수 있도록 학생들을 안내한다(Young, 2003)]. 체이스는 핵심적인 교과 내용의 습득과 수업 일과에서 적극적인 참여를 지원하기 위한 몇 가지 교수적 수정과 함께 이루어지는 학급 전체 수업에 참여한다. 읽기자료가 노트에 첨부되면 교사 또한 해당 자료를 상호작용 화이트보드에 제시한다. 각 단락을 교사가 소리 내어 읽으면서, 학생들은 자료의 의미와 조직에 대한 질문에 구두로 답한다. 교사가 본문에 표시하는 시범을 보이는 동안 학생들은 색펜을 사용해 자신의 노트에 표시한다. 다른 학생들처럼 체이스는 각 단락 주변에 박스를 붙이고 색펜으로 중심 내용에 밑줄을 긋고, 핵심 용어와 유명한 이름에 동그라미를 표시한다. 또래들과는 달리 체이스는 페이지 변두리에 노트 필기는 하지 않아도 된다. 다음으로 학생들은 읽은 내용을 활용하도록 과제를 부여받는다. 또래들이 때로 빈 페이지로 과제를 시작하는 반면, 체이스는 사용할 수 있는 지원자료를 제공받는다. 예를 들어, 또래들은 특정 그래픽 조직자를 그리고 필요한 정보를 기록하지만 체이스는 일부 완성된 조직자를 그의 노트에 붙여넣는다.

적절한 교수적 수정과 지원 선택하기

통합학급에서의 교수적 접근의 한 가지 전제에 해당하는 교수 계획은 모든 학생의 유사점뿐만 아니라 인지, 언어, 운동, 감각, 지각 능력에서 나타나는 많은 개별적 차이를 포괄할 수 있도록 방법과 자료를 고려하는 것에서 시작한다는 바를 상기하라. UDL의 원리와 효과적인 교수가 이미 일어나고 있지만 그럼에도 중심은 여전히 요구가 충족되지 못한 특정 학생에게로 집중되어 가능한 한 적은 개별화된 수정이 요구된다.

개인지원 또는 신체적 보조의 주제는 좀 더 논의가 필요하다. 성인지원의 추가는 조심스럽게 고려되어야 하는 수정에 해당된다. 학생이 성공적으로 수업 또는 학급활동에 참여하지 못할 때 너무나도 자주, 추가적인 성인지원을 가장 먼저 반응으로 제공하려 한다. 게다가 일대일 보조교사 지원은 종종 일반학급 수업에 전일제로 참여하는 중도장애학생에게 자동으로 배정한다(Giangreco, Suter, & Hurley, 2011). 그러나 "개인 보조에 대한 학생의 요구에 대한 정확한 사정은 오직 … 교과 목표, 교수적 배열, 수업양식, 환경, 자료에 대한 수정을 실시한 이후에 고려될 수 있다"(Udvari-Solner, 1996, p. 250). 보조교사 또는 특수교사의 근접이 또래와의 사회적 관계와 또래 혹은 담임교사로부터의 자연스러운 지원의 사용과 같은 비의도적인 효과를 보인다고 연구는 밝혀왔다(그림 3.5 참

연구가 말하는 것

일대일 보조교사 지원이 필수라거나 다른 옵션에 비해 더 효과적이라든가 그러한 지원을 받은 학생들이 학교에서 더 나은 수행을 보여준다는 것을 증명하는 연구는 없다. 오히려 다음의 사항을 포함하여 몇몇 의도치 않은 부정적인 결과를 보여준다.

- 또래와의 상호작용 방해로 사회적 고립 초래
- 일반교사와 직접적인 상호작용 방해
- 전반적으로 의존적인 관계를 형성하고 개인적 통제력 손실
- 낙인, 경쟁력 없고 유아스럽고 지속적인 돌봄을 요한다는 장애학생의 전형을 강화
- 덜 유능한 수업을 받음, 일부 장애학생들에게는 보조교사가 주된 교수자가 됨

제4장은 보조교사의 중요한 역할을 충족시키고자 안내와 지원을 제공하며 적절한 직업적 책무성을 정의하는 데 조언을 제공한다.

그림 3.5 일대일 성인지원의 의도하지 않은 효과

출처 : Broer, Doyle, & Giangreco, 2005; Carter, Sisco, Melekoglu, & Kurkowski, 2007; Giangreco, Edelman, Luiselli, & MacFarland, 1997; Giangreco, Broer, & Edelman, 2001; Giangreco, Yuan, McKenzie, Cameron, & Fialka, 2005; Marks, Schrader, & Levine, 1999; Young, Simpson, Smith-Myles, & Kamps, 1996.

조). 특별한 전문가의 한 가지 중요한 역할은 적절한 시기에 일반교사나 또래로부터 자연스러운 지원을 사용하도록 하는 것을 촉진하는 것이다(Nisbet, 1992). 또래지원은 중등도 및 중도 지적장애 학생에게 학업적 참여와 또래 상호작용의 증진을 포함해 유익하다는 것이 증명되어 왔다(Carter, Sisco, Melekoglu, & Kurkowski, 2007).

학생 스냅촬영

고등학교 3학년인 아론은 유치원부터 또래들과 함께 통합되었다. 3학년부터 몇 가지 행동문제를 보이기 시작하였는데, 의사소통의 어려움이 증대된 것과 관련이 있다. 결과적으로 아론은 보조교사로부터 일대일 지원을 받게 되었다. 아론이 11학년이 되었을 때 몇 명의 교사들은 보조교사가 도움을 제공하는 것보다 또래들이 도와줄 때 훨씬 더 참여적이라는 것을 확인하였다. 그들은 또한 초등학교 때부터 아론을 알았던 몇 명의 친구들이 그가 다른 친구들을 알아갈 수 있도록 돕고자 노력한다는 것을 발견하였다. 아론의 팀은 3학년 동안 그를 위해 좀 더 형식적인 또래지원을 개발하였고 그의 수업 중 하나에서는 보조교사의 지원을 없앴다. 또래지원은 아론의 IEP 관리자와 학급 담임교사에 의해 안내되고 점검받았다.

개별화된 개인 보조와 관련해 다음과 같은 가이드라인을 제공한다.

- 개인 보조를 가능한 한 특별히 필요로 하는 경우로 제한함으로써 독립성과 자연스러운 지원의 사용을 격려하라. 학생 곁에 영구적으로 성인을 고정 배치하기보다는 다양한 활동에 학생의 참여를 평가해보고(제4장 참조), 특별히 성인 보조를 필요로 하는 특정 단계나 기술을 위해서만 지원을 제공하는 계획을 세워라. 한 학생이 화장실 이용이나 쓰기과제 완성하기에 있어서는 전폭적인 성인지원을 요구할 수 있으나, 이야기 공유하기나 과학학습센터 참여하기는 또래지원, 간접적인 성인의 감독, 혹은 학생 독립적으로도 수행이 가능할 수 있다. 많은 학생들은 활동을 조직화하고 시작하는 데 별도의 도움을 필요로 하지만, 학생이 충분히 참여하면 성인은 지원을 서서히 소거할 수 있다('조성해주고 물러나기'라고 하는 통합에서 교사들이 경험하는 전략). 다른 수정과 같이 개인 보조는 시간이 지날수록 차츰 감소시켜야 한다.
- 개인 보조가 사회적 · 교수적 참여를 방해해서는 안 된다는 것을 명확히 하라. 너무 지나친 지원은 장애학생의 능력에 대한 또래들의 인식에 영향을 미칠 수 있다. 또한 학생으로 하여금 자조와 자기결정을 연습하도록 돕는 수정된 장비와 기기의 사용을 막을 수 있다. 성인 또는 도움을 주는 또래들은 학생을 위해 무엇인가 대신 수행하는 것이 아니라 촉진하고 격려해야 한다.
- 또래들이 어떻게 자연스럽게 도울 수 있는지 지도하라. 상호존중의 상호작용을 어떻게 하는지 또래들에게 비형식적 학습을 시범을 보이고 제공하라. 학생을 도와주지만, 장애학생을 대신하여 무엇인가를 대신하는 것이 아니라 선택할 수 있게 하고 의사소통 체계를 사용하게 하라(Carter, Hughes et al., 2005; Carter & Kennedy, 2006; Janney & Snell, 2006).
- 일부 또래들은 좀 더 구조화된 방식으로 도울 수 있도록 지도하라. 선택된 또래들은 동료 튜터링이나 동료지원 네트워크와 같은 방법으로 가르친다. 긍정적인 효과를 달성해 보여준 방법을 따른다(Carter, Cushing, Clark, & Kennedy, 2005; Carter et al., 2007; Janney & Snell, 2006; McDonnell et al., 2001).

대안적 수정 : 학습목표, 수업, 활동을 개별화하라

세 번째 개별화된 수정의 범주로 대안적인 수정은 학급의 수업과 조화를 이루지만 대상자 특정의 방법과 자료를 사용하여 개별화된 학습의 우선순위를 강조하여 고안한 학습활동을 말한다.

이 범주에 해당하는 적합화는 다음 세 가지 유형의 교수활동을 포함한다.

- 대안적이거나 **보충적인 활동**은 (1) 학습할 단원이나 활동을 위해 학생을 중심으로 하거나, (2) 이전 수업을 강화하여 설계한다. 이러한 활동을 가능한 특별히 필요로 하는 경우로 제한하기 위하여 활동은 학급에서 하는 단원 학습의 주제와 테마에 맞추어야 하고, 학급수업에의 부분적인 학생 참여에 중점을 두고 전과 후에 시행해야 한다. 문제행동을 예방하도록 돕는 기본 활동으로써 사회적 대본 읽기 활동과 같은 PBIS 계획의 일부 전략이 이 범주에 해당된다.
- **기본 기술 또는 발달적 기술 필요에 대한 직접교수**는 (1) 연구에 기초한 모델이나 프로그램(예 : 특정 읽기, 쓰기, 수학 상업 프로그램)의 사용을 실행하고 점검하는 데 훈련된 교사에 의해 핵심 학업기술의 개발에 중점을 두거나, (2) 심화(가능하면 일대일) 수업을 요하는 운동, 발화, 의사소통 교수에 집중해야 한다. 이 수정 모델로 수용이 가능하기 위해서 이와 같은 수업은 실로 특화되고 권위가 인정되어야 하며, 확인할 수 있는 높은 가치성과를 산출해야 한다. 또한 일반학급이나 다른 자연스러운 환경에의 기술 전이와 일반화 같은 이슈에 대한 고려와 함께 수행되어야 한다.
- 계속되는 규칙적으로 일어나는 학급활동 안에서 완성되기 어려운 **기능적 기술**에 대한 **지도**가 이루어져야 한다. 이러한 교수는 초등 및 중등 학생들에게는 상대적으로 다소 드물지만 고등학교나 중등 이후 연령에서는 잦다(예 : 상점에서의 구매, 직업 탐색 학습). 이러한 교수는 적어도 특정 시간에 학생을 위한 적정 환경에서 수행되므로, 교실이나 학교 내 다른 장소 또는 지역사회에서 한다. (가장 최선의 실제 시나리오에서 이러한 유형의 학습 상황은 IEP가 있거나 없는 학생 모두에게 제공된다.)

대안적 수정은 가장 특화된 수정으로 학생의 사회적ㆍ학업적, 그리고 다른 요구에 대한 이점과 드는 비용을 주의 깊게 고려하여 활용해야 한다. 일부 대안적 수정은 학생의 IEP(예 : 특수교사와 함께 별도의 읽기수업)와 그 밖에(예 : 다른 학생들은 교사 주도의 집단 수업에 참여하는 동안 학습센터 사용) 단기 수업계획과 학급에서 수행되는 특정 교육과정 내용과 연계하여 결정된다. 종종 대안적 수정은 팀이 덜 방해되는 수정과 지원을 결정할 때까지, 또는 학생이 새로운 기술을 학습하여 진행되는 학습과 활동에 더욱 많이 참여할 수 있을 때까지 일시적으로 사용된다. 어려운 점은 (1) 낙인찍거나 분리되는 활동을 피하고, (2) 이러한 대안적 수정을 통하여 중요한 일반 교육활동을 놓치지 않는 시간이 되도록 일반학급과 함께 대안적 수정을 조직화하는 것이다. "교육적 우선순위는 학습 공동체 안에서 학생의 소속감을 존중하는 일정과 장소를 통하여 결정되어야 한다"
(Ford et al., 2001, p. 220). 팀은 학생을 위한 일부의 대안적 수정은 학급 밖(예 : 학습센
터, 컴퓨터실, 다목적실, 도서관)에서 수행되는 것이 더 낫다고 결정할 수 있으나, 이러
한 결정은 학생이 학급 소속감을 명확히 유지할 수 있도록 전반적인 일정과 균형을 이루
도록 해야만 한다. 대안적 활동의 활용은 철학적으로나 실제적으로 진정 통합을 하는 학
교 내에서 덜 '특별'하게 보일 수 있다. 즉 IEP가 있는 학생과 없는 학생을 위한 많은 차
별화가 일어나는 경우, 학생들이 통상적으로 다양한 교사, 자원봉사자, 전문가, 그리고
또래와 함께 다양한 집단으로 참여하는 경우, 그리고 특수교사들을 전체 학급을 위한 교
사로 여기는 경우가 이들이 존재하지 않는 학교에 비하여 그럴 것이다.

　대안적 수정 활용에 대한 최소한의 교육적으로 타당한 이유는 학생이 분리하여 교수
받을 것이라는 전문가의 일정이 진술될 때, 혹은 팀이 새로운 사고를 하는 데 실패하였
기 때문에 평행한 활동이 사용될 때 증거가 된다. 그런 경우 아마도 또래 또는 외부 컨설
턴트를 포함한 팀의 더 나은 문제해결을 요하게 될지 모른다. 많은 경우 학생들이 새로
운 기술을 습득해나감에 따라 수정을 감소하고 팀 구성원들은 학생들을 어떻게 가르치
고 지원할지에 대해 좀 더 배운다.

　애비, 체이스, 아론을 지도하고 지원하는 팀이 모든 면에서 가능한 한 그들을 동년배
또래들과 함께하도록 의도하였을지라도, 세 팀 모두 여전히 대안적 수정을 1개 이상 적
용하였는데, 이유는 팀은 이러한 대안적 수정을 적절한 시기에 학생들이 사회적으로나
학업적으로 보다 더 잘할 수 있다는 긍정적 믿음과 좋은 자료에 기초하여 결정한 것이다.

학생 스냅촬영

학습센터 교대의 마지막 5분 동안 특수교사는 애비와 함께 다음 시간에 할 글자 소
리 내기 단원을 예습한다. 애비는 또래들과 동일한 학습지를 사용할 것이나 예습은 그림 상징 카
드와 플라스틱 글자를 대체 사용하여 시작하는 자음을 확인하는 데 사용한다.

학생 스냅촬영

체이스의 가장 큰 어려움은 쓰기이다. 10분 이상 어떠한 쓰기 과제에서도 그의 참여
를 유지하기가 매우 어려울 수 있다. 이는 주당 2회, 1시간 동안 지속되는 작가 되어 보기(발달적
학습 센터) 학습에서 어려움을 야기시켰다. 체이스의 팀은 가능한 학급에서의 사회적 · 교수적 참
여를 최대한으로 유지하면서 동시에 그의 문해와 공학 목표를 강조하고자 몇 가지 전략을 고안
하였다. 학급 또래들이 쓰기 노트에 초록을 쓰기 시작할 때 체이스는 자신의 이름, 날짜, 제목, 세
가지 짧은 문장, 그리고 적어도 3개의 사진 또는 이미지 클립으로 이루어진 작문 틀을 완성하고

자 컴퓨터를 사용한다. 그 후 보조교사(가능할 때는 또래)와 함께 체이스는 디지털 카메라를 사용하여 그 혹은 다른 학생들이 현재와 향후 쓰기 프로젝트에서 사용할 수 있는 사진을 학급 내에서 그리고 학교 주변에서 찍는다. 학급을 나서기 전에 체이스는 그날의 사진(예 : 학교 도우미, 살아 있는 것, 조용한 장소, 패턴, 동물, 식물 등)을 위한 테마 또는 주제를 선택한다. 디지털 카메라로 사진을 찍는 데 약 15분을 소요하고, 학급 공동의 네트워크 공간에 있는 컴퓨터에 사진 이미지를 다운로드하고 해당 전자매체 폴더에 저장한다. 전자 파일을 위한 이름을 타이핑하면서 체이스 또한 작문 연습을 한다(대안적 또는 보충적 활동).

학생 스냅촬영

17세의 아론은 매주 금요일 2시간씩 고등학교에서 벗어나서 봄 학기 동안에 필요로 하는 지역사회 기술을 배우고 인근 지역사회 대학에서 중등 이후 프로그램으로의 전환을 위해 준비한다. 그와 팀의 다른 구성원들은 지역사회 기반 교수가 체육수업과 학업실험실을 일주일에 한 번 빠지는 것 이상으로 도움이 되리라는 것에 동의하였다. 아론은 집에서 학교 캠퍼스까지 버스 타는 것을 배우는 중이며, 이미 그곳에서 시설 관리인으로 아르바이트를 하고 있는데, 여름까지 지속할 것이다(기능적 기술에 대한 교수).

표 3.6은 애비, 체이스, 아론의 개별 학업적 우선순위를 만족시키고자 고안된 대안적인 수정에 대해 추가적인 설명을 제공한다.

대안적 수정을 사용할 때 다음과 같은 질문을 팀의 구성원들에게 묻는 것은 매우 중요하다.

- 덜 방해적인 접근이 실패했던 것에 비하여 이 접근법은 성공적이라는 신뢰할 수 있는 데이터를 보여주는가?
- 해당 학습과 활동은 학급 일정 안에서 자연스러운 전환과 맞는가?
- 또래들은 가능한 적절하게 참여하는가?
- 해당 학습과 활동은 학급의 내용과 주제에 조화를 이루는가?
- 해당 대안적 학습과 활동은 집중적으로 개별적인 교수 또는 다른 특화된 서비스를 제공하는가?
- 학생이 학급을 떠난다면 해당 대안적 학습과 활동은 낙인찍지 않는 장소와 집단으로 제공되는가?
- 해당 대안적 학습 또는 활동은 학생이 진전을 보이고 팀이 그러한 기술을 향상시켜 나가는 데 덜 방해하도록 점검하고 조정하는가?

표 3.6   3명의 학생을 위한 대안적인 수정의 유형과 설명

유형과 특징	3명의 학생을 위한 설명
대안적 또는 보충적 활동 • 학급활동 일부의 시작과 전에 완성 • 학급활동과 논리적으로 연관 • 가능하다면 적절히 또래와 함께 • 가능한 긍정적 행동중재와 지원계획의 일부	미술, 체육, 컴퓨터 실습 시간 전 5~10분 동안, 체이스는 특수교사 또는 보조교사와 함께 다양한 수업 시간의 기대와 활동에 관한 사회적 이야기를 읽는다. 체이스는 상호작용 노트를 사용하여 대단위 과학수업의 처음 절반을 (교육과정과 교수적 수정과 함께) 참여하고, 학급의 주제와 연관된 보드 분류, 어휘 게임, 그림책, 컴퓨터 게임 등을 할 수 있는 학습센터로 자리를 이동한다. 다른 학생들은 해당 센터를 독립 과제 시간에 사용한다. 영어수업에서 퀴즈나 시험이 주어질 때, 아론은 수정된 퀴즈나 시험(또래 친구들에게 요구되는 시간보다 적은 시간 소요)을 치루고 특수교사와 함께 요구되는 개인 정보(예 : 이름, 나이, 주소, 전화번호)를 완성한다.
기본 기술(읽기, 쓰기, 수학) 또는 발달적 기술(발화, 의사소통, 사회성, 운동기술)의 특별한 교수	일주일에 세 번, 체이스와 다른 4학년 학생들은 20분 동안 상당히 구조화된 직접교수 접근법을 활용한 읽기수업을 하기 위하여 특수교사와 만난다. 해당 수업은 교사와 학생들로 이루어진 다양한 소집단을 통하여 도서관 밖 읽기를 위한 공간에서 한다. 애비는 매주 언어치료사와 함께 일대일로 두 회기의 집중 의사소통 수업을 교실 밖에서 받지만, 그 외 나머지 의사소통 수업은 진행 중인 활동의 자연스러운 맥락에서 또래들과 함께 학급에서 수행한다.
규칙적으로 계속해서 발생하는 학급활동 내에서 완수하기 어려운 기능적 기술 교수	그의 4학년 봄 학기 동안 아론은 다음 해에 그가 전일제 학생으로 다니게 될 지역사회 대학 캠퍼스에서 일주일에 두 번 반나절을 보낸다. 그는 대중교통 이용하기, 푸드코트에서 점심식사 하기, 시설 관리인으로서 일하기를 배운다.

출처 : Janney and Snell, 2011.

　　이 장에서 기술한 수정과 지원 모델은 학생이 보다 의미 있게 참여하고 기대하는 결과를 향하여 진전을 보이도록 학습 또는 교수적 활동 측면에서 개별화하는 것에 관하여 결정하는 데 개요를 제공한다. 목표, 수업, 활동 자체를 변경하는 대안적인 수정을 제공해야만 할 때는 시간이 필요할 것이다. 모델은 모든 개별화된 수정으로써 충족시켜야만 하는 두 가지 기준, 즉 학업적이고 사회적인 참여 모두와 그 성과, 그리고 특별히 필요로 하는 경우를 제안한다. 그림 3.6 교실의 목소리에서는 통합을 경험한 담임교사는 특별히 필요로 하는 경우로 제한하고, 사회적이며 교수적인 참여 모두를 달성 가능하도록 하는 수정과 지원을 고안하고자 교육 팀과 함께하는 협력의 과정을 논의한다.

　　제4장은 해당 모델을 개별 학생에게 적용하며 협력 팀이 따르게 되는 단계를 제시하고 설명한다.

◁)) **교실의 목소리**

에이미 브렐은 자신의 3학년 학급에 지원의 강도가 높은 학생을 포함하여 학습과 행동에 폭넓은 요구를 지닌 학생들을 데리고 있었다. 특수교사는 3학년 팀의 구성원으로 여러 3학년 학급에서 IEP를 가지고 학생들을 다루었다. 학생들이 강도 높은 지원 요구를 지녔을 경우 에이미, 특수교사, 그리고 다른 팀 구성원들은 한 달에 한 번 혹은 두 번 계획과 문제해결 회의를 하였다.

이러한 팀 회의의 목적은 학생의 교육과정 수정을 고려하기 위해서였다. 에이미에 따르면, 팀은 3학년 학급 구성원으로서 학생의 지역사회 경험과 3학년 일반 교육과정과는 다른 개별화된 교수목표에 대한 요구를 어떻게 균형을 잡을 것인가를 해결해야만 한다. 예를 들어, 여러 자릿수 덧셈에 대해 공부하는 수학 시간에 학생은 수 확인, 수 세기, 또는 한 자릿수 덧셈과 같은 다른 수학기술을 학습할 수 있다. 계획 회의는 팀이 학생을 위한 목표의 우선순위를 고려하고 진전을 점검하며 학교경험을 성공적이고 매일이 의미 있도록 예방적 차원에서 문제해결을 돕는 것이다.

에이미는 중도장애 학생들도 일반 교육과정에의 접근을 해야만 한다는 데 명확한 의견을 지녔다. "만약 한 학생이 대안적 평가 프로그램을 수행한다면 저는 단지 그 학생이 통과할 수 있는 최소한의 기준만을 학습하도록 하는 것을 원치 않습니다. 저는 그 학생의 교육과정을 가능한 좀 더 확장하기를 원합니다. 예를 들어, 저는 학생이 대안적 평가를 치르기 위해 해야 하는 수학만을 하도록 하고 싶지 않습니다. 저는 학생의 학습수준에서 할 수 있는 모든 수학을 경험해볼 수 있길 원합니다. 그리고 우선순위는 돈, 시간 말하기, 일상생활에서의 읽기와 같은 기능적 생활 기술에 둘 것입니다. 과학과 사회 수업에서는 학생을 위한 중점을 첫째는 참여, 둘째는 핵심 개념에 두기를 원합니다."

수업을 계획할 때 생각하는 몇 가지 주요사항이 무엇인지에 대해 이야기하도록 물었을 때, 에이미는 다음과 같이 답하였다. 1명 이상의 학생이 개별화된 교육과정 목표와 **개별화된 교수적 수정과 지원**의 요구를 지닌다는 것을 알고, "저의 교수적 전략 선택은 교수 배열, 즉 대집단, 소집단 또는 개별에 의존합니다. 그래서 특정 목표를 가르치는 데 최적의 상황을 정한 다음 교수전략을 선택합니다. 또한 저는 여러 교육과정 간의 연결고리를 고려하여 조정된 목표를 지닌 학생이 하루 동안 여러 다른 교과목 시간에 같은 것들을 학습할 수 있도록 합니다. 학생이 대집단 활동에 자연스럽게 들어가고 나오고 할 수 있게끔 공통의 경험을 하길 원합니다. 하지만 이때 우리는 학생이 공부할 필요가 있는 것에 있어서 학습할 수 있도록 소집단으로 쪼갤 수도 있습니다. 예를 들어 덧셈이 공통 주제라고 하면, 학급 전체가 수업의 도입과 학습 게임을 공유하지만, 소집단으로 개별화하거나 특정 개별적 목표에 대한 직접 교수를 제공할 수 있습니다."

(그림 3.6 계속)

에이미는 교수적 수정과 지원을 가능한 특별히 필요로 하는 경우로 제한하는 방식을 논의하였다. "전반적인 학생의 하루에 대해 살펴보면 목표는 학생의 하루가 가능한 한 다른 모든 학생과 근접하도록 하는 것입니다. 만약 모든 학생이 소집단 읽기를 한다면 그 학생도 마찬가지입니다. 만약 모두가 수학 게임을 한다면 그 학생 역시 마찬가지입니다. 만약 다른 학생들이 독립적 읽기를 수행하고 있다면 그 학생이 수행하기에는 어려움이 있을지 모르므로, 이에 그 학생은 읽기를 하기 위하여 다른 학생을 고를 수도 있습니다. 학생이 다른 자료와 방법을 학습할 때, 저는 다른 학생들도 그러한 자료와 방법과 함께 상호작용할 수 있는 것을 마련하여 그것이 학습 내 경험의 모든 부분이 되도록 합니다. 예를 들어, 한 학생이 유치원 수준의 읽기 수행을 보이면, 우리는 온라인 읽기 프로그램을 사용하여 그 학생의 읽기 교수를 위한 보충학습으로 제공할 수 있습니다. 이는 그 학생에게는 요구되었으나, 다른 학생들에게는 여러 교실 내 학습 정류장을 순회하면서 활동함으로써 독립적으로 선택하게끔 할 수 있습니다."

끝으로 에이미는 다른 상황에서 발생하는 대안적인 수정에 대한 생각을 공유하였다. "만약 학생을 따로 떼어내어 수업해야 한다면 저는 여전히 학생이 하고 있는 것이 무엇인지 알고 이것이 학급에서 벌어지는 것으로 자연스레 들어가고 또 나올 수 있기를 원합니다. 이는 특수교사가 하루 중 특정 시간에 학급 내에 들어온다면 그 맥락을 알 수 있으므로 더욱 쉬워집니다.

그림 3.6 사회적 · 학업적 참여를 달성하고 가능한 특별히 필요로 하는 경우로 제한하는 수정과 지원을 고안하기 위한 협력

계획, 실행, 그리고 평가
광범위한 지원을 필요로 하는 학생을 위한 개별화된 수정과 지원

핵심질문

- 팀은 언제 수정과 지원이 필요한지와 필요하지 않은지를 어떻게 결정하는가?
- 개별화된 수정과 지원을 개발하는 데 팀은 어떤 단계를 사용하는가?
- 통합 맥락에서 기능적 기술뿐 아니라 학업적 기술이 어떻게 다양한 수준으로 지도될 수 있는가?
- 일반교육 맥락에서 가장 적합한 특별한 교수방법에는 무엇이 있는가?

이 장의 핵심은 보편적이면서 특정 집단에 중점을 둔 접근이 학생의 학습 요구와 특성을 강조하는 데 적절하지 않을 때 더 나은 지원을 제공하는 개별화된 수정과 특별한 중재에 대한 단계에 해당한다. 중도장애를 지닌 학생을 위한 최신식 교육 프로그램 설계는 팀으로 하여금 다양한 유형의 교수적 활동뿐 아니라 다른 서비스와 지원에서도 학생의 신체적·사회적·행동적·인지적, 그리고 그 밖의 다른 요구를 충족시키도록 계획할 것을 요구하게 된다. 제3장에서 논의하였듯이 학생의 학습목표는 일반 교육과정, 기능적 기술, 관련된 발달적 기술(예: 사회성, 자기관리, 의사소통, 운동기술)의 학업을 포함한다. 학습활동은 여러 전문가와 다양한 학생집단, 학습환경, 교수방법과 자료를 포함하게 될 것이다. 팀 개발 계획은 (1) 학생을 위한 차별화·조절·수정을 통하여 학급 수업에 학생이 참여할 수 있는 방법, (2) 기능적 기술 교수를 위한 과제 분석적 교수 가이드, (3) 우선순위가 높은 학업적 또는 발달적 기술의 직접적이며 체계적인 교수를 위한 계획, (4) 학교 일과에서 우연적인 학생의 학습과 참여를 지원하기 위한 덜 구조화된 가이드라인을 포함한다. 게다가 계획하기는 신체적·사회적 그리고 지원에 대한 접근

을 포함한 다른 지원, 즉 학생이 비학업적인 활동(예 : 점심, 휴식, 야외 일과), 학급 일과
(예 : 도착, 점심시간 준비), 그리고 조직적인 절차(예 : 소지품 보관하기, 완성한 과제 제
출하기)에 참여할 수 있도록 하는 데 요구되는 지원 또한 강조해야 한다.

개별화된 수정과 지원은 3단계 중재와 지원하에서 고려된다는 것을 상기하라. 이는
전체에서 가장 개별화되고 특화된 것이다. 이 수준의 중재는 교육자에게 어느 중재와 지
원을 사용할지 결정하는 것에 있어서 좀 더 체계적이기를 요구하며 그러한 중재와 지원
의 효과를 점검하고 평가하는 방법적인 것에 있어서도 도전이 된다. 이는 중요하고도 어
려운 일이다. 팀은 효과적이면서도 효율적인 방식으로 감당하기를 원한다. 사고 절약의
원리를 유지하며(Etzel & LeBlanc, 1979), 팀은 그러한 목적을 달성하기 위하여 간단하지
만 효과적인 접근을 사용해야 한다.

통합학급에서의 중도장애 학생을 위한 종합적인 지원과 수정 계획의 설계와 실행 과
정에 대한 연구는 다소 제한적이다. 대체로 연구에서는 특정 지원전략(예 : 동료지원, 시
각적 지원전략)이나 교수방법(예 : 삽입 교수, 반응촉구 절차)이 학생의 학업과 사회적
행동에 효과가 있는지를 검증하였다. 하지만 Hunt와 동료들(Hunt et al., 2003 ; Hunt et
al., 2002)은 중도장애 또는 장애 위험군으로 고려되는 학생들을 위하여 협력 팀 과정 지
원을 실행하는 일반교사와 특수교사의 협력 팀에 대하여 연구하였다. 협력 팀과정은 (1)
학생 팀의 정기적인 일정 회의, (2) 학급 내에서 학생의 학업적 사회적 참여를 증진하기
위한 지원의 계획과 개발, (3) 책무성의 체계, 그리고 (4) 팀이 비효과적임을 발견하고 지
원의 변화와 향상을 위한 유연성을 포함하였다. 팀에 의한 종합적인 지원계획의 지속적
인 실행은 학생 참여를 위한 학업기술, 학급활동 참여, 또래 상호작용, 학생 주도의 상호
작용과 관련이 있다. 이 같은 협력 팀 과정은 여기에서 기술하고 있는 중도장애 학생을
포함하기 위한 모델에 포함된다.

학교 내에서의 직위나 특정 채용 배치와 관계없이 이 장에서 기술되는 해당 절차는 수
많은 전문가 간의 협력을 포함하며, 일부 전문가는 계획하기에 보다 많이 참여하고 일부
는 교수와 지원 제공의 실행에 보다 더 깊이 관여하게 된다. 일반적으로 해당 절차는 (1)
1명 혹은 그 이상 학생의 IEP 팀에 있는 일반교사(보통 초등에서는 한 학년의 학급 담임
교사이지만 중등에서는 그 이상), (2) 학생의 IEP 관리자이자 일부 수업을 제공하는 1명
혹은 그 이상의 특수교사(예 : 특수교사, 통합지원 전문가, 학급 및 컨설팅 교사)와, (3)
가능하면 관련 서비스 전문가로서 특수교육 보조교사의 지원과 참여가 협력 팀으로 포
함될 것이다.

물론 팀은 이 장에서 설명하고 있는 계획과 관련된 양식을 학생들의 특정 요구뿐 아니라 자신의 계획하기 양식에 부합하도록 수정하게 될 것이다. 하지만 저자와 이 책에 기여한 교육자 우리 모두는 학교의 모든 교사에게 기본적인 계획하기 도구 또는 양식을 학교 전반에 걸쳐 팀(특정의 또는 학생) 특정의 양식을 필요시 함께 추가하여 활용하기를 강력히 권한다. 이 실제는 학교 내 교사들 간의 소통을 증진시키고 학생들의 학년 간 전환을 매끄럽게 도와준다. 비록 5단계의 절차로 제시된 과정(그림 4.1 참조, 양식은 부록 A 참조)이 실제상으로 중복되거나 반복될지라도, 이는 어느 팀이든 문제해결 과정으로서의 사실이다.

제3장에서 강도 높은 지원 요구를 지닌 학생 3명(애비, 체이스, 아론)을 소개하였는데, 이 장에서도 과정별 단계를 설명하는 데 예시로 다시 등장한다. 다른 학생들은 추가적인

개별화된 수정 및 지원 개발을 위한 단계와 도구

1단계. 학생과 학급에 대한 정보를 모으고 공유하라.
1a단계. 학생 알아보기
☐ 프로그램 개요(부록 A)
☐ 학생 프로파일(부록 A)
1b단계. 필요한 기술, 수정, 지원 결정하기
☐ 학급활동에 대한 종합적 사정(부록 A)
☐ 학급활동에 대한 생태학적 사정(부록 A)

2단계. 일과의 교수와 지원을 위한 일정을 계획하라.
☐ 프로그램 계획 매트릭스(부록 A)

3단계. 필요한 수정 및 지원과 함께 교수를 계획하고 실행하라.
3a단계. 일반적 수정과 지원
☐ 개별화된 수정 및 지원계획(부록 A)
3b단계. 구체적 수정과 지원
☐ 구체적 수정을 위한 주간계획(예 : 그림 4.17)

4단계. 좀 더 특별한 교수전략을 계획하고 실행하라.
☐ 교수적 프로그램 계획, 과제분석적 교수 프로그램(예 : 그림 4.21)

5단계. 점검하고 평가하라.
☐ 자료 수집양식(예 : 그림 4.21, 그림 4.25)
☐ 팀 회의록(예 : 그림 4.21)
☐ 학생 참여, 진전, 지원에 대한 팀 평가(부록 A)

그림 4.1   개별화된 수정 및 지원 개발을 위한 단계와 도구

정보를 설명하기 위하여 부수적으로 기술하였다. 비록 이 장이 개별 학생을 위한 계획에 중점을 둔다 하여도 특정 팀 또는 여러 팀의 다양한 구성원은 같은 학급 안에서도 IEP를 지닌 다양한 유형 및 수준의 지원 요구를 지닌 여러 학생을 실제 다루게 된다. 여러 학생을 위한 계획하기에 도움이 되는 몇몇 전략은 책 *Collaborative Teaming*(Snell & Janney, 2005)에 제시되어 있다.

이 장에서 제시하고 있는 여러 양식을 보면 그 과정이 실제보다 더 폭넓지 않음을 느낄 것이다. 많은 양식들은 일 년에 또는 한 학기에 한 번 작성된다. 게다가 여기 제시되는 세부정보의 수준은 설명을 위한 것으로, 팀은 어느 수준의 세부정보가 자신들에게 효율적이며 효과적인지 찾을 수 있을 것이다. 이 과정이 실행되도록 노력을 기울이지만 우리는 학생의 교수 프로그램을 위한 결정사항을 문서로 작성하여 남기는 것 역시 중요하다는 것을 안다. 필요할 때 즉석에서 생각할지라도 학생들의 교육적 통합을 유지하는 데는 지속적인 계획과 평가가 필요하다.

1단계 : 학생과 학급에 대한 정보를 모으고 공유하라

이 과정에 5단계 중 첫 번째는 정보를 모으고 공유하는 것으로 학생의 소속감, 참여, 진전을 도모하는 학급 담임교사, 특수교사, 수업 보조자와 팀 구성원을 도울 수 있다. 팀 구성원들은 학생의 성취와 소속감을 확실히 하기 위한 수정과 보조적인 지원을 결정하는 데 충분하도록 학생과 학급환경에 대해 알 필요가 있다. 필수적으로 팀은 다음 세 가지 질문에 답해야 한다.

1. 학생은 누구인가? 학생이 지닌 기술, 요구, 특성은 무엇인가?
2. 학급의 요구와 현재 혹은 잠재적으로 지원할 사항은 무엇인가?
3. 학생과 학급 사이에 가장 적절히 향상시킬 수 있는 수정과 지원은 무엇인가?

1a단계 : 학생 알아보기

제2장에서 우리는 학급 내 모든 학생의 준비도, 관심, 학습 포트폴리오에 대해 모든 팀 구성원들이 알아야 할 필요에 대해 논의하였다. 제2장에서 제공한 프로그램 개요(PAG)와 학생 프로파일 및 학생의 IEP(예 : 연간목표, 조절, 수정)는 핵심 정보, 모든 관련 교사 및 직원과 함께 학생의 관심과 학습 특성에 대한 도움이 되는 세부 정보를 공유하는 도구이다.

　　중도장애 학생들은 자신에 대한 정보를 직접적으로 공유하는 것이 항상 가능하지 않을 수 있기도 하고 좀 더 복잡한 지원을 필요로 하기 때문에 팀은 학생과 학생의 가족에 대해 알기 위한 부수적인 전략을 세워야 한다. 가정 방문, 개인중심 계획하기(PCP) 과정 [예 : 실행계획 세우기(MAPs); Falvey, Forest, Pearpoint, & Rosenberg, 2002], 가족 인터뷰(예 : Giangreco, Cloninger et al., 2011), 학생의 기술, 요구, 특성뿐 아니라 가족의 선호에 대한 면대면 정보 공유는 다른 팀 구성원들이 학생을 좀 더 효과적으로 지원하고 지도할 수 있게 할 것이다. 이 정보는 학생의 IEP에 제시한 학습 우선순위와 서비스 선택에 안내될 것이다.

　　해당 학년도에 가능한 이르면 이를수록(또는 가능하면 봄 학기 동안), 담당하기로 한 팀 구성원(종종 특수교육 서비스 조정 담당자)은 학생에 대한 정보 꾸러미를 분리해야 한다. 완성된 PAG, 학생 프로파일을 포함한 해당 꾸러미는 모든 관계된 학급 담임, 특수교사, 관련 서비스 제공자, 수업 보조자 모두에게 제공해야 한다.

　　체이스의 IEP 목표와 조절에 대한 개요와 더불어 체이스의 PAG(그림 4.2 참조)는 팀에게 그의 행동적 · 사회적 지원 요구에 대해 알려준다. 체이스의 학생 프로파일(그림 4.3 참조)은 그의 학습과 행동적 강점(일반지식, 수학, 유머감각), 학습과 행동적 골칫거리(과잉행동, 주의력 유지의 어려움, 불안), 좋아하는 것과 관심(바퀴가 있는 것, 비디오 게임, 동물), 싫어하는 것(쓰기, 시끄러운 소음, 붐비는 것), 그리고 그가 가장 잘 학습할 수 있는 방법(다감각적 접근)에 대한 핵심 정보를 공유한다(PAG와 학생 프로파일 양식은 부록 A 참조). 과거에 시행하였던 교수 전략과 지원에 대한 기록 또한 제공한다. 해당 양식은 만약 관련이 있다면 꾸러미에 포함될 수 있는 다른 정보에 대한 참고 자료도 포함한다(즉 의료와 건강 정보, PBIS 계획). 이러한 정보는 초기 핵심 팀의 면대면 회의에서 공유하여 추가적인 질의응답이 이루어지도록 하는 것이 가장 좋다.

1b단계 : 필요한 기술, 수정, 지원 결정하기

제2장에서 학급의 시행 절차에 관하여 팀 구성원 간의 공유된 지식의 필요성을 강조하였다. 그리고 학년 혹은 학기의 초기에 협력 학급 담임교사와 특수교사는 반드시 관찰과 논의를 통하여 교수적 접근, 교육과정 자료와 학급에서의 보편적인 수업활동에 대한 정보를 모으고 공유해야 한다. 이러한 공유된 지식이 항상 효과적인 팀 접근과 협력교수를 위하여 중요할지라도, 학생의 IEP와 특별히 고안한 교수(다른 사람에 의해 실행될 수 있음)와의 조정을 책임지는 특수교사에게는 학생의 학급에서 무슨 일이 일어나는지 그리

프로그램 개요

학생 _체이스_   날짜 _2012년 9월_

IEP 목표(간략하게 기술)	IEP 조절 및 수정
의사소통, 사회화 및 자기관리 • 집단활동에서 의사소통 기술 증진하기 : 눈맞춤, 얼굴과 말하기, 관련 질문과 대답하기 • 또래와의 긍정적 상호작용에 반응하고 시작하기(예 : 환영하기, 요청하기) • 단서 및 지원과 함께 자기조절 전략 사용하기 **기능적 기술과 학급 참여** • 교사의 신호에 따라 학급절차 따르기 • 학교 일과 따르기 : 등교, 하교, 점심, 학급 역할 **수학** • 0~100까지 수 읽고, 쓰고, 비교하기 • 구체물을 사용하여 50까지 더하고 빼기 • 15분 단위로 시간 말하기(아날로그, 디지털) • 단위 사용하기 : 파운드, 인치와 피트, 컵과 쿼트 • 기본 기하학 도형 확인하고 비교하기 • 기본 막대, 그림, 선 그래프 만들고 해석하기 **읽기와 언어** • 소설과 비소설에 대한 육하원칙 물음에 답하기 • 유창하게 유사 이야기와 단락 읽기 • 1음절 단어의 시작과 끝 자음 읽고, 쓰고, 철자하기 • 의사소통을 위한 글쓰기 : 3문장 단락 • 출력문 혹은 온라인에서 주제 정보 수집하기 **과학과 사회** • 국가와 주도 확인하고 위치하기 • 유명한 미국인의 공헌 확인하기 • 자석을 탐색하고 이해하기 • 수중과 육지 생태계 생물 사이의 관계를 탐색하고 이해하기 • 단원별 서너 가지 핵심 용어를 학습, 비교, 안전, 문제해결, 측정 중심 • 조사하기(예측·관찰·결론, 원인/결과)	• 학업, 일상생활 일과, 전환, 사회적 의사소통을 위한 특수교육 지원 교수 • 수정된 교육과정 • 특수교사와 일반교사에 의한 주간 교과와 교수 적합화 • 과학과 사회 지문 소리 내어 읽어주기 또는 컴퓨터 본문 판독기 사용하기 • 수학, 과학, 사회 시험 소리내어 읽어주기·추가적으로 계획된 이동 휴식 • 일상의 집-학교 의사소통 일지 • 긍정적 행동중재와 지원(PBIS)계획의 사용 및 이에 익숙한 교육 팀 • 하루 일정 시각화 • 시각적 조직자와 다단계 활동과 조사의 과제 단계를 위한 점검표
	행동 및 다른 지원 요구
	• 또래지원 네트워크(예 : 같이 점심 먹는 집단) • 활동과 과제에 대한 명확한 기한과 시작 및 끝 • PBIS 계획 확인, 모든 관련 교사 및 관계자와 핵심 전략 공유하기
	코멘트 혹은 다른 특별한 요구
	• 대략 격주의 핵심 팀 회의, 대략 월별 전체 팀 회의

그림 4.2 체이스(4학년)를 위한 프로그램 개요(양식은 부록 A 참조)

용어 : IEP(개별화 교육 프로그램)

학생 프로파일(기밀사항)

학생 __체이스(10세)__   학년 __4__   학년도 __2012~2013__

담임교사 __플래너리(4학년)__   IEP 관리자 __디아즈__

특수교육 및 관련 서비스	학습과 행동에서의 강점

특수교육 및 관련 서비스

☒ 특수교육 지도 __언어와 사회적 기술을 위한 40__
  __분×5인__
☒ 특수교육 자문 __15분×5인__
☒ 간호지원 __수학, 내용교과, 이행, 학교와 학급__
  __이과, 자조기술을 위한 4.5시간×5인__
☒ 말 혹은 언어 __20분×2인__
☒ 작업치료 __상담__
☐ 물리치료 _____
☐ 기타 _____

학습과 행동에서의 강점

- 이반 상식
- 수학
- 유머감각(농담하거나 웃기는 것을 좋아함)

학습과 행동에서의 문제점

- 체이스는 과잉행동을 보이며 자신이 선택하지 않은 한 가지 활동에 8~10분 이상 주의집중을 유지하는 데 어려움이 있다.
- 지루하거나 실수하는 것이 두려울 때 불안해 하거나 회피하려고 한다.
- 과제가 싫을 때, 방해되는 소리를 내거나 자료을 항의하는 데 사용한다. [세부내용은 긍정적 행동중재 및 지원(PBIS) 계획 참조]

의료 및 건강 요구

☐ 투약
☐ 알레르기
☐ 당뇨
☐ 간질
☐ 기타 _____

기타 개인 정보에 대해 상담자 혹은 교장과 상의했는가?   ☐ 예 ☒ 아니요
행동지원 계획?   ☒ 예 ☐ 아니요
평가 조절?   ☒ 예 ☐ 아니요
대체사정?   ☒ 예 ☐ 아니요

최상의 학습 통로

☒ 시각(단어, 그림, 영상, 그래픽 자료)
☐ 말 또는 언어적 경험
☒ 교사 또는 또래 모델링
☒ 조작활동, 실험, 프로젝트
☐ 움직임
☐ 다감각적 접근(위에 제시한 전부)

선호 및 흥미

- 바퀴 달린 모든 것 : 자동차, 트럭, 자전거
- 비디오 게임
- 동물

선호하지 않는 것

- 거의 모든 종류나 분량의 쓰기
- 큰 소음 또는 음악
- 붐비는 곳

(그림 4.3 계속)

학생 프로파일(기밀사항)(계속)

기존에 효과가 있었던 교수전략	기존에 효과가 없었던 교수전략
• 다단계 과제나 조사의 단계를 위한 시각적 조직자 혹은 점검표 • 비디오와 멀티미디어 프레젠테이션 • 좋은 선택을 위한 메뉴방식과 안내 • 소규모 협력집단(신중히 선택된 2~3명의 또래와 함께하는 매우 구조화된 작업) • 전자 본문 판독기 혹은 수준별 읽기 자료 • 쓰기 옵션(복사, 도구의 선택과 중요 강조하기, 컴퓨터, AlphaSmart) • 작은 단위로 연습 분배하기 • 내용과 어휘 예습하기	• 시각적 자극이 없는 강의 • 작은 단위로 쪼개지지 않은 쓰기과제 • 종이, 펜, 구두 지시 • 학급 전체 경쟁(예 : 보상 혹은 포인트를 위한 두 집단 간 경쟁) • 선택사항이 너무 많거나 충분하지 않은 구조

그림 4.3 체이스를 위한 학생 프로파일(양식은 부록 A 참조)
용어 : IEP(개별화 교육 프로그램)

고 학교에서 하루 일과 동안 학생이 어떻게 수행하는지를 아는 것은 상당히 중요하다. 다음에 제시되는 짤막한 특정 상황은 불충분한 정보가 학생을 위한 지원을 놓치게 되거나 잘못 안내하는 결과를 초래할 수 있는 경우를 보여준다.

학생 스냅촬영

체이스의 4학년 선생님은 학급 행동관리 시스템의 일환으로 '빙고'라 불리는 전략을 사용한다. 그녀는 이 시스템을 학기 시작 첫 주 동안 학생들에게 지도한다. 1부터 100까지의 수를 10×10 격자판에 배열한다. 학생들 또는 팀이 보호, 협력 또는 존중과 같은 긍정적 특성의 증거를 나타내면 유리병에 있는 숫자가 적힌 쪽지를 꺼내어 빙고 차트에 붙인다. 가로, 세로, 또는 대각선으로 줄이 형성되면 보상을 받는다(예 : 쉬는 시간에 하는 특별 게임, 학급 내 점심, 영화). 어느 날 특수교사와 함께하는 집단 읽기 시간에 체이스는 그전 시간에 빙고 판에 줄을 긋지 못하였기 때문에(그렇다고 해서 잘못을 했거나 부적절한 태도를 보인 것은 아니지만) 매우 불안해했고 수업을 방해하였다. 특수교사는 빙고 전략에 충분히 익숙하지 않았을뿐더러 그 일을 통해 체이스를 어떻게 도와야 할지 확신이 서지 않았다.

학생 스냅촬영

애비의 특수교사는 매일 아침 10~11시까지 1학년 학급에서 읽기와 언어 시간 동안 협력교수를 한다(애비의 PAG는 그림 4.4 참조). 그녀는 9시에 애비의 학급을 관찰하기 전까지 애비가 학교 도착 후 일과(예 : 가방 정리하기, 점심 메뉴 선택하기)를 수행하는 데 오랜 시간이 소요되어 아침 회의의 절반을 놓치고 있었던 것을 깨닫지 못하였다. 이는 애비가 아침 회의 시간에 일어나는 상당한 사회성과 공동체성 형성의 기회를 놓치고 있다는 의미이다.

🎥 학생 스냅촬영

아론의 특수교사는 미술수업에서 선생님이 새로운 프로젝트를 시작할 때 학생들에게 노트 필기를 하도록 요구하는데, 아론은 핵심 용어가 적힌 카드를 가지고 빈칸에 카드를 놓을 수 있도록 수정된 빈칸 채우기 학습지를 제공받는다는 것을 이해하였다(아론의 PAG는 그림 4.5 참조). 하지만 미술 시간에 아론을 관찰한 이후, 그녀는 미술교사가 모든 학생에게 수업 내용에 해당하는 그래픽 조직자를 제공한다는 것을 알았다. 이러한 시각화 자료는 아론에게도 적용될 수 있기에 아론의 노트도 학급 또래들이 사용하는 것과 더욱 동일하게 할 수 있었다.

특수교사들은 보통 일과 전체를 학생과 보내지 않으며 학급의 시행사항에 대한 많은 정보를 담임교사나 보조교사에게 종종 의존해야만 한다. 이러한 딜레마를 해결하는 데 특수교사의 역할을 대신하는 사람을 제공하여 관찰할 수 있게 하거나 보조교사와 역할 바꾸기를 하여 보조교사는 특수교사가 계획한 별도의 수업을 소집단으로 수행하게 하고, 그 동안 학급에서 학생을 지원하도록 하는 것처럼 창의적인 해결책이 요구된다.

학생이 강도 높은 지원을 요구하는 경우(예 : 애비, 체이스, 아론), 학급활동에 대한 생태학적 사정(그림 4.6 참조)을 보완하기 위해 학급활동의 자세한 (교수적 그리고 비교수적) 내용을 일반 학생들을 대상으로 한 기대뿐만 아니라 특정 학생의 수행에 대한 것까지 마련한다(양식은 부록 A 참조). 이러한 사정은 학생의 현재 지니고 있는 그리고 부족한 학업적·사회적·신체적 기술에 관한 정보를 제공한다. 또한 어떤 단서에 학생이 반응하는지, 그렇지 않은지 그리고 담임교사나 또래들이 학생의 의사소통 시도를 인지하는지와 같은 정보도 드러낸다.

학급활동의 생태학적 사정 시행은 특수교사에게 학생의 수행에 중점을 두고 관찰할 수 있는 기회를 제공할 뿐 아니라 개별화된 수정과 지원을 활용한 교수를 계획하고 점검하는 데 매우 유용한 학급 맥락에 대해서도 파악할 수 있게 한다. 기능적 또는 생태학적 사정의 한 부분으로 고려될 수 있는 이 단계는 학급활동 중 학생의 수행 또는 자연스러운 상황 내 일과를 관찰하는 것을 포함한다. 사정의 목적은 (1) 학생이 활동에 보다 충분히 그리고 독립적으로 참여할 수 있도록 돕는 데 필요한 기술과, (2) 학생의 성공적인 참여를 촉진하는 데 제공될 수 있는 수정과 지원을 결정하기 위함이다.

프로그램 개요

학생 애비   날짜 2012년 9월

IEP 목표(간략하게 기술)	IEP 조절 및 수정
의사소통, 사회화 및 자기관리 • 표현적 의사소통을 위한 그림 혹은 그림 상징 보완대체 의사소통과 제스처와 단어 사용하기 (예 : 환영과 작별, 요구 표현하기, 선택하기) • 교사 단서와 또래 시범으로 지시(예 : 자료 챙기기, 테이블 또는 바닥에 앉기, 줄서기) 따르기 **기능적 기술과 학교 참여** • 활동의 시작과 끝을 계획하는 데 그림 사용하기 • 대집단 및 소집단에 참여하기(예 : 차례 바꾸기, 지시 따르기, 색칠하고 자르고 붙여넣기) • 등교, 하교, 점심 : 학급 역할의 학교일과에 참여 늘리기 **수학** • 0~10까지 수 알기 • 10까지 구체물 세고 비교하기 • 컴퓨터 활용에 마우스 또는 키보드 사용하기 • 조작물로 A-B 패턴 만들기 **읽기와 언어** • 바른 자세로 숙련자료를 잡고 있기, 표지의 앞장, 뒷장, 제목 확인하고 페이지 넘기기 • 육하원칙 질문에 대한 기본적인 이해 표현하기 • 고빈도 출현 단어(연결하다, 가리키다) 읽기 • 단어가 적힌 그림 또는 첫 자음을 분류하거나 연결하기 **과학과 사회** • 과학 시간 활동에 참여하기 : 동물과 식물, 살아 있는 것과 죽은 것, 날씨, 감각에 중점 • 학급 또래, 학교 관계자, 학교, 지역사회, 주 확인하기	• 학업과 일상생활 이과, 전환, 의사소통 기술, 또래 상호작용을 위한 특수교육 지원 교수 • 기초 학습, 기능적 기술, 사회적 의사소통, 학교와 학급 참여를 강조한 수정된 교육과정 • 집-학교 의사소통 일지 • 보완대체 의사소통 방법의 사용 및 이에 익숙한 교육 팀 • 수학활동을 위한 다양한 조작물 • 개별화 교육 프로그램 진전에 대한 기술 습득 자료 및 이화 기록 • 개별화된 수정을 결정하기 위한 주간 협력적 계획하기 **학업적 · 사회적 · 신체적 지원** • 학년의 시작과 필요시 또래 계획 및 문제해결 • 등교, 점심, 하교, 화장실 사용을 위한 보조와 지원 • 물리치료 및 작업치료 계획에 따른 여러 적합한 자세로 또래들 가까이 자리 잡기

그림 4.4 애비(1학년)를 위한 프로그램 개요(양식은 부록 A 참조)

용어 : IEP(개별화 교육 프로그램)

프로그램 개요

학생 아론

날짜 2012년 9월

IEP 목표(간략하게 기술)	IEP 조절 및 수정
의사소통, 사회화 및 자기관리 • 표현 의사소통을 위해 사진, 상징, 보조기기 사용하기(예 : 선택하기, 환영하기, 대답하기) • 또래와 사회적 상호작용 유지하기 • 다단계 과제지시 따르기 • 식사와 개인 위생에서 독립성 키우기 **학교와 지역사회를 위한 기능적 기술** • 사진 또는 단어스케줄 사용하기 • 개인 소지품과 학교 자료 챙기기 • 소집단과 대집단 참여하기(예 : 자발적 참여, 차례 바꾸기, 집단 내 역할 수행하기) • 등하교 시 독립성 키우기 • 직장에서 체크인·아웃 시스템 사용하고 일정 따르기 • 푸드코트에서 패스트푸드점 이용하기 • 체력단련, 여가 활동하기 **학업** • 컴퓨터 마우스와 키보드 사용하기 • 서체, 크기에 관계없이 여러 정보 중 개인정보(예 : 이름, 나이) 선정하기 • 소설과 비소설 읽기자료의 기본적 이해(인물, 장소, 사건) 표현하기 • 10달러까지 물건 구매하기 • 100까지 구체물 세고 비교하기 • 자료(예 : 온도, 출석, 사건) 수집하기, '보다 많음, 적음, 같음'을 사용하여 표, 그림과 선 그래프를 작성하고 해석하기 • 미국 역사에서 주요 사건, 원인과 결과의 구체화, 사회과 부도, 전쟁과 다른 사건들이 인간에게 미친 영향을 이해하기 • 과학에서 식물과 동물의 기본적 필요 이해하기	• 학업과 일상생활 요과, 전환, 의사소통 기술, 또래 상호작용을 위한 특수교육 지원 교수 • 기초 학습, 기능적 기술, 사회적 의사소통, 학교와 학급 참여를 강조한 수정된 교육과정 • 집-학교 의사소통 일지 • 보완대체 의사소통 방법의 사용 및 이에 익숙한 교육 팀 • 과학과 역사 수업을 위한 또래지원 • (중등 이후 교육으로의 전환을 지원하기 위한) 지역사회 대학 전환 파트너십, 봄학기 아르바이트 시작, 업무, 여가, 지역사회 이용과 응용 학문
	학업적 · 사회적 · 신체적 지원
	• 또래지원 오리엔테이션 및 지속적인 점검 • 대중교통, 이동, 도착, 출발, 식사, 화장실 사용에 관한 지원 • 의사소통 노력을 어떻게 해석하고 보조적 및 보완대체 의사소통기기의 사용에 대해 관계자 및 또래를 위한 지원 • 개별화 교육 프로그램 진전에 대한 기술 습득 자료와 일화 기록 • 격주의 핵심 팀 회의, 월별 전체 팀 회의

그림 4.5 아론(12학년)을 위한 프로그램 개요(양식은 부록 A 참조)

용어 : IEP(개별화 교육 프로그램)

특수교사 또는 학급활동의 생태학적 사정을 시행한 다른 훈련된 팀원이 활동 또는 일
과를 위한 전형적인 단계와 절차에 대한 단계별 목록과 각 단계에서 자연스러운 상황 아
래 학생의 현재 참여에 대한 사정을 기록한다. 중·고등학교에서는 학생 참여를 중심으
로 각 수업에 대한 정보가 모아져야만 한다. 초등학교에서는 원적학급에서의 수업과 활
동을 중심으로 음악, 미술, 체육과 같은 수업도 함께 사정해볼 필요가 있다. 더 많은 활
동이 여러 상황과 조건에 걸쳐 사정되면, 학생의 능력과 필요에 대한 이해도 훨씬 나아
진다(Downing, 2008). 그러나 한 가지 명백한 시작점은 활동 중에 학생의 사회적·학업
적 참여의 정도라는 문제이다.

그림 4.6은 애비의 단어 학습을 위한 학급활동에 대한 생태학적 사정으로, 학생들은
각자의 책상에서 개별적으로 파닉스 연습을 하고 있다. 관찰과 기록은 애비의 IEP 관리
자가 하였다. 사정은 개학 셋째 주, 일과와 절차가 이미 자리 잡았을 때(예 : 교사가 한
패턴의 박수를 치면 학생들은 그것을 반복하고 조용히 하며 지시를 경청한다. 학생들은
교실 뒤편에 있는 상자에서 자기 이름이 적힌 단어 학습용 봉투를 챙긴다. 학생들은 단

학급활동에 대한 생태학적 사정

교사 혹은 수업 스미스, 1학년 _____   대상 학생 애비 _____

활동 단어 학습 _____   날짜 2012년 9월 18일(월)   시간 10:30~10:50

다른 관계자 툴레, 보조교사 _____   관찰자 크리거, 특수교사 _____

채점방법 :   + 사회적 그리고 교수적 참여
             +/- 사회적 혹은 교수적 참여 중 하나가 없을 때
               - 사회적 그리고 교수적 참여 둘 다 없을 때

수업절차	대상 학생의 수행	채점
1. 교사는 학생들의 주의를 모으고자 익숙한 패턴의 박수를 친다. 대부분의 학생들은 하던 것을 멈추고 패턴을 반복하며 박수를 친다. 교사가 지시를 제공한다. 학생들은 연필, 가위, 풀을 제외하고 모든 것을 정리한다. 그 후 교실 뒤편 플라스틱 바구니에서 단어 학습 패키지를 가지고 활동을 시작하러 자리로 돌아간다.	1. 애비는 매직마커 상자를 가지고 놀면서 자리에 앉는다. 그녀의 워커는 몇 발 뒤쪽에 놓여 있어 닿지는 않는다. 옆에 앉은 사만다가 "내가 너의 봉투를 가져와두 되니?"라고 물으며 애비에게서 봉투를 가져온다. 그들이 미소짓는다. (단어 학습 패키지가 학생의 이름이 적힌 누런 봉투에 담겨 있다. 그 안의 자료는 3수준으로 차별화되어 있다.)	+/-

수업절차	대상 학생의 수행	채점
2. 교사는 학생들의 주의집중을 요구하며 학생들에게 단어 카드를 모든 단어가 속해야 하는 페이지 세로줄에 풀칠하여 붙이기 전에 자르고 분류할 것을 상기시킨다.	2. 보조교사는 애비의 책상에 와서, 봉투를 열고 애비가 자료를 꺼내도록 부분적인 신체적 촉구를 제공한다. 분류 판으로 사용할 수 있도록 가운데 줄이 그어진 카드더미와 몇 플라스틱의 지퍼 주머니와 그림 그리고 시작하는 자음이 적힌 카드가 함께 있다. 보조교사는 카드를 애비를 위해 신발상자 뚜껑에 쏟았다.	+/ -
3. 교사는 교실을 순회하고, 강화와 피드백을 제공하며 질문을 한다. 그녀는 때로 학생들에게 단어에 대해 확실히 잘 모르는 경우 주변 친구들에게 묻거나 속으로 소리 내어 보기를 하도록 안내한다.	3. 보조교사는 애비의 과제를 수행한다. 'B'와 'R'로 시작하는 단어의 사진을 분류한다. 그녀는 분류판의 한쪽에 플라스틱 'B'를 붙이고, 다른 한쪽에는 'R'을 놓으며, B 아래에는 소년을, R 아래에는 토끼 그림을 놓으며 소리 내어 읽었다. 그녀는 애비에게 보트의 사진을 건네며 어디로 가야 하는지 묻는다. 애비가 카드를 'B'쪽에 둔다. 보조교사는 "맞아, 그게 보트야."라고 말한다. 보트를 발음해볼 수 있니? 애비는 'B' 소리를 내고, 보조교사는 그녀를 칭찬한다. 애비는 각 카드를 바르게 두었지만, 몇 번만 소리를 내어 읽었다.	+
4. 학생들은 대부분 학습활동 중이나 주변 또래와 잡담한다. 교사는 학생들에게 활동 시간이 5분 남았다고 공지한다.	4. 교사가 애비의 책상에 다가와 보조교사에게 다른 학생들을 순회하면 자신이 애비와 함께 활동할 거라고 말한다. 애비에게 다른 카드를 건네는 대신, 교사는 애비에게 'B'와 'R'로 시작하는 단어를 보여주면서 선택하도록 요구한다. 애비는 '공(ball)' 카드를 집고, "Buh-buh-buh ball"이라고 발음하며 'B' 아래에 카드를 둔다. 교사는 그녀와 하이파이브를 하고 웃는다. 교사는 보조교사에게 신호를 보내고, 보조교사는 애비의 자리로 돌아온다.	+
5. 교사는 학생들의 주의를 끌기 위해 박수를 친다. 학생도 박수로 반응한다. 교사는 자료를 치우도록 안내하고 그거 위에서 소리 내어 읽기활동을 하기 위한 준비를 한다. 먼저 정리하는 팀이 러그에 먼저 갈 수 있기에 학생들은 서둘러 정리한다.	5. 보조교사는 애비에게 자료를 정리하도록 언어적·신체적 촉구를 제공한다. 애비는 몇몇 그림을 집어들었지만, 일부를 바닥에 떨어뜨린다. 사만다는 떨어진 카드를 줍는 것을 돕는다. 사만다는 자발적으로 애비의 단어 학습 봉투를 플라스틱 바구니에 가져다 두고 그들의 팀이 읽기활동을 위한 준비가 늦어지지 않도록 한다.	+

(그림 4.6 계속)

학급활동에 대한 생태학적 사정(계속)

참여를 증진시키기 위해 필요한 기술

1. 숙달할 수 있어 보이는 과제이며, 애비가 자음으로 시작하는 그림을 분류하는 데 있어서 진전을 형식적으로 평가하는 것이 필요하다. 그녀는 그림과 사진을 짝 지을 준비가 되었는가?
2. 애비는 집단과 조화를 이루지 못한다. 교사의 단서와 또래 모델로부터 지시 따르기가 필요하다.
3. 활동 내 의사소통 기술 삽입이 필요하다. (교사와 또래 환영하기, 단어와 몸짓을 사용하여 선택하기, 도움 요청하기)
4. 애비는 자르고 붙이는 활동에 참여하기 위한 개별화 교육 프로그램 목표를 가진다. 급우들이 하는 것처럼 맥락 내에서 자르고 붙이는 활동을 하는 것이 그녀의 단어 학습을 방해하는지 평가한다.

참여를 증진시키기 위해 필요한 수정 및 지원

1. 애비의 자료도 상당히 특별해 보인다. 애비는 추가된 사진 말고 다른 학생들처럼 같은 자료를 사용할 수 있다.
2. 팀은 애비가 이어나서 자료를 교체할 때 워커를 사용할 수 있고 언제 그녀에게 가져다줄 것인지 결정할 필요가 있다.
3. 성인들도 보여주고, 촉구하고, 강화해주어야 하지만, 애비가 스스로 더 긴 시간 동안 스스로 과제를 할 수 있도록 해야 한다.

그림 4.6 애비를 위한 학급활동에 대한 생태학적 사정(양식은 부록 A 참조)

어를 분절하고, 소리 나는 패턴에 따라 분류하고 단어 학습 책자에 풀로 붙인다) 실시하였다. 애비의 핵심 팀은 다음 미팅에서 발견한 결과를 논의하고 시험하였다. 관찰은 팀에게 추가적인 기술과 다르고 덜 특별한 수정을 통해 애비의 참여를 향상하기 위한 방법에 있어서 유용한 정보를 제공한다.

그림 4.7은 12학년인 아론이 출석하는 고등학교 과학수업을 위한 교실활동을 위한 생태학적 사정 내용이다. 아론을 위한 전반적인 계획을 개발하는 팀 구성원 중 한 사람인 컨설턴트가 직접 관찰하여 지난번 팀 회의에서 다음과 같은 시사점을 밝혔다. (1) 과학교사와 몇몇의 학급친구들은 아론에게 자연적인 지원을 제공할 의도가 충분히 있지만 아론이 필요로 하는 것과 아론의 능력에 대한 정보를 필요로 한다. (2) 아론의 교실 참여와 숙제를 위한 사전 준비가 요구된다. (3) 보조교사는 교실 분위기를 덜 침해하는 방법으로 아론을 지원하는 전략을 배울 수 있으며 교사와 교실 전체를 위해 지원을 제공할 수 있다. 이러한 상세한 생태학적 사정 정보는 직접 관찰 없이는 쉽게 놓칠 수 있는 귀중한 정보를 제공할 수 있다. 팀 구성원들은 학생의 수업 참여를 증진시킬 수 있는 기술과

학급활동에 대한 생태학적 사정

교사 혹은 수업 바스케스, 자연과학 수업   대상 학생 아론

날짜 2012년, 9월 18일   시간 9:00~9:55

다른 관계자 테일러, 보조교사   관찰자 레베카, 상담사

채점방법 :   + 사회적 그리고 교수적 참여
       +/- 사회적 혹은 교수적 참여 중 하나가 없을 때
        - 사회적 그리고 교수적 참여 둘 다 없을 때

수업절차	대상 학생의 수행	채점
1. 학생들은 등교해서 대화를 나누며 웃는다. 교사는 학생들 앞에 서서 주의를 집중시킨다. 대부분의 학생들은 멈추고 교사의 말을 듣는다.	1. 보조교사는 교실문 가까이에 있는 책상 모서리에 아론의 휠체어를 밀어 이동하고, 아론의 옆에 앉는다. 아론은 자리에 앉아 있는 다른 3명의 친구와 아무런 상호작용이 없다.	–
2. 교사는 그날의 수업 주제와 일정에 대해서 미리 알려주고 과제를 팀 리더에게 제출하라고 한다. 팀 리더는 교사에게 숙제를 제출한다.	2. 보조교사는 아론의 책가방에서 아론의 숙제를 꺼내서 아론에게 건넨다. 팀 리더인 타일러는 보조교사에게 "아론이 숙제를 가져왔나요?"라고 질문한다. 보조교사는 아론에게 숙제를 타일러에게 건네주라고 이야기한다. 타일러는 아론에게 숙제를 넘겨받고 "잘했어."라고 아론에게 이야기한다.	+/-
3. 교사는 그날의 실험에 대해 설명한다. 각 팀은 10원짜리가 100개 들어 있는 신발박스 1개씩을 받는다. 앞면이 보이는 10원짜리는 방사능 물질이다. 학생들은 모든 10원짜리가 앞면이 보이도록 박스를 흔들어야 한다. 박스를 다섯 번 흔든다. 뒷면이 보이는 안정적인 10원짜리 동전을 제거한다. 이런 과정을 앞면이 보이는 동전이 하나도 남지 않을 때까지 반복한다. 시도마다 학생들은 데이터를 표에 표시한다. 몇몇 학생들은 실험책에 기록하고, 몇몇 학생들은 그저 듣기만 한다.	3. 아론은 교사를 쳐다보며 절반 정도의 설명을 듣는다. 그러다 연필을 집어들고는 만지작거린다. 아론은 실험책이 없다.	+/-

(그림 4.7 계속)

학급활동에 대한 생태학적 사정(계속)

수업절차	대상 학생의 수행	채점
4. 교사는 "옆에 있는 파트너를 보고 이 수업을 반복해봐라."고 지시한다. 몇 분 후 교사는 학생들에게 질문이 있는지 물어본다. 그리고 학생들에게 역할을 배정하도록 한다.	4. 보조교사는 아론 옆에 앉아 있다. 따라서 아론은 옆에 있는 친구를 향해 몸을 돌릴 수 없다.	−
5. 학생들은 약 15분가량 팀으로 이한다. 교사는 돌아다니면서 학생들에게 제안하기도 하고 질문도 한다. 학생들에게 그래프 축의 이름을 적고, 그래프의 제목을 적으라고 한다.	5. 보조교사가 이동해서 다른 학생들이 아론의 옆에 앉을 수 있다. 타일러는 아론에게 데이터를 기록하는 역할을 자기와 함께하겠냐고 물어본다. 아론은 웃으며 고개를 끄덕인다. 타일러는 아론이 숫자 세기와 쓰는 데 참여하도록 시도하지만 어떻게 도와주어야 할지 모른다. 보조교사는 아론이 신발박스를 흔드는 역할을 하도록 제안하고 아론은 신발박스를 흔들었다. 다른 학생들은 아론의 활동을 격려하였다.	+/−
6. 교사는 팀 활동 종료를 알리고 실험 리포트 작성법을 알려준다. 실험리포트는 오늘의 과제이다.	6. 아론은 교사가 보조교사와 함께 어떻게 아론의 과제를 수정할 수 있을지에 대해 대화를 나누는 것을 듣고 있는다. 교사는 아론에게 한두 가지 질문을 던졌지만 아론의 말을 이해하지 못했다.	+/−
7. 교사는 각 팀 중에서 학생 1명이 팀 활동 요약을 제출하라고 말한다.	7. 아론은 그의 팀 중 1명의 학생이 실험결과를 발표하는 것을 조용히 본다. 다른 학생들이 웃을 때 함께 웃는다.	+/−
8. 학생들은 종이 울릴 때까지 다른 학생들과 함께 어울리며 시간을 보내고, 종이 울리면 소집단으로 혹은 각자 흩어진다.	8. 타일러와 아담은 아론에게 와서 대화를 나눈다. 아론은 듣고는 있지만 그의 의사소통 기기로 대화하는 것이 성공적이지 못했고, 또래들은 어떻게 도와야 할지 모른다.	+

참여를 증진시키기 위해 필요한 기술

1. 출석에 대답 혹은 교사에게 사인을 보내기 위해 손을 든다.
2. DynaVox(보완대체의사소통기기)를 사용한다.
3. 그림으로 된 지시사항을 따르고, 집단으로 활동할 때 절차를 확인한다.
4. 우리는 아론의 수학, 읽기, 쓰기 목표를 통합할 필요가 있다. 아론은 동전이나 다른 물건 세기가 가능하고, 활동지에서 자기 이름을 확인할 수 있으며, 안내된 노트를 완성시킬 수 있었다.

참여를 증진시키기 위해 필요한 수정 및 지원

1. 아론의 교실 내 위치를 또래 옆으로 정해서 아론이 파트너 확인을 할 수 있게 한다.
2. 아론이 모든 수업 준비물을 가지고 있는지 확인한다(예 : 실험책).
3. 실험을 위해서 과제 지시를 그림과 단어로 함께 제시한다.
4. 보조교사는 필요할 때마다 아론의 의도나 표현을 통역해줄 필요가 있다. 다른 사람들로 하여금 아론에게 직접 이야기하도록 도와줄 필요가 있다.
5. 현재 교과 주제에 맞는 단어들을 보완대체의사소통기기에 프로그램화한다.
6. 일반교사, 특수교사, 보조교사는 좀 더 미리 준비할 필요가 있다. 매이의 수업활동과 숙제가 무엇인지 알고 있어야 하며, 아론을 위해서 그것을 수정할 일반적인 방법을 알고 있어야 한다.
7. 보조교사에게 교실에서 할 수 있는 다른 지원적인 역할을 제공한다(예 : 칠판에 있는 실험과정을 나열해서 알려주기, 학생들의 과제를 확인하기 위해 교사와 함께 돌아다니기, 아론의 상호작용 촉진하기 등).

그림 4.7 아론의 과학수업 활동 참여를 위한 생태학적 사정표(양식은 부록 A 참조)

관련된 문제해결 과정에 이러한 정보를 사용할 수 있고 이러한 기술은 이미 IEP의 목표로 설정되었을 수도 있을 것이며, 다른 기술은 팀 구성원의 동의하에 우선순위가 될 수도 있을 것이다. 팀은 또한 최소의 침해적인 방법을 사용해서 학생의 수업 참여를 증진시킬 수 있는 교수적 수정 혹은 지원방법을 찾을 수 있다. 일정기간 기술을 가르치거나 교수적 수정을 제공하고 난 후에 같은 활동을 반복적으로 관찰하는 것은 학생의 참여수준이 증진되었는지를 알 수 있고, 목표로 설정한 기술이 어떠한 발전을 이루었는지를 평가할 수 있다(표 3.3에 설명된 생태학적/기능적 사정은 지역사회 환경과 학교환경 둘 다에서 생태학적 사정을 어떻게 실행할 수 있는지에 대한 가이드를 제공한다).

2단계 : 일과의 교수와 지원을 위한 일정을 계획하라

2단계의 계획과정에서 팀은 1단계에서 조사한 학교에서의 하루 동안 학생의 학습과 지원 요구를 충족시키기 위한 모든 활동정보를 사용한다. 이것은 다음에 제시되는 질문에 대한 답을 하는 것이 필요하다.

1. 하루 중 어떻게 그리고 언제 학생의 학습결과/IEP 목표(학문적 · 기능적 교육과정 수정 모두를 포함해서)가 다루어지고 있는가?
2. 하루 그리고 주간 일정의 어느 부분에서 학생은 부가적인 도움 없이 혹은 자연적인 지원만으로 참여하고 있는가?

3. 하루 중 언제 교수적 수정과 다른 지원이 필요한가?

4. 언제 학생의 사적인 혹은 신체적인 지원(신변처리, 직접적인 치료서비스 등)이 제공되어야 하는가? 이러한 지원은 개인 프라이버시와 오명효과 때문에 또래들과 어느 정도 떨어진 장소에서 제공되어야 하는가?

5. 언제 대안적인 수정(학생에 맞춰진 구체적 교수)이 제공되어야 하는가?

프로그램 계획 매트릭스는 팀 구성원들이 학생의 학교 일과에 대한 결정을 하기 위해 사용할 수 있는 양식이다. 개별화 교육계획표 혹은 일정표로 알려져 있는 이 도구 (Fox & Williams, 1991)는 다양한 방법으로 사용될 수 있지만 프로그램 계획 매트릭스 (Giangreco, Cloninger, et al., 2011)의 가장 근본적인 목적은 팀 구성원들이 언제 어떻게 학생의 우선순위를 결정하고, 계속되는 학교수업과 일상생활에서 이것을 가르칠 것인가를 계획하는 것이다.

매트릭스는 여러가지 계획기능을 할 수 있다. 그림 4.8에 있는 애비의 프로그램 계획표에서 알 수 있듯이 학생의 개별화 교육계획 목표가 왼쪽 단에 나열되어 있고 각 과목 혹은 수업활동의 일상생활(예 : 등교, 점심, 쉬는 시간)이 표 상단에 나열되어 있다(양식은 부록 A 참조). 이 매트릭스의 첫 번째 사용은 학생의 개별화된 학습 우선순위가 일상생활 교과 혹은 활동 일정에 통합될 때 사용될 수 있다. 특히 매트릭스는 기능적 개별화 교육계획 목표를 자연적으로 발생하는 수업 일과와 다른 적합한 활동에 통합시키는 것을 결정할 때 사용될 수 있다. 개별화 교육 매트릭스는 또한 교사들로 하여금 학교에서의 하루 동안 목표한 기술을 실행해볼 수 있는 충분한 기회를 학생에게 제공하였는지 확인해보는 데 사용될 수 있다. 매트릭스에 있는 칸은 X, O 등의 표시를 사용해서 개별화된 교육계획의 목표가 관련된 수업활동에서 다루어지고 있는지를 확인해볼 수 있다. 한 가지 표시(예 : X) 혹은 색깔은 체계적인 교수(systematic instruction)가 공식적이고, 기록된 수업 안내에서 이루어질 것이라는 것을 나타내고, 다른 표시(예 : O) 혹은 색깔은 기회적인 교수(opportunistic teaching), 즉 학생을 어떻게 가르칠 것인가에 대한 보다 일반적인 지침이 제공될 것이라는 것을 나타낸다.

애비의 목표는 단순화된 학업목표, 기능적 기술을 위한 목표, 그리고 사회적 의사소통 기술이 포함되어 있다. 언제 애비의 단순화된 읽기, 국어, 수학 목표가 다루어질 것인가를 선택하는 것은 간단한 과정이다. 일반학급에서 같은 과목영역을 다룰 예정이라면 비록 난이도는 다를지라도(따라서 다수준 교수법이 사용될 것이다) 애비의 학업목표도 다루어질 것이다. 그러나 애비는 그녀의 학업적 기술을 능숙하게 사용하기 위해서는 여

프로그램 계획 매트릭스

학생 애비   날짜 2012년 9월

교사 1학년 교사 스미스, IEP 교사 크리거

IEP 목표 (간략하게 기술)	학급 일과										
	등교/아침활동	읽기/국어	학습센터	간식	특별활동	수학	점심	과학/사회	미술/음악	함께 읽기	적응
의사소통, 사회화, 자기결정											
단어 사용/몸짓 그림/의사표현을 위해 상징 사용(예: 인사, 선택하기, 대답하기)	X	X	X	X	X	X	X	X	X	X	X
교사 혹은 또래 모델들로부터 지시 따르기(예: 수업준비물 얻기, 책상에 앉기)	○	X	X	○	X	X	○	X	○	X	○
기능적 기술 그리고 학교 참여											
활동의 시작 혹은 끝을 위해서 그림/단어를 사용하기	X	X	X	X	X	X	X	X	X	X	X
대집단 혹은 소집단에 참여하기(예: 순서 지키기, 교수 따르기, 준비물 나눠 쓰기)(S)		X	X		○	X		X		X	
학교 일과에 참여를 증진시키기: 등교, 하교, 점심, 교실에서의 활동(TA)	X						X				X
수학											
0~10 숫자 인식하기	○		X		X			X			
물건을 10까지 세고 비교하기			X		X			X			
컴퓨터활동을 위해 마우스나 키보드를 사용하기(TA)		○	X		X			X			
구체적 조작물을 이용하여 A-B 패턴 만들기					X			X			

(그림 4.8 계속)

프로그램 계획 매트릭스(계속)

IEP 목표 (간략하게 기술)	학급 일과										
	등교/아침활동	읽기/국어	학습센터	간식	특별활동	수학	점심	과학/사회	특수학급	함께 읽기	귀가
읽기와 국어											
프린트물을 정확하게 잡고 있기, 표지와 제목 인식하기, 페이지 넘기기		×	×						×	×	
육하원칙 질문에 대한 기본적인 이해											
자주 나오는 단어/숙어 읽고 쓰기(S)			×					×	×	×	
단어 혹은 첫 자음소리와 그림을 짝짓기(S)			×			×		×			
과학과 사회											
과학활동에 참여하기, 동물, 식물, 생물, 무생물, 날씨, 안전에 집중하기(S)			×					×			
사회과 활동에 참여하기, 지역사회·가족·학교·과거-현재에 집중하기(S)			×					×			

*특별활동 : 월요일(음악), 화요일·목요일(체육), 수요일(도서관), 금요일(컴퓨터)
용어 : X(교수가 제공됨), O(기회가 있을 때 교수), S(수업활동과 준비물에 구체적인 수정이 필요할 수 있음), TA(과제분석을 사용한 교수계획)

그림 4.8 애비를 위한 프로그램 계획 매트릭스(양식은 부록 A 참조)

러 번의 기회가 더 필요하다. 따라서 몇몇 학업적 기술은 교육과정 전반에 걸쳐서 다루어지기도 한다. 예를 들어 애비의 읽기 및 쓰기 목표는 사회수업 혹은 과학 시간에도 다루어질 수 있다(중복 교육과정을 통해). 몇몇 팀 구성원들은 매트릭스 표에 애비가 그 시간 동안 경험하게 될 참여방식(중복 교육과정 혹은 다수준 교수법)에 대해 표시를 해두었다.

　학교 혹은 교실에서 일어나는 일상생활에서 애비의 참여방식과 관련 있는 기능적 기술

목표 또한 매트릭스에 쉽게 삽입되는데, 이 기술은 자연적으로 발생할 때마다 표시된다. 따라서 애비의 등교, 하교, 교실수업 등의 일과는 비록 애비가 이러한 일과를 마치는 데 구체적인 교수 혹은 지원을 받을지라도 그녀의 학급동료들과 함께 이루어진다.

애비의 사회적 영역과 의사소통 영역에서의 목표(예 : 또래나 성인의 인사에 반응하기, 안부 묻기)는 매주 30분씩 사회행동기술 수업을 학교 상담가에게 받는 것을 제외하고는 직접적으로 교과수업에서 다루지는 않는다. 애비가 이러한 사회적 의사소통 기술을 유능하게 사용하기 위해서는 매주 한 수업에서만 다루기보다는 하루 종일에 걸쳐서 다양한 시간 동안 다루어져야 한다. 따라서 애비의 교육 팀은 애비에게 사회적 의사소통 기술을 직접적 혹은 삽입된 교수법을 적용하기에 가장 적합한 자연적인 기회와 애비가 이러한 기술을 충분한 교수를 받을 수 있는 기회에 대해서 토론하였다.

프로그램 계획 매트릭스는 또한 프로그램 지원 혹은 다른 사람들이 학생을 지원해야 할 것(예 : 학업적 목표와는 반대로 학생의 행동변화와 같은 기술)에 대한 계획을 짤 때도 사용될 수 있다. 쉬는 시간, 화장실 가는 시간, 자리 정하기와 같은 지원 또한 왼쪽 표(학생의 개별화 교육계획 목표 아래)에 표시될 수 있다. 또한 매일의 활동 스케줄 동안 지원이 제공되어야만 하는 시간에 색코드로 표시해둘 수도 있다.

프로그램 계획 매트릭스의 다른 사용법은 지원의 강도를 확인하는 데 혹은 누가 지원을 제공할 것인가에 대해서 나타내는 데 사용될 수 있다. 예를 들어, 각 칸은 네 가지 다른 색상 중에서 하나를 색칠함으로써 (1) 또래지원, (2) 학급교사 지원, (3)보조교사 지원, (4) 특수교사 지원 으로 표시해둘 수 있다.

매트릭스 사용이 다른 사용법은 교수적 수정과 지원에 관련된 내용을 다루는 4단계에서 설명된다. 매트릭스는 색깔이나 기호를 사용하여 표시할 수 있는데, 관련 수업활동이 수업 내용과 짝지어보았을 때 구체적인 교수적 지원이 미리 필요한 것인지 혹은 학생의 수업 참여를 위하여 일반적인 교수적 수정이 필요한 것인지를 결정할 때 사용될 수 있다.

3단계 : 필요한 수정 및 지원과 함께 교수를 계획하고 실행하라

팀 구성원들은 이제 1단계에서 수집된 정보와 2단계에서 교육과정, 수업, 그리고 선택과목 등에서 필요한 지원과 교수적 수정을 실행하기 위해 프로그램 계획 매트릭스를 사용해 수집된 정보가 있는데 이것들은 하루 종일 그리고 한 주 동안에 걸쳐서 사용될 수 있다. 교수적 수정을 결정할 때 팀 구성원들은 활동의 다양한 측면을 고려해야 하는데, 이러한 활동을 수정할 때 학생들의 교육목표를 달성하는 데 교수방법, 수업준비물, 그리고 수행수준에 대한 기대 등을 어떻게 개별화해야 할지에 대해서 고려해야 한다. 따라서 팀 구성원은 학생을 위해서 개별화된 수정과 지원계획을 만든다.

개별화된 교수적 수정과 지원을 위한 종합적인 계획을 적어넣기에 가장 좋은 양식이 따로 있지는 않다. 팀 구성원들은 원하는 결과를 얻기 위해서 효율적이고 효과적인 전략을 선택하고 적용하고 종합하기를 원할 것이다. 개별화된 수정과 지원안을 개발하는 한 가지 좋은 방법은 과정을 두 단계로 나누어 계획하는 것이다. 첫째, 일상적인 교실 일과, 학급활동, 학습 순서 등을 고려한 일반적인 수정에 집중하는 것이다. 그러고 나서 특정 학습활동을 고려한 구체적인 수정방법에 집중하는 것이다.

3a단계 : 일반적 수정과 지원

일반적 수정과 지원은 예측 가능한 교실생활, 즉 일상생활, 일반적인 교수적 전략, 그리고 보통의 학생 수업과 과제 등에 적용하는 데 사용될 수 있다. (그림 2.17의 학급활동에 대한 종합적 사정표는 이러한 예상 가능한 학급운영과 관련된 측면을 설명한 것이고, 그림 4.6과 4.7의 학급활동의 생태학적 사정표는 어떻게 구체적인 수업들이 수행되는지를 알려준다.) 중도장애를 가지고 있는 학생을 위해 고안된 수정과 지원 또한 예상가능한 패턴을 따를 수 있다. 일반적인 수정은 예상 가능하고, 지속적으로 행해지는 교실활동에 적용되어 사용할 수 있다. 몇몇 교사들은 이것들을 보편적 수정 또는 일과 수정이라는 용어를 사용할지 모른다. 교사들은 보통 교육과정적 · 교수적 · 대안적 수정과 다른 지원을 종합적으로 포함한다.

일반적인 수정방법은 교실에서 학생의 사회적 · 교수적 참여에 초점을 두고 도움을 주는 방식이다. 그것에 대한 예는 다음과 같다.

- 학급 스케줄을 따를 수 있는 사진으로 표현된 스케줄, 사진 단서등의 시각적 지원
- 학생의 보완대체의사소통 사용을 지원할 수 있는 전략
- 학생이 학교나 교실절차를 따르는 데 필요한 지원을 위한 전략(예 : 수업 이동, 준비물과 숙제를 전달하기, 도움을 요청하기)
- 학생이 일반적으로 사용되는 학습활동에 참여하기 위해 필요한 수정과 지원

다음에 제시되는 내용은 애비, 체이스, 아론을 위해 사용된 일반적인 수정과 지원에 관한 예이다.

학생 스냅촬영

애비는 수업에서 선택하기뿐만 아니라 의사소통 능력을 증진하기 위하여 상징을 사용할 수 있는 일반적인 수정을 사용하고 있다. 애비는 색칠하기가 포함된 학교과제를 할 때, 사용하고 싶은 크레파스나 매직펜의 색상을 의사소통 판에 붙어 있는 색깔을 가리켜 선택할 수 있다(그림 4.9 참조). 그녀는 색깔 카드를 또래 혹은 성인 보조교사에게 건네면서 자신의 의사를 표현한다. 이때 이 카드를 받은 사람은 "네가 빨간색을 원하는 구나."하고 표현하면서 애비가 선택한 카드 색깔의 크레파스나 매직펜을 준다.

애비의 친구들이 과학수업과 사회수업을 위해서 단어를 쓰거나 그림을 그릴 때 애비는 인쇄된 간단한 컴퓨터 일러스트레이션 그림을 사용해서 표현한다. 그림 4.10에서 볼 수 있는 것처럼 수업활동지를 완성하기 위해서 사용되는 일반적인 교수적 수정은 (1) 잘라서 붙일 수 있는 일러스트레이션 그림 한 페이지, (2) 애비가 가위질을 하기 쉽도록 일러스트레이션 그림 주위에 진한 선으로 표시, (3) 애비가 자신의 자료를 확인하는 데 사용할 수 있는 애비의 이름이 프린트된 스티커 라벨지이다.

학생 스냅촬영

체이스는 다른 친구들과 마찬가지로 매주 월요일마다 매일 집에서 할 수 있는 철자법 관련 숙제 패키지를 받는다. 체이스의 숙제 패키지에는 몇 가지 일반적인 수정방법을 포함하

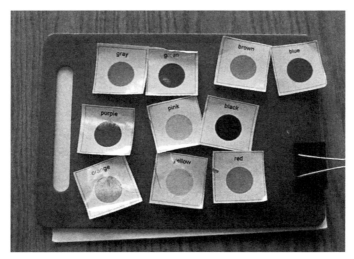

그림 4.9 색깔보드, 일반적인 수정. 색칠하기 학급활동 시 애비는 보드에서 색 카드를 선택하여 보조교사 또는 지원 또래에게 건네고, 그들은 애비에게 색을 말해주고 원하는 크레파스나 매직펜을 건네준다.

출처 : Shelley Barnes Littleton의 도움을 받음.

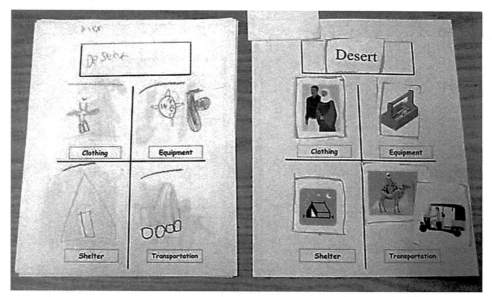

그림 4.10 대부분의 1학년 학생이 완성한 사막 학습지(왼쪽)와 수정된 사막 학습활동지(오른쪽)

출처 : Shelley Barnes Littleton의 도움을 받음.

고 있다. (1) 5개의 철자단어(반 친구들은 10개 이상의 철자단어를 받는다), (2) 단어를 적기 위해 훨씬 더 넓은 노트공간, (3) 다른 친구들은 자신의 플래시 카드를 직접 적어야 하지만 체이스의 경우 철자를 오려서 짝짓는 카드를 주고, (4) 완전한 문장을 완성해서 쓰기보다는 빈칸 채우기 문제를 제공한다.

체이스가 다니는 학교의 모든 4학년 교사들은 사회과 과목을 위해서 상호작용 노트(Young, 2003)를 사용한다(상호작용 노트는 학생들이 녹음하고 조직하고 새로운 재료를 처리하는 공책을 말한다. 교사들은 학생들로 하여금 분석하고, 체계적으로 읽기자료에 표시하기, 밑줄 긋기, 교과내용을 시각자료를 사용해서 표현하기, 그리고 새로운 내용에 대한 학생들의 견해를 탐구하기 등에 대한 안내를 제공한다). 체이스의 4학년 교사와 특수교사는 체이스가 이러한 상호작용적인 노트를 사용하는 데 필요한 일반적인 수정을 고안하였다(그림 4.11 참조). (1) 필기된 내용이 노트에 삽입될 때 체이스는 반 친구들이 그 내용을 읽는 소리를 듣는다. 다른 친구들이 하는 것처럼 문단에 선을 그을 때, 문단에 숫자를 쓸 때, 어휘에 동그라미 표시를 할 때 색연필을 사용한다. 그러나 친구들은 노트 가장자리에 필기하지만 체이스는 하지 않는다. (2) 만약 가능하다면 보조교사는 체이스가 오려서 공책에 붙일 수 있게 활동 관련 어휘들을 그림과 함께 써준다. (3) 체이스가 어휘를 따라서 쓰면 보조교사는 그 단어 밑에 문장으로 써서 준다. (4) 체이스는 써준 문장 밑에 따라서 쓴다.

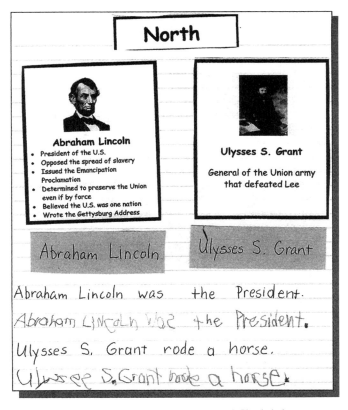

그림 4.11   4학년 학생을 위한 사회과 수정된 상호작용 노트의 한 페이지

학생 스냅촬영

아론은 과학수업에서 사용할 수 있는 일반적인 수정방법을 몇가지 사용하고 있다. (1) 각각의 수업을 위해서 아론은 보다 단순화된 학습목표와 제한된 필기기술을 고려하여 준비된 노트를 사용한다. 아론은 핵심 단어를 듣고(종종 사진 상징 혹은 일러스트레이션과 함께 제시된다), 단어에 동그라미 표시를 하며, 노트에 정의 부분에 색칠한다. (2) 교실 친구들이 실험할 때 아론은 각 단계별로 표시된 그림과 지시사항으로 구성된 종이를 완성한다. (3) 아론이 사용하는 보완대체의사소통기기 DynaVox에는 현재 수업 주제와 관련된 어휘들이 등록된다.

일반적인 수정은 학생들이 수업일정과 반복적으로 발생하는 교수활동에 참여하도록 돕기 때문에, 이러한 수정은 학기가 시작될 무렵 가능한 빨리 준비되는 것이 중요하다. 우선순위가 높은 일반적 수정은 의사소통판과 시스템 사용, 개인 일정을 나타내는 시각적 지원, 그리고 학생들이 일상적으로 하는 등·하교, 화장실 사용과 같은 일을 지원하는 전략을 포함한다. 이러한 일반적인 수정을 계획하는 데는 교실 일과, 수업 형식, 그리고 학생의 목표, 지원 요구 등과 같은 정보를 필요로 한다. 그러나 팀에 의해서 일단 수정이 결정되고 시행되기 시작하면 많은 수정은 최소한의 협력으로 시행된다. 진전도를 점검하는 것은 일반적인 수정이 변형이 필요한지, 혹시 뒤따르는 어려움은 없는지 혹은 학생이 덜 방해적인 수정을 원하는지에 대한 평가를 계속할 필요가 있다.

우리는 4단계에서 보다 자세하게 시각적 스케줄에 대해서 다루도록 하겠다. 보다 구체적인 교수전략을 계획하고 실행해야 한다. 왜냐하면 이것들은 보다 중도의 장애학생들의 요구에 맞게 개발된 전략이 될 수 있기 때문이다. 그러나 시각적 스케줄은 많은 학생들에게 중요한 지원도구뿐만 아니라 중요한 학습도구가 될 수 있기 때문에 초기에 도입되어 사용되어야 할 것이다.

3b단계 : 구체적 수정과 지원

수정은 수업 내용에 따라 다양해져야 하는데 이러한 것을 구체적인 수정이라고 한다. 일반적인 수정이 일상적인 학교생활과 수업활동에 맞추어 고안되는 것과는 반대로 구체적인 교육과정 주제는 매주 다양하게 바뀔 수 있고, 단원이 바뀔 때마다 변화한다. 교육내용 관련 수정을 만드는 것은 일반교사와 특수교사와의 지속적인 의사소통을 필요로 한다. 한 학생의 교수적 방법에 따른 일반적 수정은 또한 학습해야 하는 교과내용에 따라 고안된 구체적인 수정과도 잘 조화되어야 한다.

학생 스냅촬영

그림 4.10에서 나오는 '사막여행'과 같은 학습지를 애비가 할 때는 그리기와 쓰기 활동이 필요하다. 이때 애비는 활동 주제와 맞는 그림을 오리고 붙일 자료가 필요하다. 애비의 1학년 교사가 학습지를 준비하는 데는 수업 주제와 어울리는 구체적인 클립아트(이 경우에는 사막을 여행하는 데 필요한 옷, 장비, 텐트, 교통수단 등)가 필요하다. 따라서 이러한 클립아트를 활용해서 학습지를 준비하고 인쇄하고 오리는 선을 굵게 칠하는 등의 지원이 필요하다.

학생 스냅촬영

비록 같은 일반적 수정이 일정 기간 동안 동일하게 유지된다 하더라도, 체이스의 철자법 패키지에 들어 있는 5개의 구체적인 단어는 매주 선택되어야 한다. 이와 유사하게 체이스가 사회과 수업을 위한 상호작용 노트를 완성하기 위해서 팀 구성원들은 체이스가 각 단원별로 반드시 배워야 하는 구체적인 어휘를 선택하고 그 어휘와 함께 사용할 그림 또한 확인해야 한다.

학생 스냅촬영

아론이 미국역사 수업에 참여하기 위하여 사용하고 있는 몇 개의 일반적인 수정방법은 그림으로 된 지시사항 그리고 그의 보완대체의사소통기기인 DynaVox를 사용하는 것이다. 그러나 교실활동을 위한 구체적인 학습 주제가 분석되어야 하고 이에 따른 구체적인 수정을 결정하는 것이 아론의 학습 참여를 가능하게 한다. 관련 어휘, 정의, 그리고 아론의 노트(그림 4.12 참조)에 있는 일러스트레이션(삽화)은 그날의 수업 내용과 일치해야 한다. 또한 구체적인 어휘가 아론의 보완대체의사소통기기인 DynaVox에 입력되어서 그가 수업토론 시간에 참여하고 교사가

이름 : 제임스, 닉, 아론

제2차 세계대전으로부터의 회복 : 미국 경제

1 : 첫째, 친구들이 관련 어휘를 읽는 것을 들으세요. 그리고 친구가 읽은 단어를 손가락으로 가리키세요. 그러고 나서 DynaVox에 있는 단어를 찾으세요.

어휘목록 :
　　미국
　　가난
　　임금
　　예금
　　가족
　　평화

---

2 : 심스 선생님이 이야기하는 것을 듣고 슬라이드쇼를 보세요. 심스 선생님이 단어를 말하거나 칠판에 있는 어휘를 가리킬 때 자신의 어휘목록에 있는 어휘를 색칠하세요.
1. 제2차 세계대전은 **미국** 경제에 큰 영향을 남겼다.
2. 제2차 세계대전 이전에 세계 대공항이 있었고, 많은 **가족**들은 **가난**했다.
3. 제2차 세계대전 이후에 경제는 훨씬 좋아졌다. 군인들이 고향으로 돌아오고, 직업을 가졌으며 **임금**을 벌었다.
4. 전쟁 이후에 사람들은 많은 물건을 사기 **예금**을 사용하였다.

---

3 : 친구들이 읽는 문장을 들으세요. 맞는 어휘에 동그라 표시를 하세요.
1. 우리나라는 　미국/캐나다　 이다.
2. 나는 우리 　가족/직장　 과 함께 산다.
3. 사용하지 않고 있는 돈을 　예금/임금　 이라고 한다.
4. 제2차 세계대전이 끝났을 때, 미국은 　가족/평화　 적이었다.
5. 직장으로부터 받는 돈을 　임금/예금　 이라고 한다.

그림 4.12 아론의 미국 역사 수업을 위해 수정된 노트

하는 질문에 대답할 수 있도록 해야 한다.

구체적인 수정을 만들어야 하는 기한은 참여하는 교사와 그들이 사용하는 계획방법
에 따라 다르다. 그러나 구체적인 수정은 주별로 계획되거나(예 : 철자법 단어), 각 단원
별로 계획되기도 한다(예 : 과학 혹은 사회과 주제). 중학교나 고등학교에서는 교육과정
의 복합성이 증가하고 연필과 종이를 사용하는 과제가 증가하기 때문에 주별 계획을 필
요로 한다.

광범위한 지원이 필요한 장애학생을 위한 개별화된 수정과 지원을 개발할 때는 교실
생활의 자연적인 일과를 고려하는 것이 합리적이다. 그림 4.8에서 볼 수 있듯이 애비의
프로그램 계획 매트릭스를 살펴보면 각 IEP 목표는 학급 친구들과 다수준 교수법을 사
용하여 애비가 수업에 참여할 수 있도록 하였다. 매트릭스 표에는 S로 표시해두었다.

즉각적인 수정

우리는 몇몇 교실 교육과정과 교수적 실제가 비효과적이거나 혹은 차별화되지 않거나
혹은 협력하기에 동기가 부족하다는 것을 깨닫는다. 일반교사와 특수교사들은 상황에
앞서서 미리 계획하거나 수업자료를 공유하지 않는다. 이 단원에서 묘사된 과정은 임기
응변식으로 대응하는 것을 피하기 위해 고안되었다. 학생이 독특한 교수적 지원을 필요
로 할 때 가장 효과적인 교수지원 팀이라 하더라도 협력적 계획을 세우기에 충분한 시간
적 여유 없이 세워지지 않을 수도 있다. 또한 때로는 일이 계획했던 대로 진행되지 않을
경우 새로운 아이디어들이 즉각적으로 필요할 때가 있다. 일단 팀 구성원들이 학생의 일반
적인 수정과 구체적 수정에 친숙해지고 나면, 필요할 때마다 교수자료를 수정하는 것은 훨씬 더
수월해진다. 그림 4.13은 계획하거나 계획하지 않았던 수정도구, 즉 수정을 하는 데 필요
한 재료를 포함한 클립보드 저장 케이스를 보여준다.

표 4.1은 도구모음에 저장된 재료와 공학 목록이 정리되어 있다. 교사들과 보조교사
들은 학생이 학급동료들만큼 수업활동에 참여할 수 있도록 빠르고 쉽게 수정을 만들 수
있다. 이러한 것들은 팀 구성원이 학생을 잘 이해하고 있고 일반적이며 구체적인 수정에
대한 좋은 감각을 가지고 있을 때 특히 유용하다.

학생 스냅촬영

생태계와 생물의 왕국에 대한 과학수업을 위해서 교사는 체이스와 다른 몇몇 친구
들이 생물과 무생물에 대한 복습이 필요하다는 것을 발견하였다. 교사는 즉각적으로 학급학생

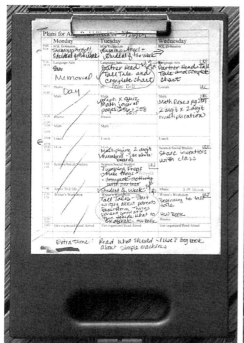

그림 4.13 즉각적인 수정을 제공하는데 사용되는 수정 도구모음

표 4.1 수정 도구모음의 내용

흰색 접착식 라벨지

다양한 색깔과 사이즈의 포스트잇

줄 높이가 다양한 줄이 있는 종이

색깔이 있는 카드

코팅 처리된 종이

크고 작은 인덱스 카드 혹은 잘라진 문장 카드

검정 매직펜

연필, 지우개, 색연필, 색 매직펜, 형광펜, 연필깎이

색테이프

클립, 고무줄, 스프링 집게

자가 붙어 있는 삼공펀치

작은 스테이플러

풀과 투명테이프

가위

주사위

건전지

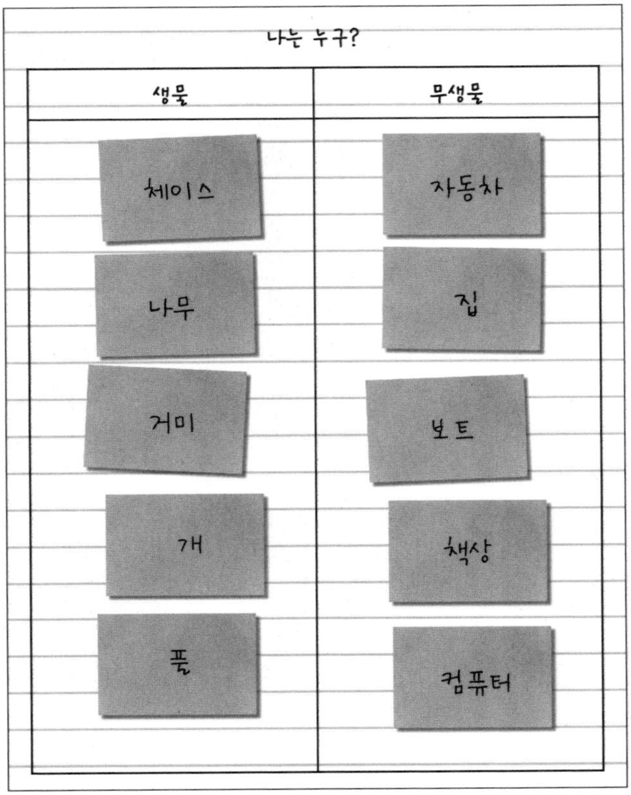

그림 4.14 즉각적인 수정으로 만든 비교 차트

들이 교실과 교실 밖에서 볼 수 있는 생물과 무생물을 분류하는 차트를 만들었다. 교사는 비교할 수 있는 차트의 예를 칠판에 그려서 보여주었고, 체이스와 학급 친구들은 공책에 각각 비교차트를 만들었다. 교사는 체이스를 위해 학급자료를 수정하는 것에 익숙했기 때문에 체이스에게 맞는 쓰기과제의 수정본을 만들어냈다. 이 수업을 위해서 특수교사는 종이 한 장을 두 부분으로 나누어 생물과 무생물을 분류해 적을 수 있도록 만들었다(그림 4.14 참조). 그런 다음 특수교사는 생물과 무생물 칸에 몇 가지 예를 포스트잇에 적었다. 교사는 포스트잇에 적은 단어를 체이스가 알고 있는지를 확인하고 포스트잇 종이를 체이스에게 주었다. 체이스는 받은 종이를 비교차트에 분류해서 붙였다. 그리고 과제를 이해하고 학습동기를 얻으면서 자신의 새로운 생각 또한 제안하였다.

특정한 지원 자료(수정을 위한 도구모음을 포함)는 지원자의 교수자료라는 점은 중요하다. 그것들은 다른 자료와 섞여서는 안 되며 학생에 의해서 통제되어야 한다. 예를 들면, 학생의 자기점검을 보조하기 위해 제공되는 학생의 일과표와 다른 시각적 지원은 다른 학생들이 개인의 소지품을 보관하는 장소와 같은 장소에 배치되어야 하지 교사의 책상에 보관되어서는 안 된다.

개별화된 수정과 지원계획

학생 개개인은 다른 요구를 지니고 있고, 각 협력 팀은 개별화된 수정과 지원계획을 만드는 데 다른 선호도를 가지고 있다. 몇몇 팀은 학생을 지원하고 가르치는 데 필요한 일반적인 가이드라인을 가지고 있고 각 과목에 따라서 분리된 계획을 작성한다(초등학교). 다른 팀들은 전체 학교 일과와 관련된 지원을 하나의 문서에 함께 작성해버린다. 문서의 형식이 어떻든지 간에 개별화된 수정과 지원계획은 다음과 같은 항목을 포함해야 한다.

- 초등학교의 경우 하루 종일에 걸쳐 있는 과목과 활동을 포함한 학급 일과, 중고등 학생의 경우 한 수업기간 동안 발생하는 일반적인 활동목록을 포함
- 각 종류별로 이루어지는 교수적 활동을 위해 실행되는 교육과정, 교수법, 지원 관련하여 지속적으로 제공되는 일반적인 수정에 대한 정리요약
- 어떤 구체적인 수정과 자료가 교육과정 내용에 장기적으로 적용되는지에 대한 설명
- 학생의 IEP 장단기 목표와의 연관성
- 누가 언제 수정을 전달할 것인지 책무성에 대한 정보

그림 4.15는 체이스의 개별화된 수정과 지원계획의 한 부분이다(양식은 부록 A 참조). 계획표의 첫 번째 부분은 학교의 일과에서 사용되는 일반적인 수정과 지원이 제공되었다. 두 번째 부분은 4학년 학생의 학급 일과에 맞게 제공되는 각 과목별 그리고 활동별 수정과 지원이 제공되었다. (1) 각 과목과 활동의 학급 일정, (2) 각 활동에서 학생이 성취해야 할 학습목표, (3) 각 활동에서 학생을 지원하거나 가르치는 데 필요한 일반적인 수정, (4) 주 단위로 필요한 구체적인 수정 내용이 제시되었다.

체이스의 수정과 지원계획은 IEP 관리자가 기록하는 데 책임을 지고 작성하기는 하였지만 팀 구성원의 문제해결 과정과 의사결정 과정을 통해서 설계되었다. 각 계획의 복사본은 교실에서 다른 계획들과 함께 서류철에 보관되었고, 체이스의 수행수준이 또한 문서에 기록되었다. 일반교사, 특수교사, 보조교사는 복사본에 진행된 내용과 교수적 수정을 진행하면서 발생했던 문제를 직접 기재하였다. 팀 구성원들과의 토의를 통해서 어떤 수정이 필요할 때마다 특수교사는 4~6주마다 다른 팀 구성원들도 학교 네트워크를 통

개별화된 수정 및 지원계획(종일)

학생 체이스 _____ 학년 4학년 _____ 날짜 2012년 10월 10일

관계자 플래너리(4학년 교사), 디아즈(특수교사), 바네즈(수업보조 교사)

하루 종일 사용할 수 있는 일반적인 수정 및 지원

- 언어적 촉구보다는 시각적 촉구(모델, 시행 보이기, 재료의 조작, 제스처)를 사용한다. 반복되는 언어적 촉구 혹은 교정을 피한다. 과제 성공에 필요한 만큼만의 도움을 제공한다. 체이스가 적합한 때에 또래로부터 도움을 받도록 격려한다(예 : 단어의 철자 물어보기, 칼 사용 시 도움받기)
- 활동에 참여하고 규칙을 따르는 활동에 칭찬을 많이 제공한다. 더 독립적이 되도록 노력하고 지연된 피드백을 사용한다. 체이스의 참여를 확인하고 다음과 같이 이야기한다. "나는 지금 다른 학생들을 도와주러 갈 거야. 질문이 있으면 손을 들도록 해."
- 플래너리 선생님이 지시사항을 내리면 체이스에게 교사의 말에 귀기울이도록 단서를 제공한다. 교사의 지시에 따르지 않는다면, "선생님을 봐.", "선생님의 지시사항이 뭐였니?", "친구들이 지금 뭐하고 있지?"와 같은 자연스러운 촉구를 사용한다(교사의 지시사항을 단순히 반복해서 말하지 않는다).
- 하루에 걸쳐서 정리하는 것과 좋은 학습 습관에 대해서 강조한다. 체이스는 모든 숙제에 이름과 날짜를 적어야 하고, 수업 준비물을 꺼내서 가져와야 하며 쓰레기는 스스로 치워야 한다.

학급 일과와 활동에 따른 교수적 수정			
교실활동 및 시간	IEP 목표	일반적인 수정(교수적 및 대안적)	구체적인 수정
9:00~9:15 아침 이과 : 출석확인, 정리하기, 아침 작업하기	• 아침 이과에서의 독립성 • 또래들과 긍정적인 상호작용을 하거나 반응하기(예 : 인사하기, 또래에게 요청하기) • 교사의 단서에 따라서 수업절차 따라가기	• 체이스는 복잡한 복도를 피하기 위하여 수업 몇 분 전에 교실에 도착한다. 등교 이과를 끝내기 위하여 과제분석과 간단한 교수지침을 제공한다. 숙제를 위해서 체이스는 월별, 주별, 일별 계획표를 복사한다. • 체이스의 책상에 하루 일정을 놓아준다. 체이스가 하루 일정을 독립적으로 확인하지 않는다면 일정표를 가르키고, 연필을 건넨다. • 아침과제를 하는 동안에, 단어 검색을 위해 단어의 첫 번째 알파벳을 색칠해주고, 단어의 수를 줄여주거나 또래들로 하여금 체이스와 함께 작업하도록 한다. 활동지를 위해서 체이스는 오리는 것에 도움받을 수 있고, 쓰는 과제를 줄여줄 수도 있다.	• 보조교사는 점심 식단을 위해서 컴퓨터 옆에 그림을 제공한다. • 플래너리 교사는 체이스의 스케줄에 아침 작업할 것과 그날의 특별한 이벤트를 기록해준다.

학급 일과와 활동에 따른 교수적 수정			
교실활동 및 시간	IEP 목표	일반적인 수정(교수적 및 대안적)	구체적인 수정
9:15~10:15 국어 시간	• 자음으로 시작되고 끝나는 한 음절로 된 단어를 읽고 쓰고 철자를 말한다. • 소설과 비소설의 글과 관련하여 육하원칙 질문에 답할 수 있다. • 비슷한 종류의 글을 유창하게 읽는다. • 3개의 문장으로 된 문단을 의사소통을 위해서 쓴다. • 문서와 온라인을 통하여 주제에 적합한 정보를 수집한다. • 집단활동에서 의사소통기술을 향상한다. 눈맞춤, 얼굴표정, 적합한 질문과 답을 사용한다.	• 단어 학습을 위하여 매주 5개의 철자단어를 제공하는데 4개는 아는 단어, 1개는 생소한 단어를 제공한다. 철자 패키지는 또래들의 것과 같은 형식으로 이루어지지만 더 큰 글씨크기와 쓰는 데 더 많은 공간을 제공한다. 단어를 추적할 수 있는 종이를 주고 단어집중 카드를 만든다. 보조교사는 금요일에 체이스의 철자시험을 본다. • 안내된 읽기활동을 위하여, 체이스의 집단을 3명으로 제한한다. 플래너리 선생님은 체이스의 수준에 맞는 또래와 책을 선택하며 디아즈 선생님은 체이스 친구들을 지도한다. • 읽기 선택 후 쓰기활동에서는 (1) 체이스는 문장 대신에 단어 혹은 구를 쓴다. (2) 빈칸 채우기 활동을 사용하고 모델을 제시하기 위하여 칠판을 사용한다. 만약 공책에 줄이 없다면 밑줄 보조판을 사용한다. (3) 필요하다면 쓰지 않고도 완성할 수 있는 과제를 제시한다. 그리기나 오려 붙이기 활동을 사용할 수 있다. 체이스가 동그라미 표시를 하거나 잘라서 붙일 수 있는 문장을 제공하거나 다른 친구들과 함께 과제를 완성하도록 할 수도 있다.	• 철자단어는 디아즈 선생님과 플래너리 선생님이 주별 미팅에서 선택한다. • 디아즈 선생님은 철자 패키지를 만든다. • 사진과 빈칸 채우기 활동은 주별로 계획되고 만들어진다.
10:45~11:40 수학 시간	• 0~100까지의 숫자 쓰기 • 0~100까지의 숫자 읽고 쓰고 비교하기 • 50까지 구체물을 사용해서 더하기 빼기	• 대집단 수업을 위해서 체이스는 숫자, 측정, 기하학, 그래프 활동에 부분적으로 참여한다. 필요할 때 시각물과 조작물을 제공한다.	

(그림 4.15 계속)

개별화된 수정 및 지원계획(종일)(계속)

학급 일과와 활동에 따른 교수적 수정			
교실활동 및 시간	IEP 목표	일반적인 수정(교수적 및 대안적)	구체적인 수정
10:45~11:40 수학 시간	• 15분까지 시간 말하기 (아날로그, 디지털) • 파운드, 인치, 피트, 컵, 쿼트 등의 측정 단위 사용하기 • 기하학의 기본적인 모양을 확인하고 비교하기 • 기본적인 선, 그림, 선 그래프 등을 해석하기	• 개인연습 활동을 위해서 가능하다면 수학 목표에 맞춰서 수학 학습지를 수정한다. • 로테이션 수업을 위해서 동작촉구를 제공하고 체이스에게 또래 모델을 보라고 알려준다. 만일 체이스가 과제물을 끝내지 못하면 로테이션을 적게 제공하고 대체활동을 제시한다. • 시험을 위해서 체이스의 수업목표에 맞추어 시험을 수정한다. 필기시험은 손으로 조작해서 나타낼 수 있는 것으로 대체한다. • 추가적인 대체활동을 위해서 가끔(예 : 수업이 대수학일 때) 체이스는 교사 혹은 수업보조와 함께 돈 세기와 같은 기능적 수학활동을 일대일로 수업을 받는다. • 다른 대체활동으로서 11시쯤 움직일 수 있는 10분간의 쉬는 시간을 제공한다. 휴식은 비순반적 강화이다. 긍정적 행동지원 계획을 보라.	• 플래너리 선생님과 디아즈 선생님은 매주 수업지도안에서 대체적 수정방안에 대해서 논의한다. • 수업 시험은 디아즈 선생님에 의해서 수정되고, 수업보조 교사에 의해서 시행된다.
12:45~1:50 과학과 사회 수업	• 국가와 주의 수도에 대해서 확인하기 • 유명한 미국인들에 대해 확인하고 그들의 공헌점 확인하기 • 자기장 이해하기 • 육지와 해상에서의 생태계 조사하고 이해하기 • 각 수업마다 3~4개의 핵심 단어를 강조, 비교, 안전, 문	• 교재에 주요 주제와 핵심 주제에 맞게 색칠해준다. 침묵의 읽기 시간 동안에 또래 혹은 어른이 체이스와 함께 읽어준다. • 상호적인 노트를 사용할 때 (1) 체이스가 준비물들을 꺼내고 정리하고 보관하도록 한다(예 : 공책, 자, 연필, 형광펜, 풀), (2) 체이스는 문단에 칸을 그리고 핵심 어휘에 형광펜으로 색칠한다. (3) 만약	• 플래너리 선생님과 디아즈 선생님은 각 단원의 핵심 개념을 선택한다. • 플래너리 선생님과 디아즈 선생님은 상호작용 노트를 위해 그림을 선택하고 출력하는 일을 돌아가면서 일

학급 일과와 활동에 따른 교수적 수정			
교실활동 및 시간	IEP 목표	일반적인 수정(교수적 및 대안적)	구체적인 수정
12:45~1:50 과학과 사회 수업	제해결, 속정과 관련해서 확인한다. • 조사를 실시한다(예상·관찰·결론, 원인과 결과) • 집단활동에서의 의사소통기술 증가시키기, 눈맞춤, 적합한 질문과 답변 사용하기)	시각적 조직자가 제공된다면 체이스의 조직자는 부분적으로 완성해서 제공한다. (4) 어휘 학습을 위해서 그림과 라벨을 오려서 붙이도록 제공한다. (5) 또래나 어른이 문장을 적어주면 체이스가 따라서 쓴다. • 소집단 활동을 할 때 플래너리 교사는 체이스를 3~4명의 집단에 적절하게 배치한다. • 시험을 위해서 시험을 체이스의 개별화 목표에 맞추어 조정한다. 그러나 시험지의 모양은 또래들에게 제공되는 모양으로 제공한다. • 대체활동을 위해서는 대집단의 15~20분의 활동 후에, 체이스는 과학이나 사회과 학습센터로 간다. (주의 : 상호작용 노트는 반드시 먼저 끝내야 한다.) 세 가지 활동 스케줄을 완성하기 위해서 센터 활동에 사진을 사용한다. 2명(교사선택과 학생 1명의 선택)이 옵션으로 단원 개념 관련 어휘, 플래시 카드 정렬하기, 활동지, 주제와 관련된 책, 컴퓨터 퀴즈와 같은 것을 포함한다.	준비한다. • 보조교사는 체이스의 교재에 형광펜으로 표시한다. • 플래너리 선생님은 또래들이 받는 시험지 형태를 사용하여 시험을 단순화한다.

그림 4.15 체이스를 위한 개별화된 수정 및 지원계획의 예(양식은 부록 A 참조)

해서 접근 가능하도록 전자문서로 업데이트하였다. 문서 변화를 업데이트시킬 때는 컴퓨터의 '변화추적' 기능을 사용하여 팀 구성원들이 어떠한 변화가 진행되고 있는지 파악하게 하였고, 체이스의 독립성 증진과 4학년 수업에 참여하는 정도에 대한 증거를 제공하는 기능으로 사용하였다. 문서의 업데이트가 진행될 때마다 깨끗한 복사본으로 출력하여 교실에 있는 서류철에 보관하였다.

그림 4.16은 개별화된 수정과 지원을 위한 계획의 또 다른 예이다. 이는 체이스의 계획과는 달리 (1) 아론의 미국 역사 수업으로 특정되며, (2) 아론의 또래 지원 활용에 대한 교수를 포함한다. 계획은 기술한 개별 학습활동에 아론이 참여할 수 있도록 도울 수 있는 수정과 지원의 목록화를 위해 학급활동에 대한 종합적 사정(그림 2.17 참조)에 세로 줄을 추가하여 작성하였다.

수정과 지원을 위한 이러한 전반적인 계획의 개발과 더불어, 팀은 특정한 수정에 대

개별화된 수정 및 지원계획(개별 과목 혹은 수업 시간)

수업 혹은 과목명 미국 역사   교사 심스

학생 아론   또래 지원자 아드리안과 토마스

일상적 활동	모든 학생에 대한 기대	일반적인 수정 및 지원
전체 집단 수업 교사 강의, 프리젠테이션 소프트웨어와 상호작용 화이트보드를 사용한다. 그는 많은 그래픽 조직자와 지도, 비디오를 사용한다. 교사는 상호작용 노트 사용을 위하여 자료와 구체화된 교수방법을 학생들에게 전달한다.	• 학생들은 필기, 수업 시간, 그리고 숙제를 위하여 상호작용 노트를 사용한다. 학생들은 안내된 노트 페이지와 읽기자료, 그래픽 조직자, 사진 등을 공책에 끼워넣는다. • 다양한 시간에 학생들은 (1) 손을 자발적으로 들어올림으로써, (2) 다 함께 대답함으로써, (3) 짝과 함께 생각 나누기 활동으로 대답한다. • 학생들은 교재 혹은 다른 읽기자료를 자발적으로 참여하여 소리 내어 읽기를 한다.	• 아론은 주의집중을 방해하는 것을 피하기 위하여 앞에서 두 번째 줄에 앉을 것이다. • 안내된 노트는 보다 많은 그림과, 큰 글씨 크기, 동그라미를 칠지, 형광펜을 칠한지 결정할 수 있는 기회를 포함한다. • 아론의 보완대체의사소통 기기인 DynaVox는 특수교사는 아론이 대답할 수 있는 질문을 준비한다. • 또래들은 아론의 공책과 그들의 공책을 나누는 것, 그리고 확인 질문하는 것을 도와줄 것이다. • 유인물에 대한 구체적인 수정과 DynaVox는 매주 만들어질 것이다.
소집단 수업 구조화된 협력집단 프로젝트	• 학생들은 4명으로 구성되어 지필 과제를 끝내기 위해 각자의 역할을 맡으며(예 : 개념 지도, 분류 차트), 팀별 토론과 토너먼트를 준비한다.	• 아론은 아드리안과 토마스가 속한 집단에 배정된다. • 또래들은 아론을 위해 읽기 내용을 쉽게 설명해주고, 경험과 연결시켜주고, 아론이 토론을 준비하도록 도와준다.

일상적 활동	모든 학생에 대한 기대	일반적인 수정 및 지원
독립적 과제 조용히 읽기와 앉아서 하는 과제	• 학생들은 상호작용 노트를 완성하기 위하여 교재와 다른 읽기 과제를 사용한다. • 상호작용 노트 과제는 모든 종류의 학습, 지식, 정보를 종합하고 평가하는 것을 평가한다. 단계별 혹은 차별화된 수업은 옵션으로 제공한다. • 학생들은 수업 시간에 과제를 시작해서 집에서 완성한다.	• 수정된 학습지는 문장을 완성하거나 에세이로 쓰기보다는 단답형과 빈칸 채우기로 준비한다. • 노트 과제는 필요할 때마다 단순화시킨다. 또래들이 과제를 끝내면 아론을 도울 것이다.
숙제 기대 매일 20~30분 소요	• 학생들은 매주 교재의 한 단원을 읽고 3~4개의 상호작용 노트 과제를 끝낸다.	• 아론은 학습 실험실에서 다섯 번째 주기에 또래 튜터의 도움을 받는다.
평가 및 시험	• 상호작용 노트를 위해서 각 단원마다 평가 항목표를 제공한다. • 단원평가는 객관식, 짝짓기, ○/×, 단답형으로 이루어진다. • 주별 퀴즈는 빈칸 채우기와 ○/×로 구성한다.	• 평가는 아론의 개별화된 교육계획안에 따라서 수정된다. 교사는 문항 수를 줄이고 에세이 문제는 단답형과 빈칸 채우기 문항으로 대체한다.
필요한 자료	• 필요한 자료는 교재, 상호작용 노트, 문구세트, 파일철, 그리고 매일 학교일정 등이다.	• 아론은 종이책뿐만 아니라 전자책을 사용한다. • 교사들은 또래들에게 어휘와 형광펜으로 표시된 개념들에 대해 설명한다.
다른 기대	• 학생들은 정각에 교실에 도착해야 하고 필요한 모든 준비물을 가지고 오며 수업활동에 적극적으로 참여한다. • 학생들은 수업 도중이나 토론 시간에 손을 들고 이야기한다. • 교사는 반 전체에 나누어줄 유인물 폴더시스템을 가지고 있다. 따라서 학생이 2일 이내의 결석을 할 경우 수업 유인물을 받을 수 있고, 보충학습을 할 수 있다.	• 또래들은 아론이 과제를 끝내는 것과 수업준비물을 정리하는 것을 도울 것이다. 또래들은 모델을 보여주고, 행동과 언어를 사용한 촉구를 사용하지만 아론이 수업자료를 직접 조작하도록 할 것이다. • 또래들은 아론과 함께 교실로 이동한다. 그들은 아론이 수업에 참여하도록 격려한다.

그림 4.16 아론의 미국역사 수업을 위한 개별화된 교수적 수정 및 지원계획(양식은 부록 A 참조)

출처 : 이 지원계획표를 제공한 Erik Carter(2011)에게 감사를 전한다.

한 의사결정을 하고 이를 소통하기 위한 방법 또한 마련해야 한다. 한 가지 방법은 교사의 일지 또는 주간계획서상에 특정한 수정에 대하여 기록을 남기는 것이다. 계획하기에 대한 이러한 접근의 한 예가 그림 4.17에 있으며, 이는 애비의 1학년 선생님의 주간계획 책자의 샘플을 보여주고 있다. 해당 주간계획은 그 주의 활동들에 대한 특정한 수정만을 제공하며, 애비의 개별화된 수정 및 지원계획상의 세부적인 일반적 수정사항은 반복하지 않는다. 이 접근을 활용하기 위해서는, 담임교사와 특수교사는 수업을 위한 모든 특정한 수정사항에 대해 직접 담임교사의 수업노트 또는 전자 계획서에 기록하기 위해 만나

콜린 스미스(애비의 교사)를 위한 계획		2012년 11월 19일의 주 계획
	11월 19일 월요일	**11월 20일 화요일**
9:00~9:15	아침 이과 • 출석확인, 수업준비, 조례 • 오전 이과 : 스콜래스틱 잡지에 있는 단어 혹은 그림을 읽는다. 애비 : 두꺼운 종이보호막을 애비의 잡지 위에 놓아 애비가 잘 만질 수 있도록 한다. 파트너와 함께 읽게 한다(아멜리에 혹은 샤니아).	아침 이과 • 출석확인, 수업준비, 조례 • 오전 이과 : '무지개 철자'를 한다. 각각 다른 단어는 다른 색을 사용하여 적어본다. 애비 : 큰 글씨 크기로 종이를 출력해주고, 매직펜을 사용하여 표시해준다.
9:15~10:15	읽기와 언어기술 • 반 전체는 카펫 위에서 소리 내며 읽는다. 책 읽는 방법에 대해서 리뷰하고, 읽는 것을 듣는 방법에 대해 토론한다. "개척자의 첫 번째 추수감사절"을 읽는다. 그림을 보여주며 학생들에게 그림을 묘사하고 예상하도록 시킨다. 책을 읽은 후에, 추수 감사절 K-W-L 차트 위에 '배운 내용'을 작성한다. • 개인적인 철자목록과 패키지를 나누어준다. 단어들을 확인한다. 애비 : 애비는 음식과 소녀 그림을 가리키면서 그림을 읽을 수 있다. '내가 배운 내용'과 관련해서 애비에게 ○/× 퀴즈를 낸다. Cat, hat, sat, bat의 철자단어를 사용한다. 애비의 패키지를 위해서 일반적인 수정을 사용한다.	읽기와 언어기술 • 반 전체가 카펫 위에서 소리내어 읽는다. "개척자의 첫 번째 추수감사절"의 종이 책을 읽는다. 지시사항을 알려주고 빈칸 채우기, 색칠하기, 접기, 나누어 주기에 대한 모델을 보여준다. • 책상에서 학생들이 개별적으로 공부하는 시간에 작성한 책을 만들고 오후 읽기 시간에 친구들과 나눈다. 애비 : 빈칸에 단어를 쓴다. 만약 필요하다면 약간 기울어진 책상을 사용할 수 있다. 애비는 색상을 선택하기 위하여 색상판을 사용할 수 있다. 애비가 종이를 페이지 순서대로 정렬할 수 있도록 돕는다.

	11월 19일 월요일	11월 20일 화요일
10:45~11:40	학습센터(다학문간. 오늘은 2개의 로테이션, 화요일에 2개 진행) 1. 탐색하기(추수감사절 장식문): 학생들은 장식문을 만드는 데 필요한 목록(예: 호박 2개, 사과 1개)을 만들고 그림을 그린다. 2. 읽기: 학생들은 읽기상자에서 선택한 책을 읽는다. 3. 실행: 학생들은 컴퓨터로 파닉스 훈련을 한다. 학습 표준 웹사이트(learning standard website)에서 본인의 계정을 이용하여 사용한다. 4. 쓰기: 학생들은 학교에서 근무하는 사람들을 위해 추수감사절 초대장을 작성한다. 애비: 실행을 위해서 애비가 웹사이트에 접속할 수 있도록 도와준다. 마우스가 잘 작동하는지, 헤드폰이 제자리에 끼워졌는지 확인한다. 쓰기활동을 위해서 애비가 버스운전기사에게 카드를 쓰는 것을 돕는다. 사진을 오리고 붙이는 것을 돕고, 스티커 재질의 종이에 추수감사절 문구 "추수감사절 잘 보내세요."를 오려서 붙이도록 한다.	학습센터(다학문간) 학생들은 월요일에 끝내지 못한 로테이션을 완성해서 끝낸다. 애비: 탐색하기 활동을 위해서 애비는 파트너와 함께한다(아멜리에). 동그라미를 표시할 수 있는 추수감사절 장식 목록표를 제공한다. 그리기 대신에 오려서 붙일 수 있는 과일, 야채 등의 사진을 제공한다.
12:45~1:45	수학 ● 전체 집단이 책상에 앉아 있는다. 도미노 수학에 대해서 설명한다. 목표 숫자는 8이다. 학생들은 8개의 점이 모두 생길 때까지 도미노를 계속하고, 중간에 실패할 경우에는 다시한다. 학생들은 도미노를 그리기 위해 기록 용지를 사용한다. ● 소집단: 기본 4명으로 구성한다. 애비: 애비는 도미노 위에 있는 각 점을 가르키기 위해서 연필을 사용한다. 필요하다면 집단원들이 애비의 도미노 숫자를 함께 세도록 한다. 그녀의 기록 용지에도 도미노를 표시한다. 그녀가 맞게 표시한 것에 동그라미 표시를 한다.	수학 ● 모든 집단원들이 카펫 위에 앉는다. 숫자 세기 책을 읽는다. 개미 주사위 게임에 대하여 읽고 해본다. 학생들이 바닥으로 주사위를 던지도록 지시한다. ● 파트너: 주사위 게임을 한다. 학생들은 주사위를 던지고 개미들로 땅 위에 표시한다. 마지막에 학생들은 정확하게 남은 표시만큼 주사위를 던져야 한다. 애비: 애비의 파트너는 샤니아. 애비에게 주사위를 던질 수 있게 박스를 제공한다. 개미가 너무 작다면 애비에게 곰을 사용할 것인지에 대해 물어본다.

그림 4.17　애비의 교사인 콜린 스미스 선생님을 위한 구체적 수정을 위한 주간계획

야하며, 특수교사와 학생을 지원하는 보조교사에게 복사하여 제공해야 한다.

만약 담임교사와 특수교사가 직접 만날 수 없다면 담임교사는 서면 혹은 컴퓨터 파일 양식으로 교실의 일주일 계획에 대해서 특수교사에게 제공할 수 있다. 이 문서에는 특수 교사가 특별히 개별화된 수정 혹은 특정 활동과 관련하여 고려해주어야 하는 활동에 표시해둘 수 있다. 그러면 특수교사는 다른 필요한 구체적인 수정을 문서에 삽입할 수 있고 이러한 문서는 다른 관련 서비스 제공자들과 함께 공유할 수 있다.

4단계 : 좀 더 특별한 교수전략을 계획하고 실행하라

비록 교육과정 혹은 교수적 수정을 필요로 하는 수업이나 활동이 직접적으로 개별화된 수정과 지원계획에 통합될지라도 다른 종류의 수정은 다양한 수준의 계획과 평가를 필요로 한다. 문서화된 프로그램(예 : 프로그램 계획 혹은 수업 가이드)은 교육과정 혹은 교수적 수정이 광범위하거나 다른 대안적인 수정을 필요로 하고, 이러한 특별한 교수방법이 체계적이고 정확한 실행과 평가를 요구할 때 사용될 수 있다. 종종 보다 정교하고, 구체적인 수업방법이 사용될 때는 문서화된 프로그램이 개발되어야 된다. 이러한 프로그램은 학교나 수업활동에 참여하는 데 필요로 하는 기능적 기술을 가르칠 때, 다른 자연적 맥락에서 기능적 기술을 가르칠 때, 학업적 기술을 가르칠 때도 필요하다. 문서화된 프로그램을 만들 때는 다음과 같은 요소에 대한 기술이 포함되어야 한다. (1) 학생, (2) 학습목표, (3) 시작과 종료일, (4) 수업 시간과 환경, (5) 가르치는 사람, (6) 수업계획, (7) 준비물, (8) 평가과정과 스케줄, (9) 교수절차(예 : 교수 단서, 촉구와 소거, 오류교정 절차, 강화)이다. 문서화된 프로그램은 또한 학습의 절차에 있어서 변화를 필요로 할 때도 일반적인 지침을 제공해줄 수 있다. 교수 프로그램이 기록되고, 위에서 언급한 수준의 상세한 내용을 담고 있다면 다음과 같은 이익을 얻을 수 있다.

- 성공적인 프로그램 방법은 같은 학생에게(그리고 다른 학생들에게 적용해서) 사용될 수 있으며, 만일 효과가 없다면 보다 정확하게 수정이 가능하다.
- 누가 가르치든 간에 프로그램은 일관적으로 시행될 수 있다. (비록 수업 보조교사가 교수를 제공하고 정보를 수집한다 하더라도, 교수계획과 평가는 교사의 책임이어야 한다.)

지원을 필요로 하는 학생을 지도하기 위한 몇 가지 특별한 방법은 IDEA 2004(PL 108-

연구가 말하는 것

- **시각적 전략과 지원** : 매일의 스케줄, 과제 스케줄, 비디오 모델링, 그리고 언어적 단서를 대신하거나 보완할 수 있는 다른 시각적 양상을 제공하라.
- **과제분석적 교수** : 복잡한 과제를 논리적 절차에 따른 단계로 나누어 연쇄적으로 가르쳐라.
- **삽입교수** : 지속적인 활동 안에서 가르쳐라.
- **동료지원 전략** : 연령에 적합한 또래들이 필요할 때마다 최소의 도움과 강화를 제공하도록 가르쳐라. 그리고 필요할 때마다 지원을 늘려라.
- **촉구(prompting), 형성(shaping), 연쇄(chaining)** : 필요할 때마다 학생의 반응을 증진하기 위하여 연령에 적합한 방법을 제공하라. 학생이 반복적으로 성공할 수 있는 행동을 강화하라. 복잡한 과제는 작은 단계로 쪼개서 단계적으로 가르친다.
- **자연적인 단서와 교정** : 학생들에게 필요한 촉구와 교정을 통해서 가르칠 때는 연령에 적합하고 일상적이며 긍정적이며 상황과 과제에 적합한 것이어야 한다.
- **하루에 걸쳐 여러 번의 기회를 제공** : 짧지만 반복적으로 가르치는 것이 긴 시간 동안 가르치는 것보다 효과적이다.
- **자연스러운 상황에서 가르칠 수 있는 기능적 기술 교수** : 현실을 바탕으로 한 자연스러운 환경이나 현실과 유사한 환경에서 필요한 기술을 가르쳐라. 이것은 시간, 장소, 과제를 할 때 필요한 자료, 단서, 교정, 사람이 필요할 수도 있다.
- **사회적 이야기와 사회적 상황 이야기** : 학생이 하기에 어려운 상황에서 무엇을 어떻게 해야 하는지 알려주는 그림, 단어, 문장을 앞으로 일어날 활동에 대한 준비로 활동을 시작하기 전에 학생이 읽도록 한다.

그림 4.18　중등도 및 중도 장애를 가진 학생에게 효과가 입증된 특별한 방법

446) 증거 기반 실제의 준거에 부합한다(그림 4.18 참조). 과거에는 특수교사 혹은 특수교사의 관리하에 일하는 특수교육 보조교사는 이러한 특별한 교수전략을 특수학급에서 소집단 혹은 개별적으로 학생들에게 사용하였다. 최근에는 특정한 전통적인 특수교육 교수방법(구별된 교수, 집중적인 훈련, 엄격한 촉구방법, 그리고 몇몇의 규격화된 프로그램)이 사용될 때 장애학생과 일반학생들 사이에 일어나는 분리교육에 대한 걱정이 늘어나고 있다(Snell & Brown, 2011b).

다음의 몇 가지 방법이 잠재적인 문제를 완화시킬 수 있다.

- 비록 학생이 특별한 기술을 특수교사로부터 배울 필요가 있다 하더라도 연구결과에 따르면 지속적인 학급활동에 특수화된 교수방법을 삽입하여 일반교사가 지도하

여도 비슷한 수준의 성과를 얻을 수 있다(예 : McDonnell et al., 2006).

- 또래중재 방법을 연구한 연구결과들은 중도장애 학생의 또래들이 일반 교육과정 안에서 내재된 교수과정을 사용하고 다른 지원을 장애학생에게 제공함으로써 사회적 상호작용과 보다 많은 참여를 이끌어낼 수 있다는 것을 보여주었다(Carter & Hughes, 2005; Johnson et al., 2004).

- 새로운 공학(예 : 상호적인 프로젝터와 칠판, 상징을 만들어내는 소프트웨어)과 일반교육 내에서의 비언어적인 표현의 힘을 인식하는 것이 시각적 스케줄과 그림촉구와 같은 몇몇 전통적 특수교육 전략이 통합교육 환경에서 쉽게 통합되게 되었다(Downing, 2005).

보다 많은 연구들이 다음과 같은 질문에 답을 얻기 위하여 실행되어야 할 것이다. (1) 기존의 어떠한 일반교육 실제가 광범위한 지원을 필요로 하는 장애학생들이 일반교육 맥락에서 학업 내용을 획득하는 데 도움을 줄 수 있는가? 그리고 (2) 어떠한 특수교육 실제가 교사들을 위해서 지속적으로 이어지는 교수방법에 가장 적합하며 사회적으로 타당하고 사용자에게 편리할 것인가? 그러나 특별하게 고안된 개별화된 교수방법이 일반학급 소속감을 제한하지는 않는다. 몇몇 특별화된 전략은 휴대 가능하고 상대적으로 사용하기 용이하며 일반학급 상황에 잘 어울리는 것들도 있다. 몇 가지 보다 복잡한 전략은 융통성 있게 사용할 수 있고 학교 단위 시스템에 사용하기 쉬우며 학생에게 제공할 수 있는 유일한 방법이 특화된 전략이라면 지나치게 나쁘게 인식할 필요는 없다.

이러한 효과적인 특화된 교수전략은 특수교육 범위 밖에서 학생들에게 제공할 수 있는 일반적인 교수학습 원리에 의존한다. 효과적인 교수전략은 목표행동이 발생하고, 효과가 있게 만들며(즉 강화된다면), 부정확한 반응은 작용하지 못하게 한다(즉 강화를 받지 않으면). 특히 초기 지도 시에는 효과적인 단서와 촉구들이 정확한 반응을 증가시키고 학생의 실수를 감소시켜 학습 속도를 높일 수 있다(Ault, Wolery, Doyle, & Gast, 1989). 학생이 반응을 처음 배울 때는 정확한 반응 뒤에 제공되는 강화는 즉각적이어야 하며 자주 제공되어야 한다. 정확한 반응이 일어나게 하는 교수방법은 학습을 촉진한다(Snell & Brown, 2011b).

시각적 스케줄

많은 학생들은 언어적 정보 혹은 문자정보를 보조하여 시각적 전략을 사용할 때 효과를 얻는다. 시각적 전략은 학생들에게 구체적이고 영구적인 정보접근을 가능하게 해주고 학생들이 시간을 관리하는 데 도움을 주며, 복잡하거나 잘 알지 못하는 과제를 다룰 수 있게 하며 다른 사람들과 의사소통이 가능하도록 도울 수 있다. 사물이나 사진, 상징 사진 등은 특별히 자폐성 장애, 지적장애, 언어장애 혹은 감각장애 학생들에게 유용하게 사용될 수 있다. 시각적 지원의 다양한 형태의 적용이 있다. 일상생활 스케줄과 업무 내 스케줄이 여기에서 설명되겠지만 비디오 모델링 또한 모든 연령대의 장애학생들에게 학업적 기술과 기능적 일상생활을 가르치는 데 효과가 입증된 방법 중 하나이다(Cox, Delano, Sturgill, Franzone, & Collet-Klingenberg, 2009).

시각적 스케줄은 구체물, 사진, 혹은 그림 상징 등을 사건이나 활동을 나타내기 위하여 사용된다. 시각적 스케줄의 한 가지 기능은 시간관리이다. 시각적 스케줄은 학생이 하루에 어떠한 일이 일어날 것인지, 활동이 얼마나 지속되는지, 할 일이 얼마나 남았는지, 다음에는 어떤 일이 일어날 것인지, 하루의 일과가 몇 시에 끝이 나는지 등에 대한 것을 알 수 있게 한다. 일과가 바뀌는 전환과정에 발생하게 되는 문제행동이 감소되며(Spriggs, Gast, & Ayres, 2007), 자폐성 장애학생에게 사용할 경우 과제 참여도가 증가할 수 있다(Massey & Wheeler, 2000). 시각적 스케줄의 다른 기능은 의사소통 지원이다. 학생은 질문에 대답하거나 함께 활동하는 사람들과 활동과 관련된 정보를 교환할 때 스케줄표를 참고할 수 있다. 시각적 스케줄을 사용할 때 학업적 혜택도 존재한다. 우연히 혹은 삽입교수 방법을 사용하든지 간에 학생들은 특정 활동과 시계의 시각과 연계에서 학습할 수 있고, 스케줄표에 있는 시각 단서를 짝지은 단어 혹은 구를 짝지어 사용할 수 있다(Downing, 2005).

시각적 스케줄표를 사용하기 위해서는 교사들은 몇몇 구성요소를 반드시 확인해야 한다(Susan, Boswell, Division TEACCH, University of North Carolina-Chapel Hill, Snell & Brown, 2011b에서 재인용).

- **학생의 주요 의사소통 모드와 일관적인 활동을 표시하는 방법** : 실제 활동에서 사용되는 물건, 만질 수 있는 상징, 그림 상징 혹은 아이콘, 사진 혹은 단어
- **스케줄의 길이** : 하나의 활동부터 하루 종일
- **보여지는 형식** : 한 번에 1개의 아이템(예 : 각각의 활동은 하나의 구분된 노트 페이지에 나타냄), 위에서 아래 순서로 표시하기, 왼쪽에서 오른쪽 방향, 여러 개의 줄을 사용
- **현재 활동과 종료된 활동을 표시하는 방법** : 사용할 수 있는 물건을 가지고 다니거나 다른 시각적 단서를 활동 위치에 놓는다. 그러고 나서 일정이 다 끝나면 '끝' 박스

에 넣거나 다른 곳으로 치워둔다. 책에서 사용되는 벨크로 테이프가 뒤에 붙어 있는 상징을 사용하거나 일정이 끝나면 교환하는 일과 보드를 사용할 수 있다. 일정이 끝나면 페이지를 넘기거나 사용하는 상징을 없앨 수 있다. 그리고 완성된 일과는 표시를 남긴다.

- **스케줄표의 위치** : 교사가 학생에게 전달하고, 문구류가 있는 장소로 학생이 가지러 갈 수 있다. 이것은 휴대가 용이해야 한다(예 : 학생이 활동에 스케줄표의 일부분을 가져갈 수 있거나 위에 집게가 달려 있어서 종이를 끼울 수 있는 판, 혹은 공책에 붙여서 사용할 수 있는 것).

그림 4.19는 3학년 학생 제이를 위해서 사용된 그림 상징을 이용한 매일의 스케줄표이다. 이 스케줄표는 프린트되어서 코팅되어 사용되었다. 그래서 제이의 교사가 썼다 지울 수 있는 매직펜으로 구체적인 과제와 다른 정보를 스케줄표에 쓸 수 있었다. 제이는 과제가 하나 끝날 때마다 매직펜으로 선을 그어 표시하였다. 몇몇 교사들은 단순히 복사된 종이양식을 선택하는데, 이럴 경우에는 교사가 학교와 가정 간의 의사소통의 노력의 일환으로 사용된 스케줄표를 가정으로 보낼 수도 있다.

의사소통 장애가 심한 학생들을 위해서 시각적 스케줄은 일상생활 스케줄과 동시에 의사소통 도구의 역할을 한다. 예를 들면, 그림 상징은 삼공 서류철에 비닐 페이지를 붙여서 사용할 수 있다. 공책의 한 페이지에는 그날의 일과를 나타내는 그림 상징을 순서에 맞게 배치할 수 있고, 다른 한 페이지에는 각 활동에 학생이 필요로 하는 준비물을 나타내는 상징을 사용할 수 있다(예 : 연필, 매직펜, 풀, 읽기 책).

학생의 시각적 스케줄은 학생이 보다 복잡한 상징과 스케줄을 사용해갈수록 수정을 필요로 할 것이다. 학생의 상징 사용뿐만 아니라 스케줄표의 겉모양도 학생의 나이에 적합한 모양을 갖추어야 할 것이다. 스케줄표를 사용하는 시스템은 실제적이어야 한다. 그렇지 않으면 지속적으로 사용되지 않으며 스케줄표의 보조적 기능을 담당하기 힘들다. 스케줄표는 학생들이 일과 순서를 아는 것을 학습하는 데 적합하지만, 스케줄의 주요 기능은 보조적이어야 한다. 학생이 스케줄표를 구성하는 능력을 평가받아서는 안 된다.

몇몇 학생들은 과제에서의 스케줄을 제공함으로써 혜택을 받을 수 있다. 그림으로 방향을 제시해주거나 그림 촉구(예 : Copeland & Hughes, 2000), 과제 내 상징 스크립트(Mirenda, MacGregor, & Kelly-Keough, 2002), 과제 순서를 적어놓은 법 등이 활동, 수업, 교과 등을 수행하는 데 필요한 시각적 보조를 제공할 수 있다. 예를 들어, 그림 4.20은 애비의 안내된 읽기활동 동안 제공된 그림 지시법이다. 각각의 과제가 끝날 때 애비

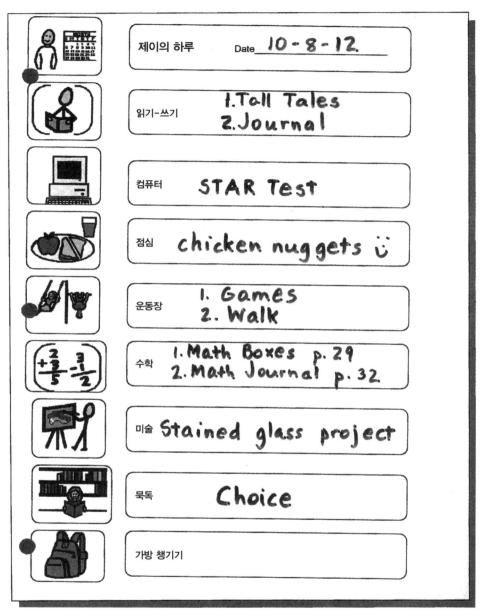

그림 4.19 그림과 글씨로 작성된 일상생활 스케줄표

는 체크 표시를 하고, 각각의 체크표가 표시되어 있으면, 애비는 읽기 집단활동이 끝났음을 알 수 있다.

아론의 과학실험 참여와 일자리에서도 그림 지시는 지원될 수 있다. 팀 구성원들은 아

읽기집단		
	인사하기	✓
	책 읽기	✓
	알파벳 찾기	
	알파벳 쓰기	
	자리로 돌아가기	

그림 4.20 애비의 읽기집단을 위한 그림 지시

론을 위해서 좀 더 나이에 적합하고 더 높은 수준의 공학적 옵션을 찾는 데 관심이 있다. 이것들을 통하여 아론이 Ablenet's Step-by Step과 같이 스스로 관리할 수 있는 촉구 시스템을 사용하여 기능적인 일과 혹은 교수적 활동을 태블릿 컴퓨터 혹은 휴대용 컴퓨터의 애플리케이션을 사용하여 관리할 수 있도록 돕기 위해서이다.

과제분석적 교수

과제분석적 교수(task analytic instruction)는 다양한 단계의 과제를 가르칠 수 있는 단위로 쪼개고 그 단계들을 연쇄적으로 가르치는 것을 말한다. 이 방법은 기능적 일상생활(예 : 학교 급식실에서 점심 먹기, 체육수업을 위하여 옷 갈아입기, 손 씻기)뿐만 아니라 학교, 교실의 일상생활과 절차에 유기적으로 사용될 수 있다(예 : 등교와 하교 일상, 한 과목에서 다른 과목으로 이동, 한 활동에서 다른 활동으로 전환 시).

Snell과 Brown(2011b)은 과제분석적 교수방법을 사용하여 기능적 기술을 가르칠 때 다음과 같은 절차를 제안하였다(제3장에 제시된 생태학적 사정과 상업적 자료 참조).

1. 생태학적 분석결과를 나이에 적합하고 우선순위 활동에 해당되는 일상생활을 판별하고 선택하는 데 사용하라.
2. 목표로 선택한 일상생활을 명료하게 정의하라.
3. 또래 동료들이 목표로 한 일상생활을 전형적으로 사용되는 자료와 자연스러운 상황에서 어떻게 수행하는지를 관찰하라. 포함된 단계들을 기록하고 그것들을 관찰 가능한 행동으로 서술하였는지 확인하라.
4. 학생이 수행하는 핵심 과제를 관찰하고, 학생이 독립적으로 수행할 수 없는 단계에서 도움을 제공하라.
5. 학생이 모든 단계에서 과제분석 내용을 활동에 최소한 부분적으로라도 참여할 수 있도록 수정 혹은 다른 지원을 과제분석에 반영하여 수정하라(필요할 때만 특수화하고 그렇지 않을 때는 유지).
6. 데이터 수집 양식에 과제분석 내용을 입력하라. 지시가 필요할 때 단계를 글자로 써서 그것들이 필요할 때 언어적 촉구가 되도록 할 수 있다(예 : "의자에 앉아라.", "재킷을 걸어라.").
7. 간략한 교수 안내서를 (1) 과제 혹은 목표와 평가기준, (2) 교수가 시행되는 날짜와 시간, (3) 준비물, (4) 촉구, 교정, 강화에 대한 설명, (5) 진전도 점검을 위한 데이터 수집 일정과 데이터, (교수) 데이터와 시험평가(회기), (6) 기록 용어를 포함하여 개방하라.

체이스의 특수 교사는 과제분석 교수 프로그램 계획을 그의 아침 일상(그림 4.21 참조)을 위해서 작성하였다. 문서는 과제분석의 단계들을 나열하고 있고 교수적 단서와 촉구절차, 데이터 수집 일과, 그리고 기록 용어를 포함하고 있다. 이 형식은 기초선 수행수

과제분석적 교수 프로그램 계획

학생 제이스   교사 다이어스(월요일), 반스(화~금요일)   일과 아침 등교   장소 교실

날짜와 시간 매일 9:00~9:10   정부수업 스케줄 월, 수, 금요일   시작일 2012년 9월 3일

목표 제이스는 이 시간의 100% 정확하게 독립적으로 2주간 연속적으로 수행할 것이다.

관련된 혹은 삽입된 개별화 교육 프로그램 목표: 사회적 의사소통-활동에서 교사, 또래로부터의 질문이나 말에 반응하기 (1단계)
상황에 적절한 단어나 구 사용하기 (6단계)

단서 "가방을 풀고 정리하십시오."

촉구 동작 촉구(손에서 손 가이드나 그 수준으로 가능함), (만약 또래 모델이 촉구 또래 모델을 보면 언어적 촉구 줄 제시함), "신규구를 지지하지 않는 것을 보고 드린다."

교수절차 처음 이틀 동안에는 시간지연 없이, 그리고 4주 시간지연촉구 사용. 주말이나 긴 추가기간이 있을 때에는 시간지연 없이 촉구 사용

기록용어 : +(촉구 없이 정확한 반응), p(촉구 제공 후 정반응(동작촉구)), -(촉구 없음 혹은 촉구를 제공했지만 오반응), NR(반응 없음)
이 표의 뒷면에는 일화기록을 남김

과제 단계	날짜														
	9/3	9/5	9/7	9/10	9/12	9/14	9/17	9/19	9/21	9/24	9/26	9/28	10/1	10/3	10/5
전체 독립 단계	0	0	0	2	3	3	4	4	5	5	6	5	6	7	9
10. 이침과제 시작하기	-	-	-	p	p	-	-	p	-	p	+	-	-	p	+
9. 책상에서 하루 일과표 작성하고 날짜 쓰기	-	-	-	p	p	p	p	p	p	p	p	p	p	p	p
8. 연필 2개 깎기	-	-	-	p	+	-	-	+	-	+	-	+	+	+	+
7. 점심메뉴 결정	-	-	p	+	+	+	+	+	p	+	+	+	+	+	+
6. 숙제폴더에서 '학교로 돌아가기'라는 종이 꺼내기, 종이를 바구니에 넣기	-	-	p	p	+	-	-	-	-	p	+	+	+	+	+
5. 자리로 돌아가기	-	-	-	p	+	+	+	+	+	+	+	-	+	p	+
4. 재킷 벗기, 사물함에 재킷 걸기	-	-	p	-	+	+	-	p	+	+	+	+	+	+	+
3. 사물함 찾기, 사물함에 가방 넣기	-	-	-	+	+	+	+	+	+	+	+	+	+	+	+
2. 책상에 가방을 놓기, 계획표와 숙제폴더를 풀기	p	p	p	p	p	p	p	p	p	p	-	+	+	+	p
1. 또래인사에 반응	-	-	p	p	p	+	+	+	-	+	+	+	+	+	+

그림 4.21 제이스의 이침 일과를 위한 과제분석적 교수 프로그램

출처 : Janney, R. E., & Snell, M. E. (2011). Designing and implementing instruction for inclusive classes. In M.E. Snell & F. Brown (Eds.), *Instruction of students with severe disabilities* (7th ed., pp. 224-256). Pearson Education, Inc. © 2011 Pearson Education, Inc.

준(교수를 시작하기 전 수행수준)을 기록하는 데 사용되며, 지도하고 난 후의 결과와 시험 과정의 결과를 기록하는 데 사용될 수 있다. 그림 4.21은 회기 혹은 시험 과정에서의 데이터만 포함하고 있다. 교수계획은 또한 사회적 의사소통 기술을 나타내고 이러한 기능적 일상생활에 포함된 학업적 기준 또한 나타내고 있다. 이러한 종류의 문서를 사용하는 것은 데이터를 기반으로 한 의사결정과 가르치는 데 있어서 일관적일 수 있게 하며 여러 교사가 참여하는 수업에서 체이스가 학습하는 것을 쉽게 지원하는 데 도움이 된다.

체이스의 팀은 이 문서를 사용하여 얻은 데이터를 매일매일 어떠한 진전이 일어나는지 확인하는 데 사용할 수 있으며, 숙달된 지점 혹은 일관적으로 어려움을 보이는 지점을 확인하는 데 사용할 수 있다. 이 형식의 뒷면에 적을 수 있는 일화기록(anecdotal) 내용은 학생의 변화가 학습의 결과인지, 교수계획의 문제 때문인지, 혹은 학급이나 집에서 일어난 문제 때문인지 가설을 검증하는 데 사용할 수 있다.

이 과제분석 계획표가 정확하게 실행되고 있는지를 확인하기 위하여 교수적 프로그램에 참여하는 모든 팀 구성원들은 문서화된 프로그램 절차를 우선 함께 모여서 명료화해야 한다. 둘째로, 팀 구성원들은 역할놀이를 사용할 수 있고, 교실 내에서의 모델링, 코칭, 단계들을 효과적이고 일관적으로 실행하는 것에 피드백을 제공할 수 있다(Schepic, Reid, Ownbey, & Parsons, 2001). 교수과정을 보여준 팀 구성원을 비디오 녹화한 것을 관찰하는 것 또한 기술을 훈련하는 데 도움이 될 수 있다.

신뢰할 만한 방법으로 효과적인 촉구, 오류 교정, 강화절차가 수행된 과제분석 교수법은 자조기술, 직업기술, 다른 기능적 기술을 가르치는 데 효과적이다. 과제분석적 교수법을 실행하는 데 어려움은 과제분석적 교수계획을 신뢰성 있고 일관되게 실행하는 것이다. 대상 학생이 학급에서 과제 관련 수업을 받는 유일한 학생일 수 있기 때문에 학생이 다른 학급활동을 빠지지 않고 다 참여할 수 있는 시간을 갖기 어려울 수도 있다.

삽입교수

어느 시간의 교수활동에도 적용할 수 있는 **삽입교수(embedded instruction)**라는 용어는 하루 종일의 일과 혹은 자연스러운 환경에서 일어나는 활동에 사용될 수 있는데, 예를 들어 점심시간 전에 그리고 화장실 사용 후에 손 씻기 활동, 하루 중 전환시기가 발생하는 시간에 자연스럽게 시간을 말하는 것을 배우기 등이다. 이러한 방법은 한 가지 기술을 한 회기에서 배우고 나서 다른 한 가지 기술을 차례대로 가르치는 교수방법과는 상반된 교수방법이다(Bambara & Warren, 1992; Westling & Fox, 2009). 비록 삽입교수법이 자연스러운 환경에서 일어나는 방법이기는 하지만, 이 교수법은 미리 계획되고 고도로 구조화되어 시행되어야 한다. 교사는 체계적으로 교수적 예시를 제시하는 것을 통제하고, 명료하고 간결한 교수절차를 진행해야 한다. 많은 선행연구들은 특수교사들이 다양한 학업기술과 발달기술이 분리된 특수학급에서 삽입교수법을 사용하여 가르치는 것을 타당화하였다(Dunlap & Dunlap, 1987; Gayloard-Ross & Holvoet, 1985).

보다 최근에 삽입교수법은 통합학급에서 장애학생의 일반 교육과정으로부터 나오는 구체적인 학업기술을 가르치는 데에도 적용되고 있다(McDonnell, Johnson, & McQuivey, 2008). 간략한 교수적 상황들은 하루 종일에 거쳐서 활동을 시작하고 끝내기, 활동 전이(예 : 강의에서 소집단 활동으로 전이), 활동 중간의 쉬는 시간(예 : 학생이 다른 학생들보다 학습지를 먼저 풀었을 경우)에 여러 번 발생한다.

삽입교수법은 담임교사, 특수교사, 보조교사, 또래들이 학업기술과 기능적 기술을 초 · 중등 통합학급에 배치된 장애학생(특히 중도장애 학생)을 지도할 때 효과적이라고 입증되고 있다. 획득된 기술은 일견단어, 어휘, 과학적 개념, 숫자 인식, 각 주의 주도(state capitol), 시각 말하기, 의사소통 기계 사용하기 등을 포함한다(Jameson, McDonnell, Johnson, Riesen, & Polychronis, 2007; Jameson, McDonnell, Polychronis, & Riesen, 2008; Johnson & McDonnell, 2004; John son et al., 2004; McDonell et al., 2006; Polychronis, McDonnell, Johnson, Riesen, & Jameson, 2004).

삽입교수법은 이제 체계적이고, 학생이 통합학급의 조직적인 구조와 맞게 효과적인 수업을 받도록 하는 데 개별화된 교수전략으로 받아들여지고 있다. 비록 특수교사가 수업을 설계하여 일반교사나 보조교사, 그리고 일반 또래가 이를 충실하게 실행하는 것이 실제적이다. 게다가 삽입교수법은 특수교사가 소집단 혹은 개인적으로 집중 훈련으로 가르치는 교수방법보다 동등하거나 그 이상으로 효과적이라고 밝혀지고 있다. 다른 자료나 수행 정도에도 영향을 미친다는 일반화 효과 또한 보이고 있다. 일반교사들은 삽입교수법을 사용하는 것에 대해서 매우 긍정적이며 학생의 요구를 충족하는 것이 쉽고, 사용하는 것이 용이하며 다른 수업을 방해하지 않는 형식이라 다음 번에도 지속적으로 사용하고 싶다고 보고하고 있다. 삽입교수법을 사용하는 교육 팀 구성원들은 충분한 기회가 학생들에게 제공되어 학생의 학습에 진전이 발생하는지를 점검하고 다른 또래와의 상호작용을 방해하지는 않는지 확인할 필요가 있다.

다음의 기본 단계는 삽입교수법을 사용하는 데 추천되는 단계이다(McDonnell et al., 2008).

1. 가르칠 준비물을 확인한다.
2. 다른 계획된 교수를 방해하지 않고 사용할 수 있는 몇몇 장면에서의 삽입교수 기회 (4~6)를 선택한다(예 : 활동의 시작과 끝, 활동 전환, 쉬는 시간).
3. 누가 교수를 진행할 것인지 결정한다(담임교사, 특수교사, 보조교사, 또래).
4. 가르칠 단계를 확인하고 적용한다(만약 또래들이 참여한다면 가르치는 단계를 또 래들이 100%의 정확도로 진행할 때까지 훈련시킨다).
   - 집중할 수 있는 단서를 제공한다(예 : "체이스야, 새로운 단어를 함께 공부하자.").
   - 자극을 제시한다(예 : 단어 카드). 그리고 과제를 지시한다(예 : 단어 카드를 들고 보여주면서 "체이스, 이것을 만져봐."라고 말한다).
   - 적절한 기간 동안 기다리고 촉구를 제공한다(예 : 반응 지연 시간이 없다면 올바른 단어 카드를 만진다).
   - 만약 반응이 정확하다면 강화를 제공한다(예 : "잘했어.") 혹은 반응이 틀렸다면 교정 기회를 제공한다(예 : "아니야." 그리고 다시 기회를 제공).

또래지원 중재

또래지원 중재방법은 1명 혹은 그 이상의 어른들의 관리하에 장애가 없는 1명 이상의 반 친구들이 중도장애 학생의 학습과 사회적 지원을 제공하는 것을 말한다(Carter & Kennedy, 2006). 선행연구들은 중·고등학교에서 중도장애를 가진 학생들이 또래지원 중재방법을 통하여 또래와의 상호작용을 증가시키거나 유지하는 것과 학업활동에 참여하는 정도를 증가시킨다는 증거를 보여주고 있다(2005년 Horner 등이 제시한 기준). 또한 또래지원 중재법은 장애학생뿐만 아니라 중재를 제공하는 일반학생들의 사회적 상호작용을 자극하고, 수업활동에의 참여와 일반 교육과정 접근 정도와 학습 내용의 학습을 향상시킨다(Carter & Kennedy, 2006; Cushing & Kennedy, 1997; Dugan et al., 1995).

주로 도움을 주는 또래가 관계되므로 가능한 한 단점이 있다는 것을 인식하는 것이 중요하기는 하지만, 또래지원 중재방법이 필연적으로 항상 장애가 있는 학생과 그렇지 않은 학생들 사이의 불평등한 또래관계를 초래하는 것만은 아니다. 또래들은 직간접적으로 장애학생이 무능력하지 않다는 사실을 배우며 항상 도움을 필요로 하지 않는다는 것 또한 배울 수 있다. 관계에 있어서 상호보완적인 것이 중요하다. 학습 내용이나 자료는 장애학생이나 지원을 제공하는 또래 둘 다 즐길 만한 것이어야 하며 서로의 가치를 인정하는 과정으로 인도되어야 한다.

중학교와 고등학교에서 또래들은 중등도 및 중도 장애 학생에게 광범위한 지원을 제공하도록 훈련받는다. 연구자들은 또래들이 다음과 같은 지원 역할에 성공적이라고 밝히고 있다.

- 수업 참여를 증진하기 위하여 수업활동을 수정하기
- IEP에 있는 사회적 · 학업적 목표에 도달하도록 공헌하기
- 빈번하게 긍정적 피드백 제공하기
- 의사소통 책을 사용하는 것을 촉진하기
- 다른 또래와의 상호작용을 촉진하기

선행연구들은 또한 중도장애를 가진 중 · 고등학생들이 또래지원을 받을 때 일대일로 특수교사, 특수교육 보조교사로부터 지원을 받을 때와 비교했을 때 다음과 같은 특징이 있다는 것을 밝혔다(Carter, Cushing, et al., 2005; Carter, Cushing, & Kennedy, 2009; Carter & Hughes, 2005; Carter, Hughes, et al., 2005; Carter & Kennedy, 2006; Carter et al., 2007; Hughes et al., 2011; Hughes et al., 2000; Kennedy, Cushing, et al., 1997; McDonnell et al., 2001; Shukla, Kennedy, & Cushing, 1999).

- 보다 자주, 높은 질로, 보다 다양한, 보다 오래 지속되는 사회적 상호작용에 참여하였다.
- 일반 교육과정의 제공과 함께 유사한 혹은 향상된 수준의 학업적 참여를 유지하였다.
- 문제행동이 줄어들었다.

Carter와 그의 동료들(2009)은 또래지원을 위해서 다음과 같은 단계를 소개하였다.

1. 장애학생 중에서 사회적 상호작용이 부족하거나 학급활동에서 친구가 거의 없는 학생을 확인한다. 장애학생을 잘 알고 공통의 관심사를 가지며 새로운 기술을 학습하기를 원하는 장애가 없는 학생 1~2명을 선별한다.
2. 또래지원을 제공하는 학생에게 역할과 책임에 대해서 교육시킨다. 장애학생의 강점, 흥미, 학습목표 등에 대해서 정보를 제공하고 학업적 · 사회적 참여를 증진할 수 있는 전략에 대해서 논의하며 의사소통기기나 시스템 사용을 촉진하고 피드백과 격려를 제공하는 법, 다른 반 친구들과의 상호작용을 촉진하는 방법에 대해서도 정보를 제공한다. 언제 어른에게 도움을 요청해야 하는지에 대해서도 설명한다.
3. 교실활동 중간에 상호작용할 수 있는 정기적인 기회를 제공한다. 또래들이 학습준

비물을 공유하도록, 학급활동을 도울 수 있도록, 추가적인 예 혹은 설명을 제공하고 피드백을 제공하도록 격려한다.

4. 학생들의 참여 정도와 학생들이 적절한 방식으로 상호작용하는지를 점검하며 효과적인 지원을 제공하고 필요할 때마다 성인에게 지원방법을 조언받는지에 대해서 확인한다.

또래지원 중재방법은 일대일로 제공되는 특수교육 보조교사에게 지나치게 많이 의존하게 되는 문제를 해결하는 효과적인 대안이 될 수 있다. 그러나 또래지원은 교사나 특정의 교육 전문가들의 서비스를 보완하는 방법이 되어야 하지 대신하는 방법으로 사용되어서는 안 된다. 또래지원 방법에 대해서 교사들은 높은 호응도를 보였는데, 이는 장애학생과 일반학생 모두에게 효과적이며 학급활동에 방해되지 않는 방법이기 때문이다(Carter & Pesko, 2008). 또래지원 같은 공식적인 전략은 IEP 팀의 의사결정이며, 그렇기 때문에 또래지원은 교사들이 오리엔테이션과 또래 훈련, 문서화된 지원전략, 향상 정도를 점검하는 것이 필요하다는 것을 이해할 필요가 있다.

교수, 지원, 감독을 위한 계획

개별화 교육지원 팀은 학생이 일과를 수행할 때, 누가 교수 혹은 지원을 제공할 것인지에 대해서도 반드시 결정해야 한다. 이는 일반교사, 특수교사, 보조교사 혹은 또래가 될 수 있다. 그림 4.22에서는 이 주제에 대하여 한 교사가 의견을 나타내었다. 보조교사의 자원은 중도장애 학생의 통합교육과 행동지원과 밀접한 관계가 있기 때문에 우리는 이 주제와 관련된 몇 가지 생각과 제안을 제공하고자 한다.

특수교육 보조교사의 일 지시하기

특수교육 보조교사를 중도장애가 있는 학생을 보조하기 위하여 통합학급에 배치하는 일은 장애학생의 사회적 상호작용과 또래관계를 방해한다는 의도하지 않은 역효과를 만들 수 있다(그림 3.5 참조). 또한 특수교육 보조교사를 얼마나 자주 사용해야 하는가에 대해서는 법적 · 윤리적으로 심각한 고민들이 존재하고 있다. 선행연구에서 많은 특수교육 보조교사들이 불충분한 훈련과 부족한 관리하에서 교육적 결정을 스스로 내리고 있다는 것이 밝혀졌다(Downing, Ryndak, & Clark, 2000; French, 2001; Giangreco et al., 2002; Giangreco, Broer, & Suter, 2011).

Giangreco와 동료들(Giangreco, Suter, & Hurley, 2011)은 연구에 참여한 145명의 특수

🔊 **교실의 목소리**

보다 광범위한 지원이 필요한 장애학생에게 일대일로 특수교육 보조교사를 배정하는 주제에 대해서 물어보자, 3학년 학급교사 에이미 브렐은 다음과 같이 대답한다. "필요한 교수와 지원 사이의 균형을 찾는 것은 어려운 일입니다. 이곳처럼 큰 학교에서는 특수교사에게는 일정을 조절하는 데 어려움이 있습니다. 특수교사는 학생이 필요로 하는 수업 모두를 제공할 수가 없습니다. 이것이 문제가 되는 이유는 보조교사들이 수업기술을 배운 것이 아니기 때문입니다. 또한 장애학생과 보조교사 사이의 애착은 학생의 독립성 향상에 영향을 미치고, 장애학생과 일반학생 사이의 사회적 상호작용과 장애학생의 사회성 기술 습득에 부정적인 영향을 미칠 수 있습니다."

"일대일 보조교사 지원을 받는 학생을 위해서 저는 학생이 일반교사, 특수교사, 특수교육 보조교사, 그리고 또래들로부터 교수와 지원을 받기를 원합니다. 누가 교수를 전달할 것인가는 팀 회의에서 미리 결정합니다. 중요한 것은 학생은 보조교사에게 교육을 받는 것이 아니라 저와 같은 특수교사 혹은 일반교사에게 교육을 받는다는 것입니다. 이렇게 하는 것은 보조교사에게 교실에 있는 다른 일반학생들과 일하거나 관계를 발전시킬 수 있는 기회를 제공하게 되며 이러한 기회는 학생들과 또래 관계를 지원하고 형성하는 데 도움이 됩니다."

"다른 사람들과 함께 계획하는 것은 때로는 복잡한 일이기도 하지만 우리가 어떻게 함께 가르치고, 어떻게 보조교사를 사용할 것인가를 함께 결정하는 일은 너무 중요한 일입니다. 특수교사가 교실에서 교수를 제공할 때, 교사들이 우리의 교실을 보는 것처럼 교실을 보는 것이 효과적입니다. 그래서 우리 학생들이 특수교사들을 볼 때 교사로 봐야 하지 교사와 손님 혹은 1명의 학생을 위한 교사로 인식하면 안 됩니다."

그림 4.22 일반교사, 특수교사, 보조교사, 혹은 또래 중 누가 교수 혹은 지원을 제공해야 하는가?
출처 : Amy Brehl의 도움을 받음.

교사들이 관리하는 보조교사와 각각 평균 2% 정도의 시간을 통합학급에서 보낸다는 것을 조사연구를 통해 밝혔다. 게다가 이 연구에 참여한 일대일로 보조교사의 지원을 받는 학생 중 43%의 학생이 특수교사보다 보조교사에게 절반이 넘는 시간을 교육적 지원을 받는다고 응답하였고, 20%가량의 학생들은 70% 이상의 시간을 보조교사에게 교육받는다고 응답하였다. Fisher와 Pleasants(2012)가 미국 전역을 대상으로 시행한 연구에서는 장애학생을 보조하는 보조교사들이 수업을 독립적으로 계획하고 일반교사가 계획한 수업을 수정한다고 밝혔다.

보조교사들에게 더 좋은 훈련과 감독을 제공하는것은 이 문제를 해결하는 한 가지 방법이다. 심지어 적당한 수준의 현장교육을 제공하는 것만으로도 보조교사들이 연구 기반 교수를 실행하는 능력을 향상시킬 수 있다는 것이 입증되었다. 예를들어, 보조교사들은 또래와의 상호작용을 촉진하는 방법(Causton-Theoharis & Malmgren, 2005), 장애학생과 학습부진 학생의 읽기기술 신장(Causton-Theoharis, Giangreco, Doyle, & Vadasy, 2007; Lane, Fletcher, Carter, Dejud, & Delorenzo, 2007), 그리고 삽입교수를 사용하여 다양한 종류의 학업기술을 지도하는 것이 가능하였다(Jameson et al., 2007).

그러나 심각한 학습과 행동문제를 가지고 있는 장애학생을 일대일로 지원하는 보조교사에게 지나치게 의존하게 되는 것은 현장교육과 관리의 문제로만 보기 힘들다. 이 문제는 서비스 전달 모델과 특수교사와 일반교사의 역할 혼란과 함께 복잡하게 엮여 있다(Giangreco, Suter, et al., 2011). 교사와 학부모들은 서비스 전달 모델과 관련된 미래의 변화에 대해서 주장을 시작할 수 있다. 동시에 개별화 교육 팀 구성원들은 보조교사들의 역할을 명확히 정하고 적절한 업무 책임, 적절한 훈련, 문서화된 교수 및 지원계획, 그리고 효과적인 감독을 제공해야 한다. 중도장애 학생을 위해 교육 프로그램에 보조교사를 사용하는 것에 대해 살펴본 선행연구와 전문가들은 다음과 같이 제안하고 있다(Brown, Farrington, Knight, Ross, & Ziegler, 1999; Giangreco, Doyle, 2002; Giangreco, Edelman, & Broer, 2003; Giangreco, Halvorsen, Doyle, & Broer, 2004; Mueller, & Murphy, 2001).

- 각각의 보조교사에게 개별화된 직무에 대한 설명을 제공해서 해야 할 일의 순서를 구체화하고 보조교사가 지원하는 학생과 그들을 관리하는 감독자가 누구인지 구체화시켜라.
- 각각의 보조교사에게 장애학생과 또래와의 상호작용을 방해하지 않고, 장애학생의 독립심을 증진시키는 방향으로 지원하고 교육할 수 있는 현장교육을 제공하라(그림 4.23 참조).
- 보조교사의 도움이 필요한 구체적인 활동을 결정하는 데 객관적인 의사결정 모델을 사용하라. 그리고 기술발달을 촉진하고 또래를 포함한 자연적인 지원을 증가시킴으로써 시간이 지나면서 지원을 감소시키는 계획을 세워라.
- 특수교사는 문서화된 프로그램 계획을 개발해야만 하고, 보조교사들이 학생의 수행 정보를 수집함으로써 장애학생들에게 어떻게 교수를 하는지에 대한 모델링과 코칭 받는 것을 확인하라. 특수교사는 교육회기에 대한 정보를 수집하고 학생의 수행평가 정보를 검사하라.

학생들이 기능적 · 학업적 활동에 참여하는 데 도움을 필요로 하는 시간이 있다 하더라도 그 도움은 학습을 침해하지 않는 방향이어야 하고 학생의 독립심과 보조도구와 자연적인 지원 사용을 증가시키는 방향으로 진행되어야 한다. 너무 지나친 지원을 제공하는 것은 학생의 의존성을 증가시키고 또래들이 장애학생의 능력에 대해 부정적으로 인식하도록 영향을 미치게 된다(Downing, 2008). 다음의 가이드라인은 지원하는 학생의 소속감과 독립성을 증가시킬 수 있는 방법이다.

- 모든 학생에게 적용 가능한 시각적 지원 사용을 촉진하라(예 : 칠판에 붙이고 사용하는 스케줄표, 암기전략이 적힌 벽지). 필요할 때마다 개별화하라(예 : 학생의 책상에 보관할 수 있는 작은 사이즈의 일과표).
- 활동을 시작하거나 끝내는 것에 대한 의존성을 줄이기 위해서 부가적인 시각적 지원을 제공하라(예 : 사진 스케줄, 그림 단서).
- 자연적인 단서를 사용하라. 예를 들어, 학생이 학급 전체에 교사가 지시한 사항에 반응이 없다면, 교사의 말을 학생에게 즉시 따라서 말해주기보다는 교사의 지시를 듣도록 비음성적 촉구를 제공하라(예 : 교사의 사진 밑에 'B 교사의 말을 들을 것'이라는 글이 적힌 사진 가르키기).
- 학생의 활동에 도움이 필요할 때, 보통은 학생을 조작하는 것이 아니라 학습활동과 학습자료를 조작하라. 예를 들어 학생이 필요한 물건을 들어올릴 수 없다면(예 : 장난감, 숟가락, 연필), 물건을 가리키는 행동을 하거나 물건을 학생 가까이 이동시킨다. 물건을 즉시 들어서 학생에게 건네주거나 보조교사가 물건을 장애학생 손에 쥐어주지 않는다(Demchak & Downing, 2008).
- 장애학생이 활동을 하지 못하거나 하기를 원하지 않는다면(예 : 쓰기과제, 미술 프로젝트, 과학 학습지), 최소한으로 침해적인 촉구를 사용하여 학생이 할 수 있는 몇 가지 단계를 결정하라(예 : 또래들이 하고 있는 활동을 손가락으로 가리키기, 학습자료를 더 가까이 이동시키기). 그리고 장애학생이 다른 단계의 과제를 하거나 또래와 함께하도록 하라. 장애학생에게 신체적인 촉구를 제공함으로써 단순히 과제를 끝내도록 도와주지 않는다.
- 장애학생의 손을 잡고 활동을 도와주는 것에 대해서 굉장히 주의를 기울여라. 왜냐하면 이런 활동은 장애학생이 적합한 자극이나 활동 자체보다는 신체적인 접촉에 대부분의 신경이 쓰이도록 만들기 때문이다.
- 학생이 간헐적인 도움을 필요로 한다면, 보조교사의 위치를 항상 장애학생 옆으로 지정하지 마라. 대신 학생으로 하여금 도움을 요청할 때 전략을 사용하도록 돕는다(예 : 손 들기, 표시하기 위한 전자기계 사용, '도와주세요.'라고 적힌 카드 사용하기, 또래 파트너에게 묻기, 그림 단서 사용하기). 만약 학생이 준비물을 가지고 있고 어떻게 해야 하는지 알며 과제를 시작했고 도움이 필요할 때 요청하는 법을 알고 있다면 다음과 같이 이야기한다.

> "나는 다른 학생들을 도와주러 갈 거야. 너는 나의 도움이 필요하다면 어떻게 해야 하는
> 지 알고 있어."

그림 4.23   소속감과 독립심을 촉진하는 지원

- 추천되는 방법으로 또래지원 중재방법을 실행하라.
- 차별화된 교수방법 사용과 일반교사와 특수교사와 함께하는 협력교수를 늘려라.

5단계 : 점검하고 평가하라

이번 절은 핵심 팀원들과 확장된 팀 구성원들이 학생의 학습과 지원과 수정의 적합성에 대해서 계획하고 의사소통하고 평가하는 것에 대한 핵심 이슈에 대해서 다룰 것이다. 팀 구성원 사이의 문제해결 방법과 계획 실행하기, 의사소통 기술과 관련된 부가적인 안내는 *Collaborative Teaming*(Snell & Janney, 2005)과 부록 B의 자료에서 제공하겠다.

지속적인 팀 계획과 문제해결

제1장에서 성공적인 협력 팀을 촉진하기 위한 몇 가지 전략이 제시되었는데, 이러한 전략 중 하나는 팀 역할 및 책임 점검표(그림 1.6 참조)이며 팀 미팅을 위해 협의된 일과표의 사용이다. 우리는 팀 구성원 간의 동등함과 공유된 목표의 필요성에 대해서 언급하였다. 중도장애 학생에게 통합교육을 제공하기 위한 협력 팀은 일반적으로 몇 가지 추가적인 팀워크 전략과 공유된 계획이 필요하다. 학생 교육과 관련된 일반교사, 특수교사, 보조교사로 구성된 핵심 교육 팀이 어떻게 계획하고 실행하며 학생의 교수와 지원을 점검하는지에 대해 명확히 이해하는 것이 중요하다.

광범위한 지원을 필요로 하는 장애학생을 위해 일하는 많은 팀 구성원들은 두 가지 유형의 회의가 필요하다. (1) 전체 팀 회의(일반교사, 특수교사, 학생 가족 구성원, 전문가, 상담가, 행정가) 장기계획에 참여하고, IEP 관련 결정을 하고, 문제행동 지원과 또래지원 전략과 같은 문제해결과 관련된 결정을 내린다. (2) 핵심적인 교수 팀 회의(학급교사, 특수교사, 매일의 교수학습 활동에 참여하게 되는 사람들) 구체적인 과목, 수업에 대한 지속적인 계획을 위해서, 다가오는 학교행사 및 교수적 수정과 지원을 결정하기 위해서, 그 밖의 다른 문제에 관해서 결정을 내린다. 학기 초에는 모든 관계자들이 학생의 전반

적인 학교 프로그램에 대한 이해를 공유하기 위하여 전체 팀 회의가 필요할 것이다. 그 이후에는 핵심 교수 팀 회의(학생 교육과 관련된 핵심 교사들 중에서 작은 집단으로, 가끔은 일반교사와 특수교사만)를 주별로 혹은 2주에 한 번씩 할 수 있다. 전체 팀 회의는 분기별로 한 번 있는 반면에 교수 팀 회의는 정기적으로 자주 할 수 있다.

핵심 교수 팀 구성원들은 지속적인 교수와 지원계획에 관해서 다음과 같은 질문에 답할 필요가 있다.

1. 팀 구성원들은 어떻게 지속적인 교수적 계획을 모든 학생과 통합하여 시행할 것인가? 개인적으로는 어떻게 시행하고, 함께는 어떻게 시행할 것인가?
2. 언제, 어디에서, 얼마나 팀 회의를 할 것인가? 회의 준비를 위해서 각각의 개인은 무엇을 준비할 것인가?
3. 학생의 개별화된 교수적 수정과 지원에 관한 의사결정을 기록할 때 팀 구성원들은 어떠한 형식을 사용할 것인가?
4. 수정이 필요한 자료(시험지, 숙제, 읽기자료)에 대한 대안은 무엇인가?
5. 팀이 결정한 계획에 대한 결과를 다른 사람들과 어떻게 의사소통 할 것인가? 예를 들어, 교수, 수정, 학생 진전에 대한 점검 정보에 대해서 누가 필요한 정보를 전달할 것인가? 그리고 팀 미팅에 종종 빠지고 있는 사람에게는 어떻게 전달할 것인가?

이러한 팀 회의는 가능한 효율적으로 진행하는 것이 모든 사람을 위해 도움이 된다. 회의의 효율성을 높이기 위해서는 구체적인 역할을 정하는 것(회의 진행자, 기록자, 시간 알리미, 기타 등), 문서화된 회의 안건, 엄격한 시간 제한이 필요하다. 그림 4.24는 애비를 위한 격주에 열리는 간단한 핵심 교수 팀 회의양식의 예를 보여준다. 애비의 담임교사와 IEP 서비스 코디네이터는 돌아가면서 회의록을 노트에 작성하였고 회의가 끝날 때마다 이메일로 팀 구성원들에게 전달하였다. 몇몇 학교에서는 먹지가 포함된 노트에 회의 내용을 필기하고 회의가 끝난 후에는 각각의 팀 구성원들이 복사본을 소지할 수 있도록 하였다. 이 두 가지 방법 모두 팀 구성원들이 실행하기로 동의한 내용에 대해서 정확하게 숙지할 수 있도록 도울 수 있는 방법이다.

학생 정보 보관

비록 몇몇 학생들의 정보(예 : IEP, 평가결과지)가 매일 상의되는 것은 아니지만, 다른 서류들은 교실에서 접근 가능하도록 보관되어야 한다. 삼공 서류철은 학생을 위한 계획

팀 회의록

학생 애비

날짜 및 시간 2012년 9월 3일, 3:45~4:15

참석 팀 구성원 스미스(1학년 교사), 그리거(특수교사), 툴레(보조교사)

의제 항목 및 쟁점	결정 및 행동	누가 그리고 언제
1. 학업과 또래 상호작용을 위한 의사소통 지원	그리거 선생님은 표현과 수용 의사소통 시도를 평가하기 위해 의사소통 일지를 만들었다. 우리는 의사소통 책을 위해 애비와 또래들의 사진이 필요하다.	이번 주 보조교사들이 일지를 사용할 것이고 사진은 스미스 선생님이 찍을 것이다.
2. 너무 오래 걸리는 학교 일과. 애비는 오전 과업과 수업을 위한 회의에 참석하지 못했음	애비의 아침 일과에 대한 생태학적 사정이 필요하다.	2012년 9월 5일(수) 그리거 선생님이 사정을 실시할 것이다.
3. 생태학적 사정을 위한 다른 우선순위	가능한 한 빨리 수학 및 단어 공부, 그 후 과학 및 사회에 대한 생태학적 사정을 실시하라.	그리거 선생님은 2012년 9월 7일(금)에는 수학을, 2012년 9월 10일(월)에는 단어 공부를 사정할 것이다.
4. 공동계획 회의 준비 : 계획 및 자료를 공유하는 방법	스미스 선생님은 이미 삽입된 초등학교 1학년 교육과정 메모리맵과 함께 계획장을 위한 전자 템플릿을 갖고 있다. 스미스 선생님은 팀 회의에 다음 주 계획에 대한 초안을 가져올 것이다. 팀은 교수를 더 차별화하기 위한 방법을 찾을 것이다. 애비를 위한 구체적 수정이 계획장에 기록될 것이고 전자 복사본이 팀 구성원들에게 송부될 것이다.	스미스 선생님은 금요일까지 그리거 선생님에게 전자 계획장을 보내고 보조교사들에게 종 계획서들의 사본을 송력할 것이다.
5. 정기 핵심 팀 회의 : 누가, 언제, 어디서?	우리는 매주 목요일, 3:40~4:15에 스미스 선생님의 방에서 모임을 가질 것이다. 보조교사들이 항상 참석할 것이고 전자 회의록이 송부될 것이다.	스미스 선생님이나 그리거 선생님이 회의가 끝날 때마다 즉시 전자 회의록을 보낼 것이다.

그림 4.24 팀 회의록

과 점검 서류, 광범위한 지원을 필요로 하는 학생을 위해 개발한 자료를 저장하는 데 유용하다. 노트북은 팀 구성원들 사이의 유용한 정보 교환이 가능하게 하며, 학생이 다음 학년 혹은 다음 학교로 전환할 때 전환 포트폴리오의 기본이 될 수 있다. 각각의 학생을 위하여 다음에 제시된 정보를 포함한다.

- 프로그램 개요(그림 4.2 참조)
- 학생 프로파일(기밀사항)(그림 4.3 참조)
- 매일 혹은 주별 학급 스케줄
- 매일 혹은 주별 학생의 교수, 지원, 관련 서비스 제공자들의 스케줄
- 프로그램 계획 매트릭스(그림 4.8 참조)
- 개별화된 수정 및 지원계획(그림 4.15와 4.16 참조)
- 구체적인 수정을 위한 주별 계획(그림 4.17 참조)
- 언제 어떠한 대안적인 수정이 사용될 것인지에 대한 시간표
- IEP 목표 점검을 위해 필요한 자료 수집정보와 일화기록지
- 학생의 작업 샘플(모든 학생을 위해 사용되는 포트폴리오 시스템이 없을 경우)
- 가정과의 의사소통 기록지(모든 학생을 위해 사용되는 시스템이 없을 경우)

팀 구성원들의 선호에 따라서 같은 서류철이나 혹은 별도의 서류철에 아래에 제시되는 팀 계획과 문제 해결과정을 나타내는 서류를 보관할 수도 있다.

- 팀 회의록(그림 4.24 참조)
- 학생 참여, 진전, 지원에 대한 팀 평가(부록 A 참조)

학생 진전도 점검

학생의 발전을 측정하는 모든 구성요소의 완전한 설명은 이 책에서 전부 다룰 수 없다(부록 B에 매우 상세하게 서술된 특수화된 교수자료의 목록이 설명되었다). 그러나 이어지는 절에서 우리는 진전도 점검과 관련된 일반적인 특징을 학문적 · 기능적 IEP 목표를 위해서 사용된 간단한 데이터 수집전략 샘플을 통해서 소개하도록 하겠다.

측정 가능한 목표를 향한 진전

문서작업에 대한 사용자 친화적인 접근방식이 항상 선호되고 있기는 하지만 책임감 있는 교수는 얼마간의 글로 작성된 문서를 요구한다. 특히 일반교사 및 특수교사, 관련 서

비스 인력, 보조교사를 포함한 여러 성인이 교육 프로그램을 실행할 때는 학생들을 가르치고 간단하며 편리한 자료수집 전략을 활용하여 진전도를 점검하는 데 쉽게 이용할 수 있는 지침이 있어야 한다. 학생의 수행을 점검하는 것은 교수가 시작되기 바로 전에, 일단 교수가 진행되는 동안에 학생이 지니고 있는 기술(기초선 수행)에 대한 믿을 만한 기록을 유지하는 것으로 시작된다. 얼마간의 기초선 자료를 중재자료와 비교하는 것으로 진전을 평가할 수 있다. 교수가 진행되는 동안 학생의 수행은 교수자료를 수집함으로써 측정되고, 검사가 실시되는 동안 탐색자료가 수집된다. 학생들이 기대한 만큼 진전을 보이지 못한다면 교수자료와 탐색자료 모두 교수 프로그램을 개선하는 데 사용될 수 있다.

진전도 점검의 한 가지 요소는 IEP 장기목적과 단기목표의 진전을 측정하는 것이다. IEP 장기목적을 관찰 가능한 행동과 수행 조건 및 논리적인 준거와 함께 측정 가능한 용어로 작성하는 것은 학습의 정확한 사정을 촉진한다. 간단하고 편리한 교수 및 자료수집 계획을 고안하는 것은 학습에 대한 믿을 만한 사정을 촉진한다. 교수가 될 IEP 단기목표 각각이 적힌 한쪽짜리 자료에는 (1) 해당 학생, 자료를 수집한 사람의 이름과, (2) 이 용지를 활용하기 위한 지침, (3) IEP 단기목표, (4) 교수전략에 대한 요점, (5) 해당 학생이 목표행동을 수행하는지를 보여주는 간단한 방법 등이 포함되어야 한다. 자료는 정기적으로(최소 주 1회) 수집되어야 하고 이 용지는 나중에 분석하기 위해 서류철에 보관되어야 한다. 그림 4.25에 제시된 자료 수집 용지는 이러한 요소를 보여주고 있다. 이 양식에 수집된 자료는 서배너 팀에게 서배너가 측정된 수학목표를 충족했는지 알려주고, 팀이 서배너의 수행을 이해하는 데 이로울 수 있는 다른 정보(예 : 사용된 촉구, 어떤 숫자가 제시되었는지 등)를 제공할 것이다.

매일 혹은 매주 학생의 수행이 도표화될 때 몇 가지 시각적 요소는 팀이 학생의 진전을 시각적으로 분석할 수 있게 도와줄 수 있다(Brown & Snell, 2011). 목표선은 목표일까지의 바람직한 수행과 함께 기초선 수행과 연결된다. 만약 해당 학생이 목표에 도달하려 한다면 학습이 얼마나 빨리 진전되어야 하는지 보여주기 위해 목표선은 그래프에 시각적 지표를 만든다. 만일 해당 학생의 수행이 가변적이라면 그래프에는 추세선이 추가될 수 있다. 추세선은 기울기가 올라가는지, 내려가는지, 아니면 변화가 없는지 분명하게 해줄 수 있다. 학생의 수행자료를 수집하고 그 자료를 시각적으로 분석하는 것은 팀에게 문제를 해결하는 데이터 기반의 의사 결정을 내리게 해줄 수 있다.

그림 4.21에 제시된 체이스의 아침 일과를 위한 과제분석 자료수집 양식에 수집된 자료는 팀으로 하여금 그날그날의 진전을 발견하게 해주고 숙지되거나 지속적인 어려움을

학생 서배너		날짜 2001년 2월 16일

참석 팀 구성원 수학 시간에 실제 지폐와 수정된 수직선을 활용하여 더 큰 수를 찾아보라고 했을 때 서배너는 5일 동안 하루에 다섯 번 중 네 번은 2개의 숫자(1~20) 중 더 큰 수를 가리키거나 그 숫자 위에 손을 놓게 될 것이다.

문제	더 큰 수 선택하기	사용된 촉구의 수준(촉구 간 4초 지연)
2 10	(Y) N	__ 어떤 수가 더 큰지 묻고 숫자를 가리키면서 말한다. __ 조작물을 더한다. __ 시범 보인다. __ 더 큰 수 근처를 톡톡 두드린다.
11 4	Y (N)	__ 숫자를 가리키면서 말한다. __ 조작물을 더한다. __ 시범 보인다. __ 더 큰 수 근처를 톡톡 두드린다.
7 1	(Y) N	__ 숫자를 가리키면서 말한다. __ 조작물을 더한다. __ 시범 보인다. __ 더 큰 수 근처를 톡톡 두드린다.
3 15	(Y) N	__ 숫자를 가리키면서 말한다. __ 조작물을 더한다. __ 시범 보인다. __ 더 큰 수 근처를 톡톡 두드린다.
7 14	Y (N)	__ 숫자를 가리키면서 말한다. __ 조작물을 더한다. __ 시범 보인다. __ 더 큰 수 근처를 톡톡 두드린다.
3 15	(Y) N	__ 숫자를 가리키면서 말한다. __ 조작물을 더한다. __ 시범 보인다. __ 더 큰 수 근처를 톡톡 두드린다.

지침 : 첫 번째 줄에 숫자를 쓰고 학생들에게 순서를 제시한다.
　　　(두 번째 줄) 학생의 수행에 대하여 Y=예, N=아니요.
　　　(세 번째 줄) 사용된 모든 촉구를 체크한다.

그림 4.25 2개의 숫자 중 더 큰 수를 결정하기에 대한 샘플 자료지

출처 : Downing , J.E. [2008] . *Including students with severe and mul-tiple disabilities in typical classrooms* [3rd ed, p. 269] Baltimore MD: Paul H. Brookes Publishing Co.; 허락하에 게재.

보이는 단계들을 알아차리게 해준다. 앞서 언급된 것처럼 이 양식의 뒷면에 기록된 일화적 기록은 수행의 변화가 학습의 결과인지, 교수계획에 대한 문제로 인한 것인지, 아니면 교실이나 가정에서의 문제로 귀결된 것인지에 대한 가설을 입증하는 데 도움을 준다.

체이스의 아침 일과 단계들은 과제분석 자료수집 양식에 역순으로 나열되어(그림 4.21 참조), 표의 맨 아랫부분에는 1단계, 맨 윗부분에는 10단계가 제시된다. 이 전략은 교사가 그 자료를 시각적 분석을 위한 별도의 그래프로 옮기지 않아도 되게 하면서 해당 자료를 막대그래프로 변환시킬 수 있게 해준다. 그래프의 y축은 목표행동 측정을, x축은 측정의 시간 틀을 나타낸다. 과제분석 양식에서 표 왼쪽의 숫자가 매겨진 열은 그래프의 수직선 혹은 y축이 되고 표 아래의 수평선은 x축이 된다. x축은 이미 수행자료가 수집된 날짜들로 분류되어 있고, y축은 이제 해당 학생이 독립적으로 수행한 과제 단계들의 수를 대표한다. 결과에 대한 막대그래프를 만들기 위해 독립적으로 완수된 단계들을 세고, 그 숫자에 맞는 y축의 수까지 해당 날짜의 막대를 음영처리 한다. 예를 들어, 9월 24일에 체이스가 다섯 단계를 정확하게 수행했고 막대에 5까지 음영처리를 한 반면 9월 10일에는 체이스가 두 단계를 독립적으로 수행했고 막대에 수평축의 2까지 음영처리를 하는 것이다. (막대그래프를 만들기 위해 음영처리를 하는 대신 줄에 점을 찍음으로써 대안적으로 선그래프를 만들 수 있다.) 아침과제 완수에 있어 체이스의 진전을 제시하고 있는 이 그래프는 상승하고 있으며, 10월 5일에 체이스는 90%의 독립적 수행을 달성하였다. 이러한 속도 및 추세로 진행되는 진전으로 팀 구성원들은 교수 프로그램이 잘 계획되었고 충실하게 실행되었다는 데 동의하였다.

팀은 정기적으로 만나서 수행자료 및 일화 기록을 봄으로써, 그리고 자신들의 관점을 공유함으로써 학생의 진전을 검토한다. 일단 팀 구성원들이 교수 프로그램을 실행하게 되면, 이들은 관찰을 하고 다음과 같은 질문에 답하기 위해 수집된 자료를 검토하고자 할 것이다(Janney & Snell, 2011).

- 프로그램은 계획된 대로 수행되고 있는가? 교수는 예정대로 제공되고 있는가? 수행자료는 예정대로 수집되고 있는가?
- 목표선에 대하여 학생의 수행수준은 어디인가? (수행이 목표선에 있거나 목표선 위로 더 잘하고 있다면 팀은 프로그램을 지속하려 하겠지만, 수행이 목표선 아래에 있거나 매우 가변적이라면 프로그램에 변화를 가할 것이다.)
- 수정과 지원은 필요한 만큼만 특수화하였는가? 수정과 지원을 서서히 그만두어도 되는 것은 어떤 것인가?

　　IEP 목표를 향한 진전을 점검하고 평가하기 위해 학생의 수행자료를 정기적으로 수집하는 것과 더불어 팀은 팀으로서 자신의 수행도 점검하고 학생들의 참여와 진전의 중요함에 대한 더 폭넓은 쟁점을 조사한다.

의미 있는 성과

IEP 목표에서의 진전은 중요하지만, 광범위한 지원 요구를 지닌 학생을 위한 교육 프로그램을 평가하는 데 사용할 유일한 기준은 아니다. 교수의 이 단계가 진행되는 동안 팀은 중대한 질문, 즉 "학생은 숙달과 완수에 대하여 사회적 · 교수적으로 참여하였는가?"에 대해 다시 논의하고자 할 것이다. 팀은 또한 모든 팀 구성원들과 다른 사람(예 : 학생, 또래)이 해당 프로그램 및 해당 학생의 교육적 성과에 만족하는지 물음으로써 교수 프로그램과 수정 및 지원 등의 사회적 타당도를 비공식적으로 평가하기를 원할 것이다. 가장 효과적인 팀은 '우리는 얼마나 협력을 잘하고 있는가?'라고 서로에게 더 이상 묻지 않는다. 팀 구성원들이 묻고 싶어 하는 몇 가지 질문 견본은 학생 참여, 진전, 지원에 대한 팀 평가(Team Evaluation of Student Participation, Progress, and Supports)에 제공되어 있다(양식은 부록 A 참조). 그러한 평가를 비교하고 논의하는 것은 팀 구성원으로 하여금 학생이 양질의 통합 프로그램을 받고 있으며 팀 구성원들이 집중하여 효과적으로 협력하고 있다고 보장하게 한다. Snell과 Janney(2005)는 팀 평가과정에 대해 더 자세한 내용을 제공하였다.

학생 스냅촬영

　　아론의 팀이 10월 중순에 학생 참여, 진전, 지원에 대한 팀 평가 양식을 작성하였을 때, 이들은 만장일치로 10번 항목(해당 학생은 또래들과 다양한 긍정적 상호작용을 하고 있으며 다양한 긍정적 관계를 맺고 있다)을 '다소'로 평정하였다. 이들은 아론과 또래지원이 긍정적 관계를 맺고 있음을 알았지만 아론이 다른 급우들과 거의 상호작용을 하지 않는다는 것도 관찰하였다. 그러므로 이 팀은 아론을 지원하는 또래들에게 다른 급우들과 아론의 상호작용을 향상시킬 방법에 대한 추가적인 안내를 제공하였다. Carter(2011)가 권고했던 것처럼 아론의 또래지원자들에게 다른 급우들과 상호작용하고 사회성 기술을 시범 보이며 의사소통 노력을 강화하는, 함께 관심 있는 것에 대해 이야기하는 방법을 보여주었다.

　　학생 참여, 진전, 지원에 대한 팀 평가를 주기적으로 다시 확인하는 것은 팀을 도와 학생의 교육 프로그램과 팀의 기능에 관하여 가장 중요한 것에 집중하게 한다.

핵심 교육과정 교수에 모든 학생 통합하기

핵심질문

- 통합학급에서 문해, 수학, 내용교과 학습에 일반적으로 효과적인 증거 기반 실제에는 어떤 것들이 있는가?
- 핵심 교육과정 영역에서 볼 수 있는 전형적인 교수활동에 장애학생을 참여하게 할 개별화된 수정 및 지원을 고안하기 위한 전략에는 어떤 것이 있는가?
- 핵심 교육과정 영역 내에서 광범위한 지원 요구를 지닌 학생들의 요구를 충족시키는 데 실현 가능하고 효과적인 대안적인 수정에는 어떤 것이 있는가?

이 장은 모든 학생에게 핵심 교과영역(읽기와 쓰기, 수학, 사회 및 과학)을 가르치는 것과 관련된 고려사항을 다룬다. 각각의 핵심 교과영역에 대해 묘사된 전략은 방해수준이 최소에서 최대에 이르는 지원, 중재, 그리고 제1장(그림 1.4 참조)과 제3장(그림 3.2 참조)에서 제시된 수정의 위계에 따라 조직된다. 교육과정 영역 각각에 대하여 이질적인 학생집단에게 공유된 학습경험을 창출해내는 데 있어 팀을 도울 일반적으로 효과적인 교수실제를 간략하게 설명할 것이다. 그다음 전형적인 교수활동에 대한 교육과정 및 교수적 수정의 예를 제공할 것이다. 마지막으로 학생들이 개별화된 교수방법 및 활동은 물론 수정된 학습목표를 지니고 있을 때 적용할 대안적인 수정에 관한 생각을 밝힐 것이다. 비록 학생 개개인을 위한 수정이 반드시 개별화되어야 한다고 하더라도, 다른 사람들의 활용에 있어 하나의 견본으로 사용될 수 있는 수정 및 지원의 예를 보거나 읽는 것은 도움이 될 것이다.

상기해야 할 두 가지 : 효과적인 교수로 시작하고 모든 학생의 목표를 잊지 말 것

이 책에서 몇 번 확인했던 것처럼 일반교육 수업에 장애학생들을 통합시키는 데는 수업에 참여한 모든 학생이 같은 시간에 같은 것을 배워야 한다는 개념을 다시 생각할 것을 요구한다. 공유된 학습목표를 갖는다는 것은 학습 공동체를 만드는 데 있어 핵심적인 것이 아니다. 그 대신 중요한 것은 급우들이 자신의 학습경험을 위한 공통 맥락을 공유하고 서로의 다양한 기여를 가치 있는 것으로 배운다는 것이다. 그 활동 내에서 성취한 목표가 서로 다를지라도, 학생들은 공유된 행동을 같이 하는 것만으로 학업에 있어 그리고 사회적으로도 이득을 볼 수 있다. 학습을 위한 보편적 설계, 차별화 교수, 일반적으로 효과적인 1단계 실제를 활용하는 것은 모두에게 맞는 환경을 만드는 데 도움이 된다. 팀은 이 장에서 다루는 모든 교과영역에 제2장에서 소개한 효과적인 교수의 실제를 적용할 수 있다.

예를 들어, 단계화되거나 학생들 개개인을 위해 수립된 수정을 갖춘 메뉴는 철자, 문학공부, 사회공부에 적합하다. 이를테면 그림 5.1에 제시된 초등학교 4학년 학생들을 위한 철자 숙제 메뉴는 학생들이 철자 단어를 연습할 다양하고 새로운 방법을 제공했을 뿐 아니라 학생들에게 배정된 철자목록은 어떤 학생에게는 더 적은 단어를, 그리고 어떤 학생에게는 다른 단어(예 : 단음절, 고빈도, 혹은 기능적 단어)를 제공하는 방식으로 차별화하기도 하였다. 게다가 어떤 학생들에게는 메뉴를 읽어주었고, 더 심한 장애를 지닌 스펜스에게는 빈칸을 채우거나 그를 위해 작성된 두 답지 중 하나에 동그라미를 표시하는 방식으로 완성하는 템플릿이 제공되었다. 만약 메뉴에 있는 활동 중 스펜스에게 적절하지 않은 것이 있다면 전자 파일에 있는 다른 활동으로 대체되었으며 개별 메뉴를 출력하여 제공하였다.

주어진 교수활동 내에서 다른 학생들이 동일 교과영역의 단순화된 목표와(혹은) 기능적 기술영역에 포함된 다른 교육과정 영역에서 추출된 목표를 따르는 반면, 수업에 참여한 학생들 중 대다수는 자신의 학년수준에 맞는 일반 교육과정에서 도출된 학습목표를 따르게 될 것이다. 어떤 학생이 급우들과 동일한 교수활동에 참여할 수 없게 하는 수정을 받는 경우 우리는 그것을 대안적인 수정으로 불렀다.

예를 들어, 제4장에서 우리는 수정 및 지원이 IEP에 단순화된 학습목표와 기능적 교육과정 목표 모두가 포함된 초등학교 4학년 학생인 체이스를 위해 계획된 방식을 살펴보았다. 체이스의 4학년 담임선생님이 사용한 교수 접근방식은 팀으로 하여금 체이스의 학습목표 대부분을 대안적인 수정을 사용하지 않고 충족할 수 있게 하였다. 이러한 이유

단어 학습
철자 틱택토

이 판은 철자 단어를 연습할 수 있도록 돕기 위한 아홉 가지 활동을 포함하고 있습니다. 학교에서 단어 공부 시간을 하거나 집에서 숙제를 할 때 어떤 활동을 완수할 것인지 선택해야 합니다. **반드시 틱택토 두 줄(연달아 3개의 수평선이나 수직선, 혹은 대각선)을 보여주는 활동을 완수해야 합니다.** 총 5~6개 활동을 완수해야 합니다. 형광펜이나 색연필로 선택한 것에 표시를 해주세요. 즐겁게 해보세요! ☺

워들 원더!	철자 광고	철자 찍기
철자단어 목록과 인터넷을 활용하여 단어 구름을 만드세요. www.wordle.net/create를 방문하여 각각의 단어들을 입력하세요. 디자인과 색을 선택하세요. 출력해서 제출하세요.	행사나 판매할 물건 3개를 위한 멋진 광고나 포스터를 만드세요. 행사나 물건은 만들어진 것일 수도 있고 실제로 있는 것일 수도 있지만, 최소한 철자 단어들의 절반을 사용합니다. 당신이 파는 물건이나 곧 벌어지게 될 행사를 확실히 설명하세요. 창의적으로 그리고 즐겁게 해보세요. ☺	철자 단어들을 연필로 쓰세요. 그러고 나서 단어학습 서랍에 있는 스탬프와 잉크를 이용하여 백지에 철자 단어를 찍어내세요.
철자 낙서	피라미드 단어	무지개 단어
어떤 단어들이 가장 가치가 있는지 알고 싶은가요? 가장 가치가 없는 단어는 어때요? 철자 낙서 연습장을 활용하여 철자 단어들의 점수를 알아내세요.	단어 각각의 철자를 써서 피라미드 모양을 만드세요. 해당 단어의 첫 문자부터 시작하여 각 줄에 문자 하나씩을 더하세요. 예 :　　d 　　　do 　　　daw 　　　dawn	우선 연필로 철자 단어들을 쓰세요. 이제 서로 다른 색연필이나 마커펜 3개를 듭니다. 철자 단어들을 '무지개 단어'로 바꾸기 위해 각각의 색깔로 각각의 단어들을 따라 쓰세요.
철자 이야기	주사위 & 유형	도형 그리기
철자 단어들 모두는 아니더라도 최소한 8개를 이용해서 독특한 이야기를 만드세요. 우스운 이야기를 만들 수도 있고 심각한 이야기를 만들 수도 있습니다. 하지만 의미는 통해야 합니다. 창의력을 발휘하세요! 나중에 당신이 사용한 철자 단어들 모두를 표시합니다.	주사위를 던지세요. 주사위에 나온 숫자(1~6)는 어떤 것이든 컴퓨터에 철자 단어를 입력하는 횟수가 됩니다. 이걸 출력해서 수업에 가져 가세요. (원한다면 손으로 쓸 수도 있습니다.) 예 : 　내 주사위에 2가 나왔다. 　　　양 　　　양	각각의 철자 단어마다 서로 다른 도형을 그리세요. 각각의 도형 안에 서로 다른 철자 단어들을 적으세요. 예 :

그림 5.1　철자 숙제 메뉴

출처 : Contributed by Kristyn McDaniel Cabler의 도움을 받음.

로 대부분의 읽기와 쓰기, 수학 수업에서 체이스는 지속적으로 학업과 관련된 일과 내에서 단순화된 학업기술을 따를 수 있도록 방해 정도가 가장 적은 수정을 제공받았다. 일례로 쓰기 워크숍이 진행되는 동안 체이스는 급우들과 함께 참여하였다. 그러나 다른 학생들이 쓰기과정 전체를 사용하는 동안에 체이스는 문장을 시작하는 장치와 쓰기 틀을 완성하였다. 사회 시간에 체이스의 공부 초점은 활용된 교수 배열 및 학습활동에 달려 있었다. 과학이나 사회 수업에서 양방향 노트북을 활용하여 진행될 때 체이스의 참여는 학업에 초점을 맞추도록 유지되었지만 내용 특정적 기술 및 지식은 물론 읽기 및 언어 목표가 포함되었다. 수업이 협동집단이나 직접 해보는 프로젝트 및 탐색으로 진행될 때 체이스는 여전히 학업적 목표(예 : 읽기, 쓰기, 어휘의 주요 단위 철자)를 따랐으나 중요한 사회적 의사소통 기술도 연습하였다.

이와 유사하게 12학년 학생인 아론은 일반 과학수업과 미국 역사 수업이 진행되는 동안 세기 기술과 의사소통 기술을 적용하였다. 애비의 IEP 목표, 의사소통 표현(예 : 만났을 때의 인사나 헤어질 때의 인사, 요구 표현, 선택 등)을 위해 그림이나 그림 상징들로 보완된 몸짓과 단어 사용하기는 애비를 위한 프로그램 계획 매트릭스(그림 4.8 참조)에 제시된 대로 다양한 방식으로 하루에 일어나는 거의 모든 활동에 삽입되었다. 예를 들어, 읽기 시간에 애비는 책과 인쇄물뿐 아니라 선택하기와 질문에 대답하기도 배우고 있었다.

체이스와 아론, 애비의 수업활동 참여는 특수교육 및 일반교육 교수 팀이 처음부터 모든 학생의 학습 우선순위로 명심하지 않았더라면 덜 생산적이었을 것이다. 광범위한 지원 요구를 지닌 학생들은 우연히 혹은 나중에 생각한 것으로 강조한 기술을 습득할 것 같지 않다. 일반교사와 특수교사, 보조교사 등 팀 구성원들이 PAG상에 다른 핵심적인 IEP 정보와 함께 요약된 학생의 학습 우선순위에 익숙해지는 것은 중요한 일이다. 팀 구성원들은 또한 그러한 우선순위가 하루 종일 그리고 일주일 내내 다루어질 때를 규명하는, 해당 학생의 프로그램계획 매트릭스에 익숙해져야만 한다.

읽기 및 글로 작성된 언어

문해 교수에 대한 포괄적인, 그리고 균형 잡힌 접근방식이 종종 통합 초등학급에 권장되고 있다(예 : Erickson & Koppenhaver, 2007; Pressley, Roehring, Bogner, Raphael, & Dolezal, 2002). 균형은 전체 집단, 소집단, 개인활동, 그리고 기술 및 의미에의 초점 등 직접교수와 간접교수 사이에 있게 된다. 초등학교에서 교사들은 (1) 풍부한 일련의 인쇄자료의 유형, 양식, 수준, (2) 다양한 방식으로 인쇄자료에 접근할 수 있게 하는 기술, (3) 문해에 투입된 상당한 양의 시간 등이 제공되는 학급을 만듦으로써 성공을 위한 기초를 놓게 된다. 포괄적 문해 프로그램은 다음을 위한 기술을 다룬다.

- 음소 인식, 음운론적 인식, 유창성, 어휘, 그리고 텍스트 이해 등을 포함하는 읽기 (National Reading Panel, 2000)
- 말하기, 듣기, 보기 등을 포함하는 구두 언어
- 작문, 문법, 활용, 철자, 글씨 쓰기, 키보드 다루기와 워드 프로세서 사용하기, 연구 등을 포함하는 쓰기

교사들은 직접교수와 시범 보이기, 차별화, 능동 학습에 동기 부여하기, 협동작업, 정보와 의사소통 등을 활용한다. 포괄적 문해 프로그램은 다양한 공유된, 안내된, 독립적인 쓰기 과제는 물론, 소리 내어 읽기, 안내된 읽기, 독립적 읽기, 그리고 단어 공부(파닉스, 일견단어, 철자, 어휘, 단어 분석) 등이 포함되는 다양한 매일매일의 읽기 일과를 통합한다(Fountas & Pinnell, 2010).

시범 보이기는 다른 교육과정 영역에서 그런 것처럼, 문해를 위한 강력한 교수전략이다. 물론 교사들은 철자를 쓰거나 어떤 단어를 발음하는 방법, 매직펜으로 칠판에 쓰기, 연필이나 펜을 이용하여 종이에 쓰기, 읽을 때 책을 잡고 있는 것을 시범 보인다. 하지만 우리는 수정된 책, 쓰기도구, 장비의 사용을 시범 보이는 데는 **실패**한다.

> 장애학생들은 그들이 반드시 사용해야 하는 수정된 도구 및 자료를 가지고 다른 사람들이 읽고 쓰는 것을 관찰하는 일은 드물다. … 교사들이 수정된 연필이나 수정된 책, 또는 자신의 학급에 있는 장애학생들의 독특한 반응양식을 사용하는 것을 시범 보이는 일은 … 중요하다. 이것은 자신의 특정 도구 및 자료를 사용하는 방법을 더 잘 배우는 장애학생들에게 이득이 될 뿐 아니라, 다른 학생들이 그러한 도구 및 자료를 사용하는 것을 정당화해 준다. (Koppenhaver & Erickson, 2007, p. 188)

IDEA 2004 개정판(PL 108-446)의 RTI 모델이 읽기중재에 대한 아동의 반응에 명확히 초점을 맞추고 있기 때문에 읽기중재에 대한 연구가 급증하였다. 수많은 경험적 연구에서 중요한 읽기행동에 직접적이고 체계적인 교수(즉 해독, 단어 재인, 유창성, 이해를 위한 전략)를 제공하는 단계별 중재의 양질의 실행은 참여한 아동들에 대한 표준화 읽기 사정 및 교실에서의 수행에 있어 상당한 향상을 만들어냈다(예 : Klingner, Vaughn, Arguelles, Hughes, & Leftwich, 2004; O'Conner, Harty, & Fulmer, 2005; Vaughn, Linan-

Thompson, & Hickman-Davis, 2003; Vaughn, Wanzek, Murray, Scammaca, Linan-Thompson, & Woodruff, 2009).

효과적인 1단계 중재는 학생의 참여를 극대화하고, 명시적이고 체계적인 교수를 쓰며, 이해를 위한 초인지적 전략을 활용하고, 파닉스와 음소 인식을 가르치며, 학생이 협동학습 집단에 관여하는 것을 촉진하고, 교수를 안내하기 위해 사정자료에 의존하는 교실전략 활용에 있어 교사들을 위한 폭넓은 직무능력 계발에 달려 있다(Slavin, Lake, Chambers, et al., 2010). 이와 대조적으로 2단계 및 3단계 중재는 가급적 교사들이나 읽기 전문가들이 제공하는 소집단 읽기교수를 활용하고, 3단계 중재는 더 소규모의 집단들을 활용하여 더 장기간에 더욱 많은 회기당 시간을 요구한다. 교사들이나 읽기 전문가들이 매일 제공하는 개별적인 읽기 교수는 읽기에 어려움을 겪고 있는 학생들을 위한 최고의 기준이다(Slavin, Lake, Davis, & Madden, 2009년 6월). 비록 어떤 단일한 교육과정이나 읽기 프로그램에 더 효과적인 것은 없다 하더라도, 더 성공적인 교수 접근방식이나 전략은 존재한다(그림 5.2 참조).

통합학급에서의 작문에 관하여 자기조절 전략 개발(self-regulated strategy development, SRSD; Graham, Harris, & Mason, 2005)에 대한 강력한 증거 기반이 존재한다. SRSD 접근방식은 학생들에게 쓰기과정에서 사용하는 전략을 가르치기 위해 시범 보이기, 자기교수 훈련(본질적으로 전략 단계들을 소리 내어 혹은 소리 내지 않고 말로 표현하는), 안내된 연습, 그러고 나서 독립적 연습 등을 활용한다. 예를 들어, POW 전략은 학생들에게 아이디어 선택하기(Pick ideas, 즉 무엇에 대해 쓸 것인지 정하기), 메모 조직하기(Organize notes, 즉 브레인스토밍하고 가능한 아이디어를 쓰기 계획으로 조직하기), 쓰고 더 말하기(Write and say more, 즉 쓰는 동안 계획을 계속해서 수정하기) 등 쓰기를 계획하는 국면에서 사용하는 세 단계를 가르친다. 효과적인 쓰기 교수는 또한 학생들에게 다양한 목적(즉 서술하기, 정보 제공하기, 이야기하기, 설득하기)과 다양한 청중(즉 친구들, 할아버지와 할머니, 선출직 공무원, 슈퍼영웅)에 대해 쓰도록 가르친다(Harris, Graham, & Mason, 2006). 이러한 기술을 배우기 위해 학생들은 (1) 함께 쓰기(교사는 필기자의 역할을 한다), (2) 대화식 쓰기(교사와 학생이 함께 쓴다), (3) 안내된 쓰기 혹은 쓰기 워크숍(집단수업을 포함하고, 뒤이어 교사들이 학생 개인 혹은 학생들로 구성된 소집단과 상의하는 작업 시간이 이어지고 나서 공유한다), (4) 독립적 쓰기 등 네 가지 유형의 작문활동에 참여한다(Fountas & Pinnell, 2010).

어떤 장애학생(예 : 학습장애, 행동장애)은 학년수준 혹은 수정된 읽기 및 쓰기 성과를

연구가 말하는 것

초등학교에서 읽기에 어려움을 겪고 있는 학생들을 위한 프로그램에 연구 96편을 종합하여 최선의 증거 기반을 도출하고자 했던 Slavin과 동료들(2009)은 다음의 결론에 도달하였다.

1. 교사에 의한 일대일 파닉스 튜터링은 다른 튜터링 모델보다 더 효과적이다.
2. 초등학교 1학년 학생들을 위한 일대일 음성학 튜터링의 효과는 학급에서의 중재가 지속되지 않는다면 유지되지 않는다.
3. 학급의 교수과정 접근방식, 특히 협동 학습과 구조화된 파닉스 교수를 활용하는 학급에서의 교수적 접근방식은 저성취 학생(뿐만 아니라 다른 학생들)에게 매우 효과적이다.
4. 그 자체로 사용된 컴퓨터 보조 교수 프로그램은 읽기에 거의 영향을 주지 않는다.

연구자들이 찾아낸 결과는 "읽기에 어려움을 겪고 있는 학생들을 위한 최상의 접근방식은 우선 양질의 교수를 제공하고, 양질의 학급 교수에도 불구하고 계속해서 어려움을 보이는 소수의 학생들에게 집중적인 교수로 이어지는 것이다."(Slavin et al., 2009, p. 107)라는 학교차원의 학생지원 체제 모델에 필수적인 관점을 지지한다.

그림 5.2   읽기에 어려움을 겪고 있는 학생들을 위한 효과적인 읽기 프로그램

성취하기 위해 지원된 학급 문해 참여와 더불어 집중(2단계) 교수를 필요로 한다. 어떤 장애학생들은 일정 기간 동안 3단계의 특화된 중재를 요구하지만, 이 기간이 지나고 학교에 다니는 나머지 기간 동안 덜 특화된 문해 교수 및 지원으로 돌아간다. 그러나 더 심한 장애를 지닌 학생들은 "신생 독해자(emergent reader)로서 더 긴 기간 동안 지속적이고 집중적인 교수를 필요로 할 수 있다"(Schnorr, 2011, p. 37). 이들은 또한 학급에서의 문해를 위한 일과에 참여하기 위해 지속적인 수정 및 지원을 요구할 수도 있다. 가장 많은 지원 요구를 지닌 학생들에게 문해는 인쇄자료, 상징체계, 다른 매체에서 의미 얻어내기와 같은 더 넓은 의미의 정의가 주어질 수 있다(Erickson & Koppenhaver, 1995; Kliewer, 2009; Kliewer & Biklen, 2001). 초등학교를 마칠 때까지 관습적인 방식으로 읽지 못하는 학생들은 문해 학습을 위해 그리고 그들의 수업에서 인쇄자료나 매체 혹은 컴퓨터 기반 활동에 참여하기 위해 계속적인 교수와 지원을 필요로 한다(Kliewer, 2009).

읽기 및 문어를 위한 개별화된 지원과 수정

읽기 및 쓰기 기술에 대한 직접적이고 명시적인 교수를 받는 것에 덧붙여 장애학생들은 매일매일의 문해 관련 일과에 참여하기 위해 지원을 필요로 한다. 중도장애 학생들의 문해에 대한 연구는 대부분 일견단어 판별에 초점을 맞춰왔다. 촉구와 소거하기 전략(예 : 반응 촉구, 자극 촉구, 시간 지연)을 통하여 학생들은 일상생활에서 마주치게 되는 읽기를 위한 기능적 단어들을 배운다(Browder, Wakeman, Spooner, Ahlgrim-Delzell, & Algozzine, 2006). 하지만 지적장애 학생들과 자폐성 장애학생들은 또한 직접교수, 촉구 전략, 그리고 개별화 텍스트 지원 및 보완대체 의사소통 등을 활용한 읽기 프로그램들을 통해 초기 파닉스 및 듣기이해 기술을 배우기도 한다(예 : Browder, Wakeman, et al., 2006). 그러므로 증거는 두 가지 읽기목적, 즉 기능적 일견단어 읽기 및 파닉스 기반 읽기 모두 가능함을 보여주고 있다.

중도장애 학생들을 위한 문해 학습에서 사용되는 개별화된 수정 및 지원 중 많은 부분은 해당 학생의 상징 활용 수준에 달려 있다. Browder와 Ahlgrim-Delzell, Courtade-Little, 그리고 Snell(2006) 등은 (읽기 및 쓰기는 물론 수학과 다른 교과와도 관련 있는) 상징 활용의 세 수준을 서술하고 있다.

1. 대부분 비상징적 : 학습을 위해서, 그리고 배운 것을 보여주기 위해서 학생들은 지필 과제에 대한 대안을 필요로 한다(예 : 어떤 프로젝트를 위한 자료를 모아서 다음에 무엇이 오는지 보여주기 위해 그 자료를 일렬로 세우는 사물 스케줄표).
2. 구체적 참조물이 있는 상징 : 학생들은 자신의 문어 혹은 구어를 뒷받침하기 위해 그림 상징, 사진, 로고, 그림 등을 활용한다(예 : 그림 상징이 수반된 텍스트 읽기, 생물과 무생물 정리하기).
3. 추상적 상징 : 학생들은 기술과 지식의 숙달을 연습하고 보여주기 위해 문자, 단어, 숫자를 이용한다(예 : 평범한 소설 읽기, 수학적 계산하기).

상당한 지원 요구를 지닌 학생들을 위한 포괄적 문해 프로그램을 계획할 때 팀은 지속적인 학급 문해 활동이 진행되는 동안 지원과 수정에 대한 요구는 물론 해당 학생의 읽기 및 쓰기 기술과 전략에서의 직접교수 요구를 반드시 고려해야 한다. 구두 그리고/혹은 글로 이루어지는 의사소통에 보조공학의 활용이 포함되는 학생들(그림 5.3 참조)을 비롯하여 장애학생들을 지원하는 것은 팀에게 읽기, 쓰기, 그리고 의사소통이 발생할 때마다 해당 수업일 전체 수업에서의 언어 및 문해 활동에서 학생들의 참여를 위한 비계 설정 방식을 만들어낼 것을 요구한다. 팀은 해당 수업일 전반에 걸쳐 사용될 교수적 배열(예 : 전체 수업, 교사 주도 소집단, 학생 주도 소집단, 파트너, 일대일, 독립적)과 문해 모든 사람들은 삶을 더 편안하게 하기 위해(어떤 경우에는 더 재미있게 하기 위해) 다양한 공학 장비를 사용한다. 높은 수준, 낮은 수준, 그 중간 수준의 공학은 학생에게 학업활동과 신체활동, 그리고 급우들과 함께하는 사회적 활동에 접근하고 참여하도록 지원할 수 있다. 컴퓨터 공학에 접근할 수 있게 해주는 수정된 하드웨어와 소프트웨어뿐 아니라 수많은 보조공학 장비는 장애학생이 학급 내 학습 공동체에 참여할 수 있게 해주고 일반 교육과정에 접근할 수 있게 해준다. 보조공학에는 많은 요구와 목적을 위한 장비와 개조가 포함된다.

- **보완적·대안적 의사소통**기기나 체제는 도움이나 휴식을 요청하는 말하는 사진 틀, 가족, 친구, 애완동물, 해당 학생이 좋아하는 물건의 사진이 있는 의사소통 책, 그림 상징이 있는 의사소통 판에서부터 음성이나 글로된 메시지를 만들어내기 위해 사용자가 그림 상징과 문자, 그리고/혹은 단어나 문장을 사용할 수 있게 해주는 전자 의사소통 보조도구에 이르기까지 다양하다.
- **컴퓨터 접근**은 음성 산출, 개조된 마우스(헤드 컨트롤, 발 컨트롤, 개조된 스위치, 조이스틱, 마우스 버튼 박스), 개조된 키보드(키가드, 큰 자판, 말하는 키보드), 그리고 터치 스크린(그림이나 단어가 있는 IntelliKeys) 등을 갖춘 소프트웨어 프로그램이나 웹 애플리케이션을 사용함으로써 촉진될 수 있다.
- **읽기**는 텍스트 읽기 소프트웨어(예 : IntelliTools의 Classroom Suited, 돈존슨 사의 Read:OutLoud, 메이어–존슨 사의 Writing with Symbols, NextUp.com의 TextAloud), 손에 쥐고 쓸 수 있는 스캐너나 읽어주는 펜(예 : 위즈컴테크놀로지 사의 제품), 학생이 페이지를 넘길 때 각 페이지의 녹음 내용을 읽어주는 에이블넷의 Bookworm 등으로 가능해질 수 있다.
- **쓰기** 보조도구에는 AlphaSmart와 같은 휴대용 워드 프로세서, 돈존슨 사의 Write:OutLoud와 같은 말하는 워드 프로세서 소프트웨어, 점자 쓰기 장비, 음성인식 소프트웨어(예 : 마이크로소프트 사 XP의 내장형 음성인식 능력, 뉘앙스커뮤니케이션 사의 Dragon's Naturally Speaking) 등이 포함된다.
- 다양한 방식으로 사용될 수 있는 **낮은 공학 수준**의 수정에는 벨크로, 클립보드, 경사판, 무릎에 놓을 수 있는 쟁반, 연필이나 도구 잡기, 접착 퍼티, 미끄럼 방지 매트, 흡착판, 양면 테이프, 페이지 분리나 페이지 넘겨주는 장비 등이 포함된다.

보조공학 선택과 관련된 결정은 다음의 내용을 다뤄야 한다.

- 해당 학생으로 하여금 특정 활동을 가능한 한 독립적으로 완수할 수 있게 하는 데(급우들과 동일한 목적을 성취하게 하는 데) 필요한 것
- 해당 학생의 구체적 능력과 요구, 한계
- 심미성, 연령 적합성(해당 학생을 또래보다 어린아이같이 보이게 하는 장비는 피할 것)

(그림 5.3 계속)

> - 해당 학생이 선호하는 것
> - 휴대성 및 사용의 용이성
> - 신뢰성
>
> 학생들의 보조공학 요구를 사정하고 선택하는 데 대한 더 많은 정보는 부록 B의 자원목록을 참조하라.

그림 5.3 모든 학생이 참여할 수 있게 도와주는 보조공학
출처 : Downing, 2008, 2010.

일과에서 주기적으로 사용되는 자료(예 : 교과서, 신문, 잡지, 공책, 비디오, 메뉴, 종이, 쓰기도구, 컴퓨터)를 위한 일반적인 수정을 결정해야 한다.

학생 스냅촬영

체이스의 4학년 수업에서 다음의 교수 배열 및 활동은 읽기 및 언어 블록 시간에 정기적으로 사용된다(이 정보는 그림 2.17에 제시된 것과 같은 학급활동에 대한 종합적 사정을 이용하여 수집되었다).

- 대집단 교수 : 교사의 소리 내어 읽기, 교사가 필기자로 활동하는 함께 쓰기, 기술 및 지식에서의 직접교수(예 : 복수형 만들기, 어휘, 특정 문학 장르의 특성, 쓰기를 위한 아이디어 조직하기)
- 교사 주도 소집단 교수 : 독서 클럽에서 함께 읽기, 수준별 텍스트를 활용한 안내된 읽기, 몇 가지 단어 공부 활동
- 학생 주도 소집단 교수 : 협동학습 프로젝트(예 : 조사 프로젝트)와 문학 동아리(관심 있는 주제에 대해 읽거나 선택할 주제나 문학 장르, 혹은 일련의 관련된 주제가 주어지는 소규모 즉석 학생집단, 학생들은 요약자나 설명자 등과 같은 역할을 해당 집단 내에서 한다; Daniels, 1994)
- 개인 활동 : DEAR(Drop Everything and Read), 읽기 워크숍, 저자들의 워크숍을 위한 독립적 쓰기, 단어 공부 연습 활동을 위해 스스로 선택한 읽기

지원된 읽기 및 쓰기에 대한 체이스의 요구 중 일부는 교사가 차별화된 철자와 단어 공부집을 포함한 차별화 교수와 교사가 제공한 철자 및 언어 활동을 위한 메뉴를 사용함으로써 제공되었다. 체이스는 특수교사로부터 읽기에서 대안적 교수를 받았으나 다른 모든 수업의 읽기 및 쓰기 활동에 참여할 수 있도록 수많은 지원과 수정을 제고받았다. 이러한 지원 및 수정에는 다음과 같

은 것이 포함된다(이들 중 일부는 읽기와 쓰기 교수가 진행되는 동안만이 아니라 교육과정 전반에 걸쳐 적용되었다).

- 에세이나 보고서 대신 쓰기 틀(이 장의 뒷부분에서 설명됨)
- 체이스는 특정 쓰기 숙제를 위해 필요한 지원의 유형을 선택할 수 있는 '쓰기 암시'가 있는 단서 카드(예 : 체이스의 AlphaSmart 사용하기, 누군가에게 받아쓰게 하고 복사하기, 번갈아가며 쓰기)
- 줄 간격이 더 넓은 종이
- 급우들이 문장을 쓸 때 빈칸 채우기 연습장(예 : 철자 및 이해 연습장)
- 교사가 대화식 화이트보드에 쓴 과학 및 사회 필기 복사본 및 그래픽 조직자(그림 5.4에 제시된 예 참조, 다른 학생들은 이 내용을 스스로 베낄 것이다)

이러한 지원 및 수정의 활용은 융통성이 있다. 즉 체이스는 이를 사용할지 안 할지 선택할 수 있고 대부분은 시간이 지나면서 서서히 소거한다.

다음은 초등학교 및 중학교의 문해 교수에서 뿐 아니라 학생들이 학교에 다니는 동안 내내 읽기 및 쓰기 요구에 직면하게 되는 다른 교과영역에서도 맞닥뜨리게 되는 읽기와 구어 활동 중 일부를 수정하기 위한 일련의 제안들이다. (주 : 만약 교과서와 다른 자료

아메리카 인디언	아메리카 인디언에 대한 복습(2학년 사회)			
	지역	집	직업	교통수단
파우하탄 족	동부 산림지대	 나무＋나무껍질 이자형 공동주택	사냥꾼과 농부	도보 카누 타기
티턴 수 족	평원	 원뿔형 천막	사냥꾼 전사	도보 말타기
푸에블로 족	남서부	 아도비 점토 집	농부	도보

그림 5.4 대화식 화이트보드에서 출력한 사회과 비교표
출처 : Amy Brehl의 도움을 받음.

가 학습을 위한 보편적 설계의 지침을 근거로 만들어진다면 이 수정 중 어느 정도는 필요하지 않을 것이다.)

텍스트 지원 및 수정된 책

다음 전략은 읽기 교수 및 문학 공부를 위해 사용되는 자료에 적용될 수 있다. 또한 많은 것이 내용 영역의 읽기자료에 적용될 수 있다.

- 차별화된 읽기자료 제공하기(예 : 단계화된 읽기 교재)
- 차별화된 상업적으로 수정된 책 제공하기
- 텍스트나 글자크기 크게 하기
- 텍스트에 그림 추가하기
- 텍스트에 그림 상징이나 그림, 글자 조합 상징 추가하기
- 주요 단어나 문장에 주목하도록 형광 테이프 사용하기
- 디지털 텍스트와 전자 텍스트 읽기 장비 혹은 텍스트의 오디오 버전 제공하기
- 학생으로 하여금 자신이 읽을 것을 듣고 다시 말하게 하기
- 가독성 낮추기(예 : 포스트잇에 다시 쓰고 그 포스트잇을 이용하여 원본 위에 붙임)
- 요약 제공하기(예 : '도구'에 있는 마이크로소프트 사 워드의 Autosummarize 활용)

단어 공부를 위한 지원 및 수정

다음 전략은 파닉스, 철자, 시각단어, 어휘를 위해 사용되는 자료에 적용될 수 있다.

- 더 적은 수의 단어와(혹은) 더 쉬운 단어 사용하기(예 : 특정 자음-모음-자음 패턴의 단음절 단어들만)
- 학생이 학교와 가정에서 일상적으로 경험한 것에서 나오는 단어 활용하기
- 읽기나 쓰기, 혹은 내용 영역 활동에서 나오는 단어 활용하기
- 새로운 소리 및 문자를 연습할 수 있도록 자석 문자나 문자 스탬프, 혹은 단어 카드 제공하기
- 새로운 소리나 문자, 혹은 단어를 연습할 수 있도록 작은 화이트보드 제공하기
- 학생에게 단어들을 말하게 하는 대신 단어와 그림을 짝짓게 하기
- 학생에게 단어들의 철자를 말하게 하는 대신 전자 의사소통판 이용하게 하기
- 철자 전략(단어를 말하라, 단어의 철자를 말하라, 철자를 써라, 쓴 것을 가려라, 철자를 써라, 비교하라) 가르치기

- 학생에게 철자 시험을 위한 단어를 읽어줄 때만 첫 번째 문자를 쓰게 하기
- 알아보기만 하면 되는 철자 시험 제공하기(예 : 학생은 단어를 직접 쓰기보다는 두
  세 단어 중에서 선택하여 동그라미 표시를 한다. 이 단어들은 그림이나 상징과 짝
  지어질 수도 있다)

이해를 위한 지원 및 수정

다음 전략은 이해를 가르치기 위해 사용되는 자료에 적용될 수 있다.

- 사전 지식을 활성화하고 읽기의 목적을 부여하기 위해 예측 전략 사용하기 : 어떤
  이야기를 읽거나 듣기 전에 학생들로 하여금 제목 및 해당 장의 제목을 읽게 하고
  그림을 보게 한다. "제목을 보니 어떤 생각이 드니?", "이야기는 어디에서 있었던
  것이라고 생각하니?", "이 이야기에서는 어떤 일이 생길 것 같니?" 등의 질문하기
- 학생들에게 자신의 예측, 주요 아이디어, 모르는 단어, 그리고(혹은) 자신의 생각과
  텍스트가 관련되어 있음을 알게 하는 지점 등에 대한 답을 표시하도록 텍스트 내에
  붙일 포스트잇 주기
- 정보 제공을 목적으로 하는 텍스트를 도입하고 검토할 때 K-W-L[우리가 알고 있는
  것(What We Know)-우리가 배우고 싶은 것(What We Want to Learn)-우리가 배운
  것(What We Learned)] 활용하기
- 호혜적 교수 활용하기 : 학생들에게 예측하기(예 : 이것이 무엇에 대한 것이라고 생
  각하는가?), 질문하기(예 : 이것이 의미하는 것을 이해하고 있는가?), 그리고 요약
  하기(예 : 주요 아이디어는 무엇이었는가?) 등 효과적인 읽기 이해와 연계된 구체
  적 전략을 가르치기(Palincsar & Brown, 1984)
- 삽화나 이야기 문법이나 주요 어휘에 형광펜으로 표시하기 등과 같은 텍스트 이해
  를 향상시켜줄 장치 제공하기
- 자료를 읽으면서 이야기 지도나 다른 그래픽 조직자(설명 텍스트)의 요소를 채우기
  (예 : 그림 5.5 참조)
- 학생들이 상황, 등장인물, 문제, 그리고 해결책 등을 써넣을 수 있게 분류된 공간이
  있는 이야기 문법 제공하기. 만약 학생이 쓰지 못한다면 이야기 문법에 붙일 수 있
  도록 인쇄가 된 떼어내서 쓰는 라벨이나 포스트잇, 혹은 그림을 제공하기
- 여기 · 숨겨진 · 머리(Here, Hidden, Head) 전략과 같은 질문 전략 가르치기 : 글자
  그대로의 혹은 사실에 근거한 이해 질문에 대한 답은 해당 페이지의 여기(here)에

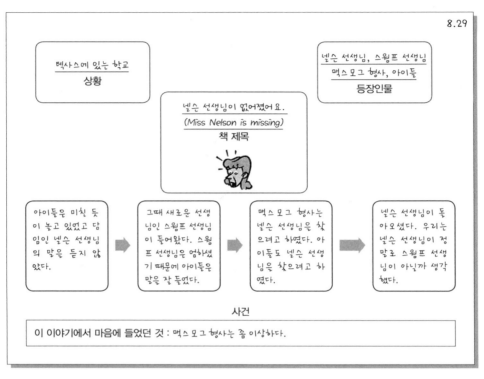

그림 5.5 이야기 글에 대한 이야기 지도. 선생님과 학생은 책을 소리 내어 함께 읽으면서 이야기의 구성요소(제목, 상황, 등장인물, 사건)를 채워간다. 이야기에 대한 학생의 의견을 제외하고 교사가 쓴다.

있고(학생들은 답을 가리킬 수 있다), 추론 질문에 대한 답은 숨겨져 있으며(hidden, 책에 단서나 힌트가 제공되어 있지만 학생들은 제공된 단서를 활용하여 결론을 이끌어내야 한다), 그리고 평가 질문에 대한 답은 학생 자신의 머릿속(head)에 있다(학생들은 주관적이며 객관적 사실에 근거하지 않는다).

- 학생들에게 이해 질문에 대한 답을 쓰도록 하는 대신 구두로 반응(혹은 보완 의사소통 체제를 이용하여 반응)할 수 있게 허용하기
- 학생에게 누가, 무엇을, 어디서, 언제 등의 질문과 같은 사실에 근거한 질문만 하기
- 학생에게 쓰거나 구두 질문에 답하게 하기보다는 어떤 이야기를 설명할 그림을 그릴 수 있게 허용하기
- 학생으로 하여금 쓰거나 구두 질문에 답하게 하기보다는 이야기 속에서 일어난 사건의 그림을 순서에 따라 배열하게 하기
- 예측 가능한, 반복적인 책 제공하기(유창성을 증진시키기도 함)

- 반복적 읽기 활용하기(유창성을 증진시키기도 함)

문학 동아리, 독서클럽, 독서집단을 위한 지원 및 수정

문학 동아리(Daniels, 1994)나 독서클럽, 혹은 독서집단 접근방식에는 보통 함께하거나 혼자 하는 읽기, 쓰기, 그리기, 토론하기 등의 다양한 활동이 포함된다. 학생들에게는 종종 읽기자료와 어느 정도 해당 텍스트에 사용할 공부방법을 선택할 기회가 주어진다. 집단 모임에서 학생들은 주어진 책을 읽고 특정한 역할(예 : 토론을 이끌어가는 사람, 그리는 사람, 글을 쓰는 사람 등)을 맡아서 토론한다. 학생의 학습목표와 상징 활용 유형에 따라 수정과 지원 전략은 읽기과제를 단순화하거나(예 : 텍스트 이해를 향상시켜줄 장치나 단순화된 읽기자료 제공) 구두 읽기와 단어 판별을 건너뛰고 독서클럽 활동을 통해서 계발될 수 있는 다른 기술 및 개념에 초점을 맞춘다. 문학 동아리나 독서클럽 활동을 수정하는 일련의 제안이 다음에 제시되어 있다(이 아이디어 중 많은 부분은 Kenna Colley가 제안한 것이다).

- 모두 동일한 주제를 지닌 다양한 난이도의 책을 선택한다. 학생들을 읽기수준에 근거하여 집단에 배정하거나 모든 학생에게 세네 권의 책 중 선택하게 한다.
- 해당 학생에게 (혹은 집단 전체에게) 책을 읽는 것과 더불어 책을 읽는 대신 녹음된 책을 듣거나 비디오를 볼 수 있게 한다.
- 해당 학생에게 또래 튜터나 특수교사, 혹은 자원봉사자와 함께 책을 예습하거나 미리 읽을 수 있게 한다.
- 읽기를 건너뛰고 이해와 개인적 반응에 초점을 맞춘다. 해당 학생은 또래들이 책을 소리 내어 읽을 때 이를 듣지만 읽는 동안, 읽은 후에 질문에 답한다(지원 및 수정을 받으면서 혹은 받지 않으면서).
- 이야기 지도를 활용한다. 해당 학생이나 또래들, 혹은 어른이 이야기가 진행되는 동안 이야기 지도나 그림을 그린다. 그리고 나서 이 자료는 이야기 문법과 이야기 속 사건들의 순서 및 의미를 토론하기 위한 그림 단서(텍스트 이해를 향상시켜줄 장치)로 사용할 수 있다. 혹은 이야기 지도를 만드는 것은 수업에 참여한 대다수의 학생들에게 주어지는 글로 쓰는 반응과제에 대한 수정이 될 수 있다.
- 이야기의 등장인물 및 중요한 물건에 대한 그림 사전을 만든다[예 : 줄리와 늑대 (*Julie of the Wolves*; George, 1972)의 줄리, 늑대, 눈, 칼, 부츠, 뒷]. 해당 학생은 질문에 답을 하거나 선택된 것에 대해 쓸 때 그림 사전을 참고할 수 있다. 혹은 사전

을 만들고 그림을 분류하는 것은 해당 학생을 위한 과제로 사용될 수 있다.

- 이야기 문법과 주요 아이디어에 초점을 맞춘 삽화가 들어간 수정된 책을 만든다. 삽화는 원본을 복사한 것일 수도, 어른이나 또래들 혹은 해당 학생이 그린 것일 수도, 그리고 컴퓨터 그래픽 프로그램이나 인터넷에서 출력된 것일 수도 있다. 책에는 반드시 해당 학생의 가독성에 적절한 수준으로 이야기를 요약한 텍스트가 포함되어야 한다.

- 이야기 문법 봉투(즉 등장인물, 상황, 사건이나 문제, 그리고 결말이나 해결을 위한 각각의 봉투)를 만든다. 이야기 문법 질문을 하고 답을 카드에 쓴다. 해당 학생은 이 카드를 정확한 봉투에 집어넣고 나서 이야기망을 만들거나 각 장을 글로 요약하고, 혹은 시험 대비 복습을 위해 봉투와 카드를 활용할 수 있다.

- 다양한 특징에 따라 이야기의 등장인물과 물건의 그림을 정리한다. 예를 들어, 동물을 한 페이지에 그리고 사람들을 다른 페이지에 정리한다.

- 책에 대한 포스터나 전단지를 만든다.

- 독서 보고서나 다른 글로 작성된 반응이 요청될 경우, 그림 5.6이나 5.7에 제시된 것과 같은 쓰기 틀을 제공한다. 해당 학생이 제목과 저자, 일반적인 이야기 문법(상황, 등장인물, 사건, 결과) 등을 쓸 수 있는 빈칸이나 상자를 제공하는 구조화된 페이지들은 쓰기에 어려움을 겪고 있거나 쓰기를 좋아하지 않는 학생들에게 쓰기 요구를 줄여준다. 쓰기 틀은 단어 은행이나 동그라미로 표시하는 반응, 혹은 포스트잇이나 접착성 라벨에 인쇄된 반응 등을 제공함으로써 더 수정될 수 있다. 그림 5.6에 제시된 것처럼 교사나 지원 인력이 해당 학생의 반응의 일부를 기록할 수 있을 것이다. 그림 5.7에 제시된 독서 보고서를 작성하기 위해서 해당 학생은 미리 인쇄된 카드(삽화가 있는 카드도 있음)에서 반응을 골라 쓰기 틀에 풀로 붙인다.

문어 과제를 위한 지원 및 수정

다음 전략은 문학 일지 및 다른 읽기에 대한 쓰기, 쓰기 워크숍, 안내된 쓰기를 포함한 문어 과제로 사용되는 자료에 적용될 수 있다.

- 쓰기 촉구로 사용하기 위해 그림이나 삽화를 제공한다.

- 자극 질문을 제공한다. 예를 들어, 문학 일지를 위해 학급 전체를 위한 일간 일지 자극 질문의 목록을 게시하거나 학생들 개개인의 일지 표지 안에 질문들의 목록을 넣어놓는다. 백지로는 과제를 할 수 없는 학생에게는 그날 해당 학생이 답할 필요

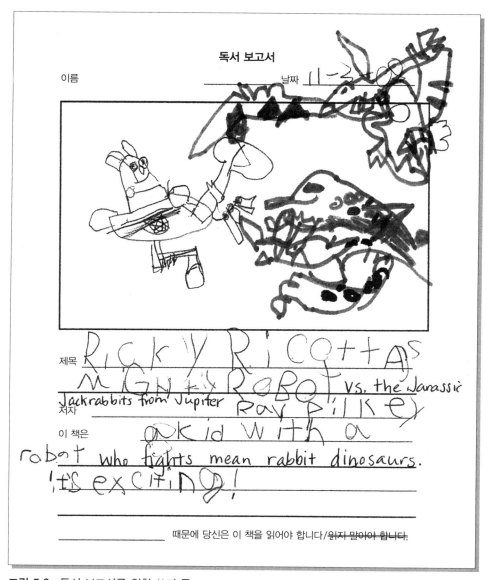

그림 5.6 독서 보고서를 위한 쓰기 틀

가 있는 특정 질문을 적어놓음으로써 그날의 항목을 구조화한다. 이러한 질문은 간단한 면담을 통해 해당 학생과 협력하여 선택할 수 있다. 여기에 자극 질문 및 가독성 수준이 더 낮게 적힌 수정된 질문의 예 몇 가지가 있다.

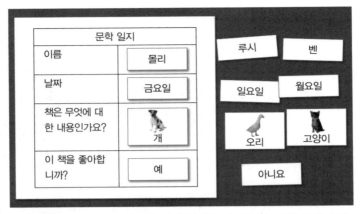

그림 5.7 문학 일지를 위한 쓰기 틀. 학생은 미리 인쇄된 카드들에서 답을 골라 상자 안에 풀로 붙인다.

1. **자극 질문** : 네가 가장 공감하는 등장인물은 누구니? 그 이유는 뭐지?

   수정된 질문 : 이 이야기에 등장하는 사람 중 누구를 가장 좋아하니?

2. **자극 질문** : 오늘 읽은 이야기에서 가장 중요한 측면은 무엇이지? 그 측면을 선택한 이유를 잘 생각해보렴.

   수정된 질문 : 오늘 읽은 이야기에서 어떤 부분이 가장 중요했지?

3. **자극 질문** : 오늘 이야기를 읽으면서 어떤 감정을 경험했지? 그런 감정을 불러일으킨 이야기의 특정 요소를 잘 생각해보렴.

   수정된 질문 : 오늘 읽은 이야기에 대한 어떤 점을 느꼈지? 슬펐니? 행복했니? 무서웠니?

- 해당 학생에게 완전한 문장을 쓰게 하기보다는 문장을 시작하는 장치를 제공하거나 빈칸 채우기를 활용한다. 예를 들어, 만약 학생들이 **샬롯의 거미줄**(*Charlotte's Web*; White, 1952)을 읽었고 대다수의 학생들이 "윌버가 처음에 샬롯에 대해 어떻게 느낄까?"라는 질문에 답을 한다면, 해당 학생에게는 '윌버는 샬롯이 _____(이)라고 생각했다."와 같은 빈칸 채우기용 문장이 주어질 수 있다. 필요하다면 해당 학생이 답을 선택하고 그 답을 베낄 수 있는 단어 은행이나 해당 학생이 빈칸에 붙일 수 있는 인쇄된 접착성 라벨 혹은 포스트잇을 제공한다.

- 대필자(혼자 힘으로 쓰는 데 어려움을 지닌 학생과 쓰기에 더 능력 있는 다른 학생이나 성인과 짝지어줌)를 제공한다. 대필자가 해당 학생이 말한 것을 쓰고 난 후 해

당 학생은 그것을 종이에 베껴 쓰거나, 컴퓨터 혹은 다른 텍스트 쓰기 장비에 옮겨 쓰거나 그림을 그리거나 또는 삽화를 잘라 붙일 수 있다.

- 쓰기 틀을 제공한다. 기초 이해 및 쓰기에 지원을 필요로 하는 학생에게는 어떤 학생은 완전한 문장을 쓸 것이고 또 어떤 학생은 단어 1~2개 정도 쓸 것으로 기대하면서 질문과 답을 쓸 공간이 있는 구조화된 페이지를 줄 수 있다. 또한 어떤 학생에게는 빈칸을 채우는 데 활용할 단어 은행이 제공될 수 있다. 예를 들어, 매일 소설 읽기 회기가 끝난 후 쓰기 틀은 해당 학생이 주요 등장인물, 상황, 사건 등을 적을 공간을 제공할 수 있다. 교사나 보조교사, 혹은 또래가 카드에 답을 쓰고 해당 학생은 정확한 제목 아래에 있는 틀에 이 정보를 베껴 쓴다. 한 가지 대안으로 해당 학생은 그림 5.6과 5.7에 제시된 것과 같은 하나 이상의 문장을 시작하는 장치나 쓰기 틀을 제공받을 수 있다.

- 카드에 그림을 그리고 이야기를 만들기 위해 이 그림들을 배열하는 것으로 시작되는 이야기 쓰기를 위한 과정(Essley, 2005)인 스토리보드를 활용한다. 학생들은 그림을 옮기거나 추가함으로써 그림을 편집하고, 그리고 나서 이야기를 쓰고 편집하기 시작한다. 쓰기를 꺼려하는 많은 학생들은 직접 해보는, 불안수준이 낮은 이 융통성 있는 과정을 열심히 받아들인다. 이 과정은 교사와 학생이 그리기와 쓰기를 함께할 때 혹은 해당 학생에게 요구되는 쓰기가 손 또는 기술의 도움으로 단순히 설명을 추가하는 것으로 축소되었을 때와 같이 많은 방식으로 수정될 수 있다. 그림 5.8은 코팅된 마닐라지 서류철로 만들어진 한 학생의 스토리보드의 예이다. 색인 카드를 반으로 잘라 만든 그림 카드를 단순히 파일 폴더의 구멍에 큰 클립으로 붙여놓은 것이다.

- 해당 학생에게 포스터, 입체 모형, 모빌, 그림 등과 같은 것을 만들 수 있게 한다. 학생은 최종 결과물을 구두 혹은 다른 의사소통 방식을 사용하여 학급 전체를 대상으로 발표할 수 있다.

- 컴퓨터와 보조공학(예 : IntelliKeys)을 제공한다.

- 손으로 들 수 있는 혹은 노트북 컴퓨터(예 : 아이패드, AlphaSmart)를 제공한다.

- 상징 쓰기 소프트웨어(예 : 직접 출력을 위해 텍스트에 상징을 추가하는 Writing with Symbol, 그림 의사소통 체제 보드, 혹은 IntelliKeys overlays)를 이용하여 쓰도록 해당 학생을 돕는다.

- 대안 혹은 보충 활동의 목록이나 폴더를 만든다. 어떤 학생이 동기와 집중을 유지

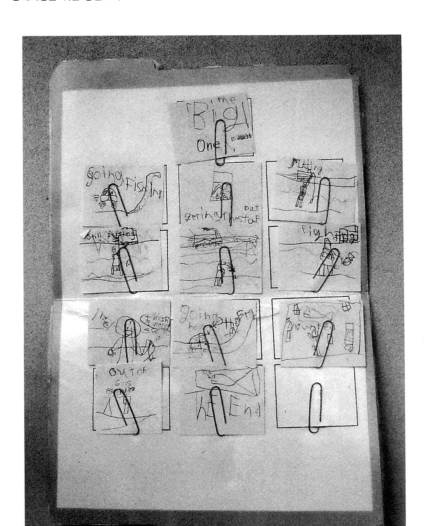

그림 5.8 공유된 그림 쓰기를 위해 개발된 스토리보드
출처 : Amy Behl의 도움을 받음.

하기에 수업활동이 지나치게 길 때(예 : 저자들의 워크숍을 위해 지정된 긴 블록수업), 계획된 수정이 실패했을 때, 혹은 어쩌면 해당 학생이 일상적인 일정에서 휴식을 필요로 할 때 그 활동을 활용한다. 대안적인 활동의 목록이나 폴더, 주머니 등은 해당 학생을 교실에 있을 수 있게 그리고 수업 주제 영역 및/혹은 주제와 관련된 활동에 참여할 수 있게 하는 방법을 제공할 수 있다. 이러한 활동은 대안적 수정을 필요로 하는 학생들과 예정된 시간보다 일찍 과제를 마쳐서 독립적인 선택활동이 필요한 학생 모두를 위한 활동으로 사용될 수 있다. 그림 5.9는 쓰기 워크숍 보충활동 목록을 제시하고 있다.

문해를 위한 대안적 수정

학생들이 별개의 문해 교수에 참여하고 있다면, 이 대안적 수정은 정말로 특화되어야 한다. 교수는 반드시 효과적인 증거 기반 실제를 활용해야 하고, 진전도 점검으로 규명된 학생의 요구에 초점을 맞춰야 하며, 급우들과의 문해활동에 참여하기 위한 지원 및 조절을 포함하는 포괄적인 문해 프로그램의 일부가 되어야 한다. Cunningham과 Alington(2003)이 언급했던 것처럼 "특별 프로그램은 참여하고 있는 아동이 교실에서 경험하는 어려움을 완화시켜주기 위해 설계된 지원적 교수를 제공할 때 가장 효과적이다"(p. 204).

모든 대안적 문해 교수는 보통의 수업에서 발생하는 교수를 보충해야 한다. 출현율이 높은 경도장애 학생에게 대안적 문해 교수는 교정적 문해 교수, 즉 해당 학생의 문해를 평균적인 수행이라고 할 수 있을 때까지 향상시키도록 혹은 해당 학생으로 하여금 보통의 문해기술 범위 내에서 가능한 한 진전을 보일 수 있게 하도록 설계된 것일 수 있다. 대안적 교수의 목적은 해당 학생에게 기능적 읽기 및 쓰기 기술을 제공하거나 복잡한 의사소통 요구를 지닌 학생들에게 그 학생의 수용 및 표현 의사소통 기술을 향상시켜주는 것일 수도 있다. 읽기 및 쓰기에서 집중적인 직접교수를 제공하기 위한 지침은 이 책의 범위를 벗어난 것이기는 하지만 부록 B에 제시된 몇몇 자료에서 발견할 수 있을 것이다.

수학 및 산술 능력

Slavin과 Lake, 그리고 Groff(2010)는 초등학교와 중학교, 그리고 고등학교용 수학 프로그램에 대한 양질의 연구 189개를 검토하였다. 그리고 나서 이들은 이러한 연구들에서 발견한 세 가지 대안적 접근방식, 즉 수학 교육과정(예 : 상업적 교과서)과 컴퓨터 보조 교수(보충 및 핵심 프로그램 모두), 그리고 교수과정 프로그램(즉 교사들로 하여금 교과서나 내용과 상관없이 효과적인 교수전략을 사용하게 하기 위한 직무능력 계발의 활용) 등의 결과를 비교하였다. 학생의 성취에 가장 큰 영향을 미친 프로그램은, 특히 협동 학습 및 다른 또래지원 전략[예 : 학급차원의 또래 교수(CWPT), 또래보조 학습전략(Peer Assisted Learnig Strategies, PALS) 등]의 활용을 통하여 일일 교수실제를 바꾸기 위해 설

쓰기 워크숍 대안적 · 보충적 활동

- 한 분야(동물, 음식, 혹은 사람)를 선택한다. 해당 분야의 구성원들을 각각의 알파벳 문자로 쓴다.
- 어떤 사물의 윤곽을 그린다. 그 사물을 설명하는, 당신이 알고 있는 모든 단어들을 브레인스토밍하고 윤곽 안에 쓴다.
- 잡지에서 음식 사진을 오려내어 그 음식을 묘사하는 단어 10개를 쓴다.
- 모양과 소리, 냄새의 목록을 만든다.
- 만약 5개를 제외하고 모든 단어들을 없앤다면, 그 5개는 무엇이고, 왜 남겨두었는가?
- 허용된 15개의 단어만으로 전보문을 쓴다.
- 색깔 단어들의 목록을 만들고 그 단어들이 어떻게 보이는지, 어떤 맛이 나는지, 어떤 느낌인지, 혹은 어떤 냄새가 나는지 묘사한다(예 : 초록색은 시고, 분홍색은 달콤하다).
- 수수께끼 메시지를 만들기 위해 잡지에서 단어들을 오려낸다.
- 분필을 들고 밖으로 나가 보도에 짤막한 글을 적는다.
- 급우와 교사, 가족 구성원들을 위해 별점을 쓴다.
- 먹을 것과 마실 것의 맛을 보고 그것에 대한 광고를 쓴다.
- 책이나 이야기의 첫 부분을 읽고 자신만의 결말을 쓴다.
- 좋아하는 음식 몇 가지의 조리법을 쓴다.
- 자신의 꿈에 대해 쓴다.
- 사파리나 래프팅, 혹은 고래 구경 등과 같은 흥미진진한 여행에 대한 초청장을 쓴다.
- 학교의 업종별 전화번호부를 만든다. 이용 가능한 모든 서비스들을 포함시키고 그 서비스에 대한 광고를 만든다.
- 학교 주변에 있는 사람들을 면담한다. 그들의 생활, 그들이 좋아하는 것과 싫어하는 것, 그들이 완수하고자 하는 중요한 것을 서술한다.
- 멀리 떨어진 곳에서 친구나 가족 구성원에게 엽서를 쓴다.
- 연재만화를 오려낸다. 그 연재만화에 새로운 설명을 쓴다.
- '잊지 못할 캠핑 여행'에 대해 쓴다.
- 달력을 이용하여 열두 달 각각에 대한 격언을 만든다. 그 격언이 달력에 있는 그림에 맞도록 노력한다.
- 요일명 전부를 이용하여 시를 쓴다.
- 비행기 타기에 대한 이야기를 쓰고 그 종이를 비행기로 만들어 날린다.
- 무엇인가를 쓴 종이를 접어 선물로 만들고 그것을 리본이나 줄로 묶은 후 선생님께 드리고 열어보게 한다.

- 만지고 말하기 스크랩북을 만든다. 만지고 싶은 물건의 견본을 모으고 각각의 견본 옆에 그것을 묘사하는 단어를 쓴다.
- 선생님이나 급우들 중 한 사람의 '수배' 포스터를 만든다.
- 집에서 사진첩을 가져오거나 의사소통 책을 활용한다. 선택된 사진의 이름을 타자로 친다.
- 학급에서 최근에 보거나 읽은 특별 프로그램, 영화, 책 등을 기술한다.
- 그날 점심 메뉴에서 몇 가지 항목의 목록을 만든다. 그 목록을 말하고 타자로 친다.

그림 5.9 쓰기 워크숍 보충활동 목록

출처 : Kenna Colley의 도움을 받음.

계된 교수과정 프로그램이었다. Slavin과 Lake, 그리고 Groff는 수학 교수에 대한 이 세 가지 유형의 접근방식이 결합되어 사용된다면 추가적인 효과를 보일 것이라고 신속하게 지적하였다. 하지만 이들이 발견한 것은 다음을 암시하고 있다.

> 연구자들은 물론 교육자들도 어떤 교과서나 접근방식을 선택하는 것 그 자체가 학생이 진
> 전하게 할 것이라고 기대하기보다는 학생의 참여와 동기를 극대화하기 위해 학급을 조직
> 하는 방법에 더 초점을 맞추는 데 능숙하다. (Slavin, Lake, & Groff, 2010, p. 8)

이러한 연구들을 종합한 것의 함의는 다양한 능력을 지닌 학생들로 구성된 학급에 이롭다. 즉 교육과정이나 공학만으로는 수학 성취에 있어 큰 차이를 만들어내지 못한다는 것이다. 오히려 교육자들은 학생들이 수학수업에서 하는 것을 변화시켜야 한다. "가장 성공적인 수학 프로그램은 학생들의 상호작용을 격려하는 것이다"(Slavin, Lake, & Groff, 2010, p. 3).

(1) 배경 정보 및 설명, (2) 시연, (3) 즉각적인 피드백이 주어지는 함께 안내된 연습, (4) 독립적 연습 등의 교수 순서를 따르는 직접교수는 수학 기술 및 개념을 가르치는 데 추천된다. 장애 및 비장애 학생들을 학습 특성에 맞는 수학 교수는 구체적 모형과 시연으로 시작되고, 그러고 나서 사진 및 그림 표상의 활용으로 나아가며, 마지막으로 추상적 수준 및 상징의 활용으로 옮겨간다(예 : 화폐에 대해 가르칠 때 실제 동전 및 지폐로 시작하여 돈의 사진을 활용하고, 그러고 나서 숫자 및 화폐 기호의 사용으로 옮겨간다). 교사는 학생에게 기술을 보여줄 때 교사들 자신의 사고과정을 소리 내어 말하고 학생들이 비슷한 방식으로 점검하고 자신의 생각을 반성하도록 격려하면서 문제해결 과정 및 전략을 강조해야 한다.

일부 학생들이 적절한 시기에 기억술을 활용하기 위해 추가적인 촉구가 필요하다 하더라도 기억술 전략[예 : 괄호(Parentheses), 지수(Exponent), 곱셈(Multiplication, 왼쪽에서 오른쪽)과 나눗셈(Division, 왼쪽에서 오른쪽), 덧셈(Addition, 왼쪽에서 오른쪽)과 뺄셈(Subtraction, 왼쪽에서 오른쪽) 등 연산의 순서를 외우기 위해 앞글자를 딴 *Please Excuse My Dear Aunt Sally*는 많은 학생들에게 효과적으로 작용한다(Scruggs et al., 2010).

수학에 어려움을 보이는 학생들을 위한 효과적인 단계별 중재에는 2단계 '촉진 수업' (booster lessons; Bryant, Bryant, Gersten, Scammacca, & Chavez, 2008)과 소집단 튜터링 (Slavin, Lake, & Groff, 2010)이 포함된다. 중도장애 학생들은 촉구와 오류 교정, 촉구 제거하기 전략을 활용하는 체계적 교수가 사용되고, 최소한 교수의 일부에 실제 상황이 이용될 때 가장 성공적으로 기초 측정과 계산 기술(예 : 수 세기, 돈 세기, 계산하기, 시간 말하기 등)을 학습한다(Browder, Spooner, Ahlgrim-Delzell, Harris, & Wakeman, 2008). 자폐성 장애 및 다른 발달장애를 지닌 학생들은 터치 포인트를 이용하여 한 자릿수 덧셈을 배울 수 있었다(Cihak & Foust, 2008).

수학을 위한 개별화된 지원 및 수정

학생들이 수학에 대해 갖게 되는 어려움은 지필 연산의 실행을 방해하는 빈약한 조직기술에서부터 추상적 사고, 추상적인 수학 개념의 이해를 저해하는 인지적 장애에 이르기까지 다양하다. 다른 교과영역에서도 그러한 것처럼, 특정 수학수업을 수정하는 방법에 대한 첫 번째 결정은 해당 학생의 목적에 의해 내려진다. 수학에 있어 단순화된 교육과정 목적은 수학적 개념 및 처리과정을 학습할 수 있으나 급우들과 같은 속도로 학습하지 못하고 동일한 난이도가 적용되지 않는 일부 학생들에게 적절하다. 이 학생들은 자신의 IEP에 단순화된 수학과 목표뿐만 아니라 더 많은 시간, 구체물 활용, 계산기 사용 가능과 같은 조절이 포함되어 있을 것이다. IEP가 수학에 대한 더 기능적인 접근방식을 강조하는 학생들은 기초 수 개념과 계산, 시간, 그리고 일상생활의 수에 대한 기능적 활용 등의 학습을 목표로 갖고 있다. 가장 복잡한 요구를 지닌 일부 학생들에게 수정된 수학과 목표는 본질적으로 수 개념의 활용을 건너뛰고 대신 화폐와 시간을 포함하는 일상적인 활동에의 참여를 가능하게 하는 수정된 일과 및 상징체계의 활용 등을 강조한다 (Browder & Snell, 2000).

중학교 및 고등학교 수학수업에서 어떤 학생이 급우들과의 활동에서 숫자를 활용할 수 있을 때 여러 수준의 교수가 여전히 발생하지만, 대다수의 급우들이 수학을 배우는 데 반해 학습목표가 수정된 학생들은 다른 교과영역의 목표에 초점을 맞출 수 있으므로 중복 교육과정이 더 자주 사용될 수 있다. 예를 들어, 기술통계 단원이 진행되는 동안 어떤 학생은 자료를 수집하는 데(예 : 교사들이 매일 혹은 매주 집에서 학교까지의 이동하는 마일 수, 해당 학생이 좋아하는 야구 팀 선수들의 평균 타율, 급우들이 좋아하는 영화를 보기 위한 영화표 판매) 어쩌면 낮은 값에서 높은 값의 순서로 자료를 입력하는 일에 도움을 줄 수 있겠지만, 급우들은 분산과 표준편차, z점수 등을 결정하고 있을 것이다. 소수, 분수, 백분율의 비교 및 순서 짓기 단원이 진행되는 동안에, 심한 장애를 지닌 어떤 학생은 다가오는 명절 파티를 위한 물건구입 목록을 만들고 인터넷으로 가격을 조사하며, 돈이 얼마나 필요할지 계산하고, 그러고 나서 실제로 물건을 구입하는, 즉 돈과 예산 세우기 기술에 대한 것은 물론 쓰기, 인터넷 검색하기, 가게에서 물건을 구입하는 것과 관련된 사회적 · 운동기능적 기술에 대해서도 공부하게 됨으로써 중복 교육과정이 사용될 수 있다.

다음은 수학 교수의 지원 및 수정을 위한 일련의 선택권이다. 다른 교과영역에서도 그렇듯 이 선택권 중 일부는 교육과정 목표가 변경되지 않는다면 조절로 적용될 것이다.

- 해당 학생이 계속해서 수 개념과 처리과정에 대한 조작물 그리고(혹은) 그림 표상을 사용할 수 있도록 허용한다.
- 대다수의 급우들이 사용을 안 하게 된 후에도 계속해서 해당 학생과 함께 수학 참고자료 및 시각적 보조도구(예 : 수 차트, 수직선, 자릿값 차트)를 사용한다.
- '+는 더하라는 뜻', '−는 빼라는 뜻' 등과 같이 교과서 및 학습장 계산 문제에 단서를 추가한다. 혹은 덧셈에는 초록색, 뺄셈에는 빨간색 등 형광펜을 사용하여 계산부호를 색칠하여 구분한다.
- 계산기나 수직선, 혹은 구구단 표를 사용할 수 있도록 허용한다.
- 학생들을 위해 계산 문항을 네모 칸에 넣고(넣거나) 정답 칸을 제공한다.
- 해당 학생이 풀어야 할 문제의 양이나 복잡성을 줄인다(예 : 해당 학생으로 하여금 두세 자릿수 문제가 있는 페이지에서 두 자릿수 문제만 풀게 한다).
- 해당 학생이 계산될 숫자들을 적절하게 배열하는 것을 돕도록 그래프 종이를 제공하거나 줄이 쳐진 종이를 옆으로 돌려 줄이 수직 열이 되도록 한다.
- 학습장을 접어서 학생들이 한 번에 한 줄씩 공부할 수 있도록 한다.
- 교과서 및 다른 교재에 지시문과 단서에 형광펜으로 표시한다.
- 페이지당 문항 수를 줄인다.

- 해당 학생으로 하여금 더 적은 문항을 풀게 한다(예 : 하나 걸러 한 문항씩).
- 큰 글자 교재를 사용하거나 확대 복사를 한다.
- 학습장과 시험에 예를 제공한다.
- 학생이 연습활동을 할 때 더 많은 단서와 촉구, 피드백을 제공한다.
- 텍스트나 학습장 연습문제를 위하여 과제 요구조건을 변경한다. 예를 들어, 해당 학생에게 수학과제에 있는 문제를 계산하게 하기보다는 교사가 지명한 숫자에 동그라미를 표시하게 한다. 혹은 해당 학생의 학습장에 있는 지시문을 다시 쓰게 한다. "각 7에 동그라미를 표시하시오."
- 교과서 및 학습장 연습문제에 답하기 위한 선택권을 제공한다. 예를 들어, 시계 문자판과 학생들이 시간을 쓸 빈 줄에 2개의 답지를 써놓고 해당 학생으로 하여금 정확한 시간에 동그라미를 표시하게 한다.

수학을 위한 대안적인 수정

읽기 및 쓰기에서와 마찬가지로 수학을 위한 대안적인 수정도 교정이나 보충을 위한 것이다. 즉 학생들은 그들이 지니고 있는 수학기술을 교정하고 가속화하기 위해 설계된 교수에 참여할 수 있고, 숫자를 일상생활의 기능적 적용에 활용하는 법을 배울 수 있다. 기능적 수학은 사람이 가정과 학교, 직장, 지역사회에서의 생활에 가능한 한 능동적으로 참여할 수 있게 할 수 있는 기초 산술능력 기술과 시간관리, 화폐 지식에 초점을 맞추고 있다. 학생들은 또한 수직선 및 터치 포인트의 활용과 같은 적응전략을 배울 수도 있는데(Bullock, Pierce, & McClellan, 1989), 이러한 적응전략은 시간이 지날수록 철회되거나 장기 적응 전략으로 사용될 것이다.

문해에서와 마찬가지로 더 심한 장애를 지닌 학생들은 학급에서 활용되는 산술능력과 관련된 모든 일과에 대한 수정 및 지원을 필요로 한다. 비록 어떤 학생이 수학에 대한 얼마간의 대안적 수정을 받고 있다고 하더라도, 만약 지원 및 수정이 주어진다면 종종 해당 학생이 이득을 볼 수 있는 여러 유형의 활동과 수업의 일부가 존재한다.

학생 스냅촬영

주간 계획을 세우는 동안 카일리의 5학년 담임교사와 특수교사는 수학을 위한 다수준 교수를 사용할 요일과 중복 교육과정을 포함할 요일을 결정하였다. 수정된 수업이 적절했을 때(예 : 분수의 덧셈 및 뺄셈 수업이라면 카일리는 분수를 읽고 그 분수를 시각자료와 짝짓는 활동을 한다), 카일리는 수업의 전반부는 해당 수업에 남아 있게 되었다. 특수교사는 카일리의 옆에 앉아 작은 화이트보드를 사용하여 어휘를 보여주고 쓰며, 담임교사가 제시한 질문에 답하도록 준비시켰다. 수업 중 독립적 연습이 진행되는 동안에 카일리는 급우들이 사용하는 것과 동일하지만 1~2학년 수준의 상업적 자료 중에서 발췌한 수학 일지를 작성하였다. 그러나 카일리가 수업(예 : 긴 나눗셈 수업)의 단순화된 형태인 수학 학습목표를 갖지 못했을 때, 담임교사는 카일리에게 수나 기하학적 도형을 가려내도록 하게 하거나 혹은 부탁할 사람을 결정하기 위해 모자에 적힌 급우들의 이름을 쓰게 함으로써 카일리를 수업에 포함시켰다. 그리고 나서 개인 연습 시간에 교사들 중 1명이 카일리의 IEP 목표(예 : 구체물을 활용하여 합이 10까지인 문장제 문제 풀기)를 다루는 대안적 수학활동에서 직접교수를 제공하였다. 금요일에 수업에서 수학 게임을 했을 때 카일리는 또래 파트너와 함께 참여하였다. 그래서 비록 수학에 대한 대안적인 수정을 제공하였더라도 카일리는 여전히 급우들과 동시에 수학을 했고 교실에서나 급우들 혹은 교사와의 상호작용에서 완전히 배제되지 않았다.

수학과 IEP 목표가 더 기능적인 학생들은 보통 특정 기술(예 : 물건 세기, 숫자 쓰기, 시간 말하기, 돈 세기)에서 짧은 직접교수 회기와 뒤이어 그 기술을 그날 동안 기능적 맥락에 주입시킴으로써 도움을 받을 것이다. 수학기술의 기능적 적용에는 각각의 협동 학습 집단에 정확한 수의 종이 나눠주기, 글로 적힌 혹은 그림으로 된 일정표 따르기, 조리법에 맞게 재료 측정하기, 물건 구입에 필요한 돈의 양 결정하기, 혹은 각각의 원격학습 시간에 나눠줄 학교 통신문 수 세기 등과 같은 활동이 포함된다. 그러한 기술이 기능적 맥락에 일반화되는 것을 확실히 하지 않은 채 분리된 기술이 연습되는 긴 회기는 일반적으로 사회적으로나 교수적으로나 거의 이득이 없다.

내용영역과 자연 및 사회과학

어떤 측면에서 핵심 내용영역(예 : 사회, 역사, 과학)에서의 교수에 모두가 접근할 수 있게 하는 것은 다양한 학생들에게 기초 기술을 가르치는 것보다 쉬울 것 같다. 과학은 본질적으로 직접 경험하는 것이고 종종 일상생활에 즉각적으로 적용될 수 있으며, 사회는 풍부한 인간 경험들로 가득 차 있다. 그러나 내용영역에서의 읽기 및 쓰기 요구는 심지어 초등학교 고학년 때부터 조정하기 어려운 것이 될 수 있다. 그러므로 여기에서는 내용영역 교수의 개념적 요구뿐 아니라 읽기 및 쓰기 요구도 다룰 것이다.

내용영역에서의 효과적인 차별화된 교수

자연과학과 역사, 사회과학에 대한 철저한 실험적 평가는 읽기, 쓰기, 수학에 대한 그것보다 훨씬 더 적다. 초등학교 수준에서 내용이 동기를 부여하고 적절한 것이 되도록 고차원적 사고를 강조하고 협동 학습과 공학을 활용하는 교수는 성취에 가장 이로운 것임을 보여주었다(Slavin, Lake, Hanley, & Thurston, 2012). 장애학생들은 언어 및 문해에 어려움을 경험하고 있는데, 이러한 어려움은 교사들이 학급 전체를 대상으로 강의할 때와 높은 가독성 수준을 요구하는 교과서에 의존할 때 더욱 심해진다. 지적장애 학생들에게 이러한 차별화되지 않은 방법과 교재에 의존하는 것은 이들이 교육과정 내용에 접근하는 것을 완전히 차단한다. 하지만 장애학생들, 특히 중·고등학교에서 출현율이 높은 장애를 지닌 학생들에게 내용영역 기술 및 지식을 가르친 것에 대한 연구들은 내용영역에서 학생의 성취에 중간 수준부터 높은 수준에 이르는 효과를 일관성 있게 보여 온 수많은 전략 및 중재를 규명해냈다(예 : Scruggs, Mastropieri, Berkeley, & Graetz, 2011). Scruggs와 동료들은 다음의 전략이 학급 전체를 대상으로 하는 강의나 토론 교수방법 및 독립적 교과서 학습 등과 비교했을 때, 내용교과 학습에 훨씬 더 효과적인 것으로 평가했다. (이러한 전략 중 몇 가지는 다양한 교육과정 영역 전반에 걸쳐 일반적으로 효과적인 교수전략으로 제2장에 설명되어 있다.)

- 명시적·직접교수
- 기억술 전략[Scruggs와 동료들(2010)은 기억술 교수가 단지 특정 유형의 내용만을 다루고 있어 반드시 다른 접근방식과 함께 사용되어야 한다고 언급하였다]
- 텍스트 개요, 학습 안내서, 그리고 K-W-L 전략 등과 같은 학습 보조도구
- 개념 도표, 비교표, 그리고 원인과 결과 차트 등 그래픽 조직자
- 안내된 노트
- 상호 또래 교수와 협동 학습을 포함한 또래 매개 학습
- 실험 수행하기 및 모형 구조화하기 등과 같은 직접 경험활동
- 발표, 비디오, 역할놀이, 드라마, 음악, 그림 등을 포함한 다감각 표현활동과 연습활동

이 책에서 몇 차례 강조했던 것처럼 학급에서의 생활에 완전히 통합되기 위해서 IEP를 지닌 학생들은 단순히 그곳에 있는 것만으로는 안 된다. 이들은 사회적 그리고 학업 관련 활동에 급우들과 함께 적극적으로 참여해야만 한다. 이를 위해서는 매우 다양한 흥미, 능력, 학습 스타일을 지닌 학생들에게 맞는 교수 단원 및 일일 수업을 설계하는 데 특수교사와 일반교사의 협력이 요구된다. 개념을 탐색하고 내용 관련 기술 및 처리과정을 연습하기 위해 다중양식과 교수수준, 풍부한 참 활동을 통합하는 교수 단원을 협력적

으로 계획하는 것은 사회 및 과학에서 교수를 조절하는 기반을 제공한다.

학문 혹은 주제 단원을 협력적으로 계획하기

교수 단원을 먼저 협력적으로 계획하는 것은 여전히 개인차에 대한 대비를 포함하면서, 학급 전체를 위해 계획하는 데 교사들을 돕는다. 하나의 조직 주제 아래 몇 가지 교육과정 영역을 통합하는 주제 단원들은 통합학급에 특히 더 잘 맞는다. 통합된 교육과정은 자연스러운 맥락을 제공하는데, 서로 다른 흥미와 능력을 지닌 학생들은 그 맥락으로부터 난이도 면에서 다양하거나 혹은 다양한 교육과정 영역으로부터 도출되는 교육과정 목표를 향해 공부할 수 있다. 단일 학문에 초점을 맞춘 단원 또한 여러 수준의 학습목표와 동기를 부여하는, 직접 경험하는 활동을 통합할 수 있다.

많은 단원계획 양식이 이용 가능하지만, 통합학급에서의 사용에 추천되는 양식은 보통 (1) 특정 학생들을 위해 차별화된(확장되고 수정된) 목표와 함께 모든 학생을 위한 핵심 단원 목적(핵심 기술 및 이해), (2) 다양식, 다수준 원천 자료, (3) 직접 경험활동(보통 어떤 형태의 협동 집단작업을 포함)과 창의적 졸업 작품 등을 포함한다(예 : Fisher et al., 1999; Schumm, Vaughan, & Harris, 1997). 이 계획은 시작부터 다양한 학습 내용과 처리과정, 산출물을 통합한다. 보충적 혹은 대안적 단원활동의 모음 또한 만들어질 수 있다. 이 모음은 필요로 하는 어떤 학생들을 위한 대안적 활동은 물론, 대다수 학생들의 요구조건을 넘어서는 학생들을 위한 확장활동을 포함할 수 있다. 비록 교수 단원의 협력적 계획이 초기에 엄청난 시간의 투자를 요구한다 하더라도, 많은 교사들은 수년간 동일한 단원을 활용하면서 매년 점점 더 창의적인 활동과 더 정교한 차별화를 고안해간다. 만약 어떤 학년수준 팀 전체가 동일한 단원을 사용한다면 몇몇 팀의 계획은 초기 투자를 훨씬 더 효율적으로 만들면서 지원을 받게 된다.

학습센터 혹은 학습 정류장

학문 혹은 주제 단원의 일부로 팀은 차별화와 융통성을 허용하는 학습센터 혹은 학습 정류장을 만들 수 있다. 하나의 정류장은 학생들이 학습 단원의 어휘를 위한 보조물로 활용할 수 있는 학습판으로 구성될 수 있다. 예를 들어, 학습판은 유명한 인물과 그들이 공헌한 바를 짝짓거나, 대륙과 대양을 분류할 수 있으며, 단순한 기계의 사진을 범주로 정리할 수 있다. 두 가지 학습 위원회의 예가 그림 5.10에 제공되고 있다. 두 번째 정류장은 다양한 읽기수준에 맞는, 그러나 모두가 단원 주제와 관련되어 있는 일련의 문학작품 및 설명문을 제공할 수 있다. 세 번째 정류장에서 학생들은 보드에서 이동하기 위해서 반드시 내용 질문에 정확하게 답변해야 하는 보드게임을 할 수 있다. 컴퓨터 정류장에서 학생들은 주제에 대한 글을 읽거나 비디오를 보고 질문에 답할 수 있다.

하나의 학습센터 혹은 학습 정류장은 교사 주도 교수에 대한 여분의 기회를 제공하고 새로운 기술 및 지식으로 연습할 수 있다. 이는 본질적으로 수업의 반복일 수 있고 교사 한 사람에 학생 소집단에 의해 실행될 수 있다.

내용영역을 위한 개별화된 지원 및 수정

만약 이전에 제시된 증거 기반 실제가 사용 중이라면 각 팀은 역동적이고 융통성 있는 교수 단원의 협력적 계획과 함께 교육과정에 모든 학생이 능동적으로 참여하고 진전을 보이는 것을 극대화하는 데 초점을 맞출 수 있다. 어떤 학생들은 특히 내용교과 교수에 포함된 듣기와 읽기, 쓰기 요구에 관하여 개별화된 수정과 지원을 여전히 필요로 할 것이다. 이러한 수정 및 지원은 해당 학생의 요구와 능력에 따라, 그리고 해당 학생의 학습 목표에 따라 인도된다.

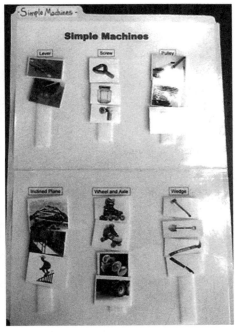

그림 5.10 상호작용적 학습판. 각각의 판은 그래픽 조직자 및 특정 내용교과 학습표준과 관련된 어휘나 개념 등을 특징으로 삼는다.

출처 : Royce Jacomen이 제작, Sorting for Success.

구두 발표 및 강의를 위한 수정 및 지원

- 노트 필기를 위한 개선된 지원을 제공한다. 안내된 노트(그림 2.8 참조)는 양을 줄여줄 수 있고, 추가적인 그림이나 상징 단서들이 제공될 수 있으며, 그리고(혹은) 학생들에게 답을 쓰기보다는 동그라미 표시를 할 수 있는 선택권이 주어진다. 해당 학생이 주요 용어를 넣을 수 있는 공간이나 자리가 있는 빈칸이 있는 노트 혹은 틀이 있는 노트는 강의의 개요를 제공한다(그림 5.11 참조). 이러한 노트는 단어 은행이나 동그라미 표시를 할 용어의 선택권을 제공함으로써 학생들을 위해 단순화될 수 있다. 노트의 페이지나 파워포인트 슬라이드쇼에서 발췌한 유인물은 비슷한 방식으로 개선될 수 있다. 모든 학생에게 제공된 개요는 도움 없이 필기를 할 수 없는 학생이 노트 필기에 활용할 수 있다. 예를 들어, 해당 학생은 각각의 주제가 가려져 있을 때 주제를 점검해볼 수 있거나 교사가 주요 용어를 설명할 때 그 용어에 동그라미를 표시하도록 지시받을 수 있다.
- 학생들이 자신이 필기한 것을 점검하거나 완성할 수 있도록 집에서 들을 수 있는 수업 내용 녹음을 제공한다.

내용교과 읽기를 위한 수정 및 지원

학생들이 사회과학 및 자연과학에서 마주치게 되는 읽기 요구를 교사들이 수정할 많은 방식이 존재하므로 읽기에 어려움을 겪고 있거나 읽지 못하는 학생들은 그들이 지니고 있는 텍스트에 대한 어려움에도 불구하고 내용교과의 목적을 학습할 수 있다. 물론 이 어려움의 속성을 분석하는 것이 중요하다. 교재의 양식으로 인해 교재에 접근할 수 없는가? 그리고(혹은) 읽기교재의 내용이 바뀔 필요가 있는가?(예 : 난이도나 양을 줄임으로써) 문해에 집중된 이 장의 이 부분에서 제공된 텍스트 지원 및 수정된 책에 대한 여러 제안 또한 내용영역 읽기교재에 적용할 수 있다. 그러한 전략(예 : 텍스트 읽는 장비 제공하기, 다양한 가독성을 지닌 텍스트 여러 개 제공하기, 그리고 텍스트에 그림이나 상징 추가하기 등)과 더불어 각 팀은 디지털 텍스트가 모든 학생을 위한 선택권이 아닐 경우 다음과 같은 잠재적인 지원 및 수정을 고려해볼 수 있다.

- 교과서의 조직 및 구조(예 : 장 목표, 제목 및 하위 제목, 굵은 글씨체와 이탤릭체, 도입 및 요약 문단, 장 끝에 있는 질문)를 가르친다.
- 해당 학생으로 하여금 읽어준 것을 듣고 나서 다시 말하게 한다.

자연과학

이름 : _____   시간 : _____   날짜 : _____

단원 : _____   오늘의 주제 : _____

1. 물질

    A. 정의 : _____ 을(를) 갖고 있으며 _____ 을(를) 차지하고 있는 어떤 것이다.

    B. 분자 이론 : 물질은 _____ (이)라고 불리는 작은 분자들로 구성된다.

    C. 네 가지 형태 :

        1. _____

        2. _____

        3. _____

        4. _____

    D. 세 가지 분류 :

        1. 요소 : 어떤 요소의 _____ 은(는) 유사하고 _____ 과(와)는 다르다.

        2. 화합물 : 고정된 비율로 화학적으로 _____ 한(인) 두 가지 이상의 _____ .

        3. 혼합물 : _____ (으)로 결합되지 않은 두 가지 이상의 물질이다.

    E. 7개의 _____ 한(인) 특징으로 설명될 수 있다.

        1. 형태

        2. 밀도

        3. 가용성

        4. _____

        5. 용해점

        6. _____ 점

        7. _____

그림 5.11 고등학교 자연과학 수업을 위한 빈칸이 있는 노트 견본

- 빈칸이 있는 공책이나 부분적 개요, 혹은 연대표 및 비교 차트와 같은 시각적 조직자를 제공하고, 해당 학생이 함께 혹은 혼자 읽는 동안 채워넣게 한다.
- 내용교과 수업을 위한 교과서 각 장에 대해 주요 개념 및 어휘로 구성된 공부 안내서를 제공한다.

- 교과서의 정보를 줄여 요약이나 개념 및 어휘로 구성된 공부 안내서로 만든다.
- 주요 개념 및 어휘에 갖가지 색깔의 형광펜을 활용한다(예 : 어휘는 노란색, 정의는 파란색).
- 해당 학생에게 형광색으로 표시된 주요 문장만 읽게 한다.
- 비디오, CD-ROM, 인터넷 자료와 같은 보충물을 제공한다.
- 묵독이나 짝지어 읽기, 혹은 집단으로 소리 내어 읽기 등의 선택권을 허용한다.

내용교과에서의 연습활동 및 프로젝트를 위한 수정 및 지원

문어과제를 위한 수정과 지원에 대해 이전에 제공된 아이디어 중 몇 가지는 과학이나 사회 연습활동이라는 맥락에서 활용될 수 있다. 예를 들어, 글로 작성된 과제는 해당 학생에게 단어 은행이나 빈칸 채우기 문장, 혹은 양자택일 등을 제공함으로써 단순화될 수 있다. 내용교과 수업은 초점이 되는 학생을 위해 격려와 시범, 촉구, 피드백을 제공할 수 있는, 그리고 까다로운 프로젝트의 선택된 단계들을 완수할 수 있는 또래지원 활용에 잘 맞을 수 있다.

　복잡한 의사소통 요구를 지닌 학생들은 각각의 내용교과별 단원에 적절한 어휘들이 있는 보완대체 의사소통기기를 위한 의사소통판이나 오버레이들을 요구한다. 각각의 교수 단원과 관련된 종이와(혹은) 전자 사진 및 클립아트를 모으는 것 또한 도움이 될 수 있다. 이러한 그림들은 학급 전체를 위한 다양한 활동에서 혹은 학생 개개인을 위한 수정으로 사용될 수 있다.

- 다단계 과제(예 : 실험실 연구)를 완수하는 단계에 그림 단서를 제공한다. 녹음된 과제 지시 또한 제공될 수 있다.
- 소책자를 만들어 그림에 문장이나 문구, 혹은 단어나 미리 인쇄된 떼어서 쓰는 라벨지로 설명을 쓴다.
- 그림을 쓰기활동을 위한 촉구나 삽화로 활용한다.
- 그림을 특징에 따라 범주로 분류한다(예 : 동물은 첫 페이지, 사람은 다음 페이지, 식물은 세 번째 페이지 등).
- 그래픽 조직자의 수정판이나 급우들이 글로 적힌 단어들로 완수하는 다른 과제들을 완성하도록 그림을 활용한다(그림 5.12 참조).

내용교과를 위한 대안적인 수정

내용교과 활동을 위한 대안적인 수정은 여전히 어떤 단순화된 그리고(혹은) 축소된 단원 내용을 활용하고 있지만 삽입된 사회적 의사소통, 그리고 운동기능 기술과(혹은) 읽기나 쓰기, 혹은 수학에 있어서의 기술을 포함한 다른 목표영역의 기술도 다루고 있다. 아직도 수업과 주제 연결을 유지하고 있는 내용영역 활동을 위한 대안적인 수정을 개발하기 위한 두 가지 전략은 (1) 학습센터와, (2) (앞서 언급된 그림모음을 활용할 수 있는) 단원 활동을 위한 목록, 메뉴, 혹은 폴더 등이다. 이 두 가지 선택권 모두 대상이 되는 학생이 만약 특정 학급활동에의 참여가 가능하지 않다면 이용할 수 있는 대안적인 것으로, 급우들을 위한 보충 활동이나 선택 시간 활동으로도 활용될 수 있다.

각 단원을 위한 대안적 활동의 목록이나 메뉴, 혹은 폴더는 여러 학생을 위한 다양한 활동이 포함되어야 한다. 이러한 활동과 그 활동을 완수하기 위해 필요한 자료는 더 광범위한 지원 요구를 지닌 학생을 위해 여러 번 수정을 요구하는 장기간의 프로젝트나 활

	 어류	 양서류	 파충류	 조류	 포유류
1. 척추가 있는가?					
2. 냉혈동물인가 온혈동물인가?					
3. 새끼는 어떻게 태어나는가? 새끼인가? 아니면 알인가?					
4. 몸을 덮고 있는 것은 무엇인가?					
5. 어디에 사는가?					
6. 새끼들은 어미젖을 먹는가?					

그림 5.12 동물계 단원을 위한 수정된 그래픽 조직자. 대다수의 학생들이 단어로 비교표를 작성하는 반면 학습목표가 수정된 학생은 동물 그림을 적절한 계로 분류한다.

동을 포함하는 단원 관련 수업이 진행되는 동안 보유하고 있는 것이 특히 도움이 된다. 활동은 인터넷, 교과서와 교사용 지도서, 다른 교육과정 자원 등을 통해 모을 수 있다.

Downing(2008)은 중학교 및 고등학교 수업에 적합하도록 맞춰진 제2안인 '도전이 되는 시간에 중도 혹은 중복장애 학생의 요구를 충족시키기 위한 제언'이라는 유용한 목록을 개발하였다(표 5.1 참조).

시험 및 시험 보기 절차

IEP를 지닌 학생들에게 시험 및 시험 보기 절차에 대한 조절은 그들의 IEP가 요구하는 주요 조절이 된다. 그러한 시험 보기 조절에는 보통 시간 더 주기, 철자로 인한 불이익 주지 않기, 구두 읽기, 대필자 제공하기 등이 포함된다. 시험 보기 조절을 받는 학생들은 보통 급우들과 동일한 내용에 대해 시험을 치지만 해당 학생의 장애가 그 학생이 배운 것을 표현하는 능력을 방해하지 않도록 예방할 목적을 지닌 조절을 제공받는다.

표 5.1   도전적인 시간에 중도 혹은 중복장애 학생의 요구를 충족시키기 위한 제언

해당 학생은 필요한 자료를 모아 나눠줄 수 있는가?

해당 학생은 수업에 대한 개인적 사진을 활용하여 결정을 내림으로써 수업을 협동집단으로 조직할 수 있는가?

해당 학생은 학급과 공유하기 위해 공부하는 과정에서 내용에 대한 시각적 표상(예 : 콜라주, 슬라이드 쇼)을 만들 수 있는가?

해당 학생은 정의와(혹은) 그림 및 강의 그리고(혹은) 토론에서 도출된 주요 단어를 짝짓고 콜라주나 목록을 만들 수 있는가?

해당 학생은 주요 단어를 듣고 컴퓨터나 음성 산출이 가능한 다른 장비에 간단한 설명을 할 수 있는가?

해당 학생은 강의나 토론에 이어지는 집단 작업에 필요한 자료를 얻고 조직할 수 있는가?

해당 학생은 교사가 학급 전체에 물어볼 질문이나 어휘를 임의로 선택할 수 있는가?

해당 학생은 교사를 도와 학급 전체가 보도록 견본을 내보일 수 있는가?

해당 학생은 급우들에게 읽거나 질문에 답할 것을 요청하기 위해 스피너를 사용하거나 그릇에서 이름을 뽑을 수 있는가?

해당 학생은 다가오는 학급활동에서 사용될 어떤 것(예 : 풍자극을 위한 소도구나 과학 단원을 위한 모형 등)을 만들 수 있는가?

출처 : Downing, J. (2008). *Including students with severe and multiple disabilities in typical classrooms* (3rd ed., p. 178). Baltimore, MD: Paul H. Brookes Publishing Co.; 허락하에 게재.

효과적인 시험 및 시험 보기 절차

통합학급에서 학생의 성취를 공정하게 사정하는 것은 지필검사만이 아닌 여러 방법의 활용을 요구한다. 그러한 조치에는 포트폴리오, 교육과정중심 사정, 일화 기록, 또래 지원 평가, 자기점검, 학생과 교사 사이의 협의 등이 포함된다. 차별화된 통합학급에서는 다양한 지표가 활용되고, 진도는 일정 기간 동안 평가되며, 학생들은 스스로 평가하는 법을 배운다. 지필검사가 사용될 때, 그 검사들이 이를테면 잘못 조직되었거나(예 : 문항과 답지가 같은 페이지에 있지 않거나, 선택형 대안이 문항 아래 수직이 아닌 수평으로 있는 등), 보기에 어수선하거나(예 : 여백이 거의 없는, 행간 여백이 없는), 혹은 불필요하게 복잡한 어휘를 사용하는 시험을 제공하는 등 해당 학생의 장애를 검사하는 것이 아니라는 점에서 공정하고 적절하다는 것을 보장하는 것은 중요한 일이다(Murphy, Meyers, Olesen, McKean, & Custer, 1997). 교사들은 한 학생 개인에게 지시문을 읽어주거나 그 학생의 시험을 위해 가독성 수준을 더 낮춰 지시문을 다시 써주기보다는 지시문을 분명하고 단순하게 쓰고, 학급 전체에 읽어주며, 학생들이 이해했는지 점검할 수 있다.

시험 및 시험보기 절차 수정하기

지필검사가 수정된 교육과정 목표를 지닌 학생들을 위해 수정될 때의 중요한 문제는 해당 학생의 학습목표를 시험에 위해 측정되는 것과 신중하게 비교해야 하는 것이다. 만약 교과영역에서 해당학생의 목적이 복잡성을 감소시키거나 수를 감소해준다면, 해당 학생은 특정 문항이 생략되거나 단어 은행이 제공된 상태에서 급우들과 동일한 시험을 치를 수 있을 것이다. 만일 해당 학생이 교과영역에 대해 수정된 교육과정 목표를 지니고 있다면, 지필검사는 양식과 내용 면에서 상당히 수정되거나 심지어 수행과제로 대체될 필요가 있다. 다른 교수적 수정처럼 시험 및 시험 보기 절차에 대한 수정은 사회적 · 교수적 참여를 극대화하고 필요한 만큼만 특별해질 수 있는 방법을 찾아야 한다. 그림 5.13은 동일한 일반 교육과정 목표를 평가하는 조절된 문항 및 더 단순한 하지만 관련된 교육과정 목표를 평가하는 수정된 문항과 함께 원 시험 문항의 몇 가지 예를 제공하고 있다.

사용된 시험 보기 내용과 절차, 규칙이나 요구조건, 양식은 학생들의 학습이 시험에 의해 공정하게 평가되고 있음을 보장하기 위해 수정될 수 있다. 일련의 예는 다음과 같다.

- 시험에 큰 활자를 사용하거나 확대복사를 한다(하지만 페이지당 문항 수를 줄여 종이크기는 학급의 나머지 학생들의 종이와 동일하게 유지한다).
- 빈칸 채우기 문항을 위해 단어 은행을 제공한다.

- 시험 문항에 그림 단서를 추가하거나 해당 학생에게 단어보다는 그림을 활용하여 답할 수 있게 허용한다(그림 5.13 참조).
- 지시문에 사용된 그리고(혹은) 시험 문항에 사용된 주요 단어를 형광펜으로 표시한다.
- 시험 문항의 가 유형에 대한 예를 제공한다.
- 학생들이 계산기나 구체물, 혹은 차트 등과 같은 보조도구를 사용할 수 있게 한다.
- 해당 학생에게 대필자를 제공한다. 해당 학생은 자료를 다시 복사해줄 것을 요구할 수도, 그렇지 않을 수도 있다.
- 선택형 문항을 위한 답지의 수를 줄인다.

대다수의 학생들을 위한 사회 시험 문항 :

_____ 장군과 _____ 장군은 게티즈버그 전투에서 대적한 장군이다.

조절된 시험 문항 :

_____ 장군과 _____ 장군은 게티즈버그 전투에서 대적한 장군이다.

리   미드   브래그   잭슨   그랜트

수정된 시험 문항 :

__리 미드__ 장군과 __그랜트 브래그__ 장군은 게티즈버그 전투에서 대적한 장군이다.

대다수의 학생들을 위한 과학 시험 문항 :

척추가 없는 동물은 _____ (이)라고 불린다.

조절된 시험 문항 :

척추가 없는 동물은 _____ (이)라고 불린다.

척추동물   무척추동물

수정된 시험 문항 :

다음 중 무척추동물에 동그라미를 표시하시오.

그림 5.13 조절되고 수정된 시험 문항

- 선택형 문항에 대해 학생이 문자로 선택하게 하기보다는 모든 답지에 동그라미를 표시하게 한다.
- 단계화된 시험을 만든다. 즉 몇 가지 서로 다른 학습목표 수준에 맞는 시험 문항을 작성한다. 문항의 기준점을 다양한 수준으로 차별화한다(예 : 지식과 관련된 문항은 각각 5점씩, 응용 문항은 각각 10점씩, 분석이나 종합 문항은 각각 20점씩). 학생들은 최소 두 수준에서 선택하는 한 100점으로 균일하게 선택하게 될 것이다.
- 어떤 학생에게는 작문을 하는 대신 차트나 지도를 준비하게 허용한다.
- 프로젝트, 학급 대상 설문, 그래픽 조직자, 그리고 구두/시각적 보고서 등 학생 개개인의 교육과정 목표에 맞는 성취를 보일 수 있는 대안적인 방식을 제공한다.

마지막 조언 : 이미 있는 것을 다시 만드느라 쓸데없이 시간을 낭비하지 마라

학생들에게 적절하고 효과적인 조절 및 수정을 만들려는 학교의 노력을 촉진하는 한 가지 방법은 일정 기간에 걸쳐 개발되고 검정된 많은 자료와 아이디어들을 조직하는 방식을 찾는 것이다. 교사들이 교수적 수정을 개발하는 작업을 시작하거나 지속함에 따라, 이들은 해당 학년수준이나 과별 팀의 모든 구성원들 전반에 걸쳐 성공적인 전략과 산출물에 함께 접근할 수 있게 하는 체제를 만드는 것이 도움이 됨을 알게 될 것이다. 수정된 자료와 다른 자원을 교과영역별 및 학년수준별(초등학교의 경우) 그리고 과정별(중·고등학교의 경우) 조직하는 문서정리 체제는 교사들이 해당 학년도에 자신의 아이디어와 동료의 아이디어를 다음 해에 축적할 수 있게 한다. 문서정리 체제로 플라스틱 상자를 이용하든, 문서 캐비닛을 이용하든, 커다란 링 서류철을 이용하든, 그리고(혹은) 인터넷 쪽지함이나 위키스페이스를 이용하든, 그러한 체제는 또한 교사들이 개발한 수정을 실행할 보조교사나 다른 교사들에게 해당 수정을 전달할 방식을 제공한다. 문서정리 체제를 (1) 더 많은 공간, 큰 활자, 단어 은행 등으로 조절된 강의 개요, 빈칸이 있는 공책, 공부 안내서, 그리고 시험 및 학습장 등을 포함하는 조절 부분과, (2) 낮은 가독성, 그림, 축소되거나 단순화된 쓰기 요구조건 등으로 수정된 읽기자료, 그림모음, 시험 및 학습장 등을 포함하는 수정 부분 등 두 부분으로 나누는 것이 유용할 것이다.

이러한 실제와 이 책에 기술되고 설명된 다른 실제는 교육자들을 도와 모든 학생이 학급이라는 집단에 개인으로서 그리고 구성원으로서 진정으로 소속되고 가치를 인정받으며, 모든 학생이 성공적으로 교육받을 기회를 갖는 학교를 만들 것이다.

참고문헌

Agran, M., Cavin, M., Wehmeyer, M., & Palmer, S. (2006). Participation of students with moderate to severe disabilities in the general curriculum: The effects of the self-determined learning model of instruction. *Research and Practice for Persons with Severe Disabilities, 31,* 230–241.

American Association on Intellectual and Developmental Disabilities. (2010). *Supports Intensity Scale.* Washington, DC: Author.

Arick, J.R., Nave, G., Hoffman, T., & Krug, D.A. (2004). *FACTER: Functional Assessment and Curriculum for Teaching Everyday Routines.* Austin, TX: PRO-ED.

Ault, M.J., Wolery, M., Doyle, P.M., & Gast, D.L. (1989). Review of comparative studies in instruction of students with moderate and severe handicaps. *Exceptional Children, 55,* 346–356.

Baker, E.T., Wang, M.C., & Walberg, H.J. (1994–1995). The effects of inclusion on learning. *Educational Leadership, 52*(4), 33–35.

Bambara, L.M., & Warren, S.F. (1992). Massed trials revisited: Appropriate applications in functional skill training. In R.A. Gable & S.F. Warren (Eds.), *Advances in mental retardation and developmental disabilities: Vol. 5. Strategies for teaching students with mild to severe mental retardation* (pp. 165–190). Baltimore, MD: Paul H. Brookes Publishing Co.

Bartholomay, T., Wallace, T., & Mason, C. (2001). *The leadership factor: A key to effective inclusive high schools.* Minneapolis, MN: Institute for Community Integration.

Baumgart, D., Brown, L., Pumpian, I., Nisbet, J., Ford, A., Sweet, M., . . .Schroeder, J. (1982). Principle of partial participation and individualized adaptations for severely handicapped students. *Journal of The Association for Persons with Severe Handicaps, 7,* 17–27.

Baumgartner, T., Lipowski, M.B., & Rush, C. (2003). *Increasing reading achievement of primary and middle school students through differentiated instruction* (Master's research). Available from Education Resources Information Center (ERIC No. ED479203).

Biklen, D.P. (1985). *Achieving the complete school.* New York, NY: Teachers College Press.

Blackwell, A.J., & McLaughlin, T.F. (2005). Using guided notes, choral responding, and response cards to increase student performance. *International Journal of Special Education, 20,* 1–5.

Blue-Banning, M., Summers, J.A., Frankland, H.C., Nelson, L.L., & Beegle, G. (2004). Dimensions of family and professional partnerships: Constructive guidelines for collaboration. *Exceptional Children, 70*(2), 167–184.

Bowman-Perrott, L. (2009). Class wide peer tutoring: An effective strategy for students with emotional and behavioral disorders. *Intervention in School and Clinic, 44,* 259–267.

Brandt, R. (1998). *Powerful learning.* Alexandria, VA: Association for Supervision and Curriculum Development.

Broer, S.M., Doyle, M.B., & Giangreco, M.F. (2005). Perspectives of students with intellectual disabilities about their experiences with paraprofessional support. *Exceptional Children, 71*(4), 415–430.

Browder, D.M., Ahlgrim-Delzell, L., Courtade-Little, G., & Snell, M.E. (2006). General curriculum access. In M.E. Snell & F. Brown (Eds.), *Instruction of students with severe disabilities* (6th ed., pp. 489–525). Upper Saddle River, NJ: Pearson.

Browder, D.M., Bambara, L.M., & Belifore, P.J. (1997). Using a person-centered approach in community-based instruction for adults with developmental disabilities. *Journal of Behavioral Education, 7,* 519–528.

Browder, D.M., & Snell, M.E. (2000). Teaching functional academics. In M.E. Snell & F. Brown (Eds.), *Instruction of students with severe disabilities* (5th ed., pp. 493–543). Upper Saddle River, NJ: Pearson.

Browder, D.M., Spooner, F., Ahlgrim-Delzell, L., Harris, A.A., & Wakeman, S. (2008). A meta-analysis on teaching mathematics to students with significant cognitive disabilities. *Exceptional Children, 74*(4), 407–432.

Browder, D.M., Spooner, F., Wakeman, S., Trela, K., & Baker, J.N. (2006). Aligning instruction with academic content standards: Finding the link. *Research and Practice for Persons with Severe Disabilities, 31*, 309–321.

Browder, D.M., Wakeman, S.Y., Spooner, F., Ahlgrim-Delzell, L., & Algozzine, B. (2006). Research on reading instruction for individuals with significant cognitive disabilities. *Exceptional Children, 72*, 392–408.

Brown, F., Lehr, D., & Snell, M.E. (2011). Conducting and using student assessment. In M.E. Snell & F. Brown (Eds.), *Instruction of students with severe disabilities* (7th ed., pp. 73–121). Upper Saddle River, NJ: Pearson.

Brown, F., & Snell, M.E. (2011). Measuring student behavior and learning. In M.E. Snell & F. Brown (Eds.), *Instruction of students with severe disabilities* (7th ed., pp. 186–223). Upper Saddle River, NJ: Pearson.

Brown, L., Branston, M.B., Hamre-Nietupski, S., Pumpian, I., Certo, N., & Gruenewald, L. (1979). A strategy for developing chronological-age-appropriate and functional curricular content for severely handicapped adolescents and young adults. *Journal of Special Education, 13*, 81–90.

Brown, L., Farrington, K., Knight, T., Ross, C., & Ziegler, M. (1999). Fewer paraprofessionals and more teachers and therapists in educational programs for students with significant disabilities. *Journal of The Association for Persons with Severe Handicaps, 24*(4), 250–253.

Bruner, J. (1966). *Toward a theory of instruction.* Cambridge, MA: Harvard University Press.

Bryant, D.P., Bryant, B.R., Gersten, R., Scammacca, N., & Chavez, M.M. (2008). Mathematics intervention for first- and second-grade students with mathematics difficulties: Effects of Tier 2 intervention delivered as booster lessons [Electronic version]. *Remedial and Special Education, 29*, 20–32.

Bullock, J., Pierce, S., & McClellan, L. (1989). *Touch math.* Colorado Springs, CO: Innovative Learning Concepts.

Burke, K. (2009). *How to assess authentic learning.* Thousand Oaks, CA: Corwin.

Caine, R.N., & Caine, G. (1997). *Education on the edge of possibility.* Alexandria, VA: Association for Supervision and Curriculum Development.

Capper, C.A., & Frattura, E.M. (2009). *Meeting the needs of students with all abilities: How leaders go beyond inclusion* (2nd ed.). Thousand Oaks, CA: Corwin Press.

Carter, E.W. (2011). Supporting peer relationships. In M.E. Snell & F. Brown (Eds.), *Instruction of students with severe disabilities* (7th ed., pp. 431–460). Upper Saddle River, NJ: Pearson.

Carter, E.W., Cushing, L.S., Clark, N.M., & Kennedy, C.H. (2005). Effects of peer support interventions on students' access to the general curriculum and social interactions. *Research and Practice for Persons with Severe Disabilities, 30*, 15–25.

Carter, E.W., & Hughes, C. (2005). Increasing social interaction among adolescents with intellectual disabilities and their general education peers: Effective interventions. *Research and Practice for Persons with Severe Disabilities, 30*, 179–193.

Carter, E.W., Hughes, C., Guth C., & Copeland, S.R. (2005). Factors influencing social interactions among high school students with intellectual disabilities and their general education peers. *American Journal on Mental Retardation, 110*, 366–377.

Carter, E.W., & Kennedy, C.H. (2006). Promoting access to the general curriculum using peer support strategies. *Research and Practice for Persons with Severe Disabilities, 31*, 284–292.

Carter, E.W., & Pesko, M.J. (2008). Social validity of peer interaction intervention strategies in high school classrooms: Effectiveness, feasibility, and actual use [Electronic version]. *Exceptionality, 16*, 156–173.

Carter, E.W., Sisco, L.G., Brown, L., Brickham, D., & Al-Khabbaz, Z.A. (2008). Peer interactions and academic engagement of youth with developmental disabilities in inclusive middle and high school classrooms. *American Journal on Mental Retardation, 113*, 479–494.

Carter, E.W., Sisco, L.G., Melekoglu, M.A., & Kurkowski, C. (2007). Peer supports as an alternative to individually assigned paraprofessionals in inclusive high school classrooms. *Research and Practice for Persons with Severe Disabilities, 32*, 213–227.

Castagnera, E., Fisher, D., Rodifer, K., & Sax, C. (1998). *Deciding what to teach and how to teach it: Connecting students through curriculum and instruction* (2nd ed.). Colorado Springs, CO: PEAK.

Causton-Theoharis, J., Giangreco, M.F., Doyle, M.B., & Vadasy, P.F. (2007). Paraprofessionals: The "sous chefs" of literacy instruction. *Teaching Exceptional Children, 40*(1), 57–62.

Causton-Theoharis, J.N., & Malmgren, K.W. (2005). Increasing peer interactions for students with severe disabilities via paraprofessional training. *Exceptional Children, 71*, 431–444.

Causton-Theoharis, J., Theoharis, G., Bull, T., Cosier, M., & Dempt-Aldrich, K. (2011).

Schools of promise: A school district–university partnership centered on inclusive school reform [Electronic version]. *Remedial and Special Education, 32*(3), 192–205.

Center for Applied Special Technology. (CAST). (2010). *What is universal design for learning?* Retrieved from http://www.cast.org/research/udl/index.html

Center for Applied Special Technology (CAST). (2011). *Universal design for learning guidelines version 2.0.* Wakefield, MA: Author. Retrieved from http://www.udlcenter.org/aboutudl/udlguidelines

Chipongian, L. (2006). *What is "brain-based learning"?* Oakland, CA: Scientific Learning Corporation. Retrieved from http://www.brainconnection.com/topics/?main=fa/brain-based

Cihak, D.F., & Foust, J.L. (2008). Comparing number lines and touch points to teach addition facts to students with autism [Electronic version]. *Focus on Autism and Other Developmental Disabilities, 23,* 131–137.

Cole, C.M., Waldron, N., & Majd, M. (2004). Academic progress of students across inclusive and traditional settings. *Mental Retardation, 42,* 136–144.

Copeland, S.R., & Cosbey, J. (2008/2009). Making progress in the general curriculum: Rethinking effective instructional practices. *Research and Practice for Persons with Severe Disabilities, 33/34,* 214–227.

Copeland, S.R., & Hughes, C. (2000). Acquisition of a picture prompt strategy to increase independent performance. *Education and Training in Mental Retardation and Developmental Disabilities, 35,* 294–305.

Copeland, S.R., Hughes, C., Carter, E.W., Guth, C., Presley, J.A., Williams, C.R., & Fowler, S.E. (2004). Increasing access to general education: Perspectives of participants in a high school peer support program. *Remedial and Special Education, 25,* 342–352.

Copeland, S.R., McCall, J., Williams, C.R., Guth, C., Carter, E.Q., Fowler, S.E., . . . Hughes, C. (2002). High school peer buddies: A win–win situation. *Teaching Exceptional Children, 35*(1), 16–21.

Council for Exceptional Children. (2010). *Ethical principles for special education professionals.* Retrieved from http://www.cec.sped.org/Content/NavigationMenu/Professional Development/ProfessionalStandards/EthicsPracticeStandards/default.htm

Cox, A.W., Delano, M.E., Sturgill, T.R., Franzone, E., & Collet-Klingenberg, L. (2009). *Video modeling.* Chapel Hill: University of North Carolina, Frank Porter Graham Child Development Institute, National Professional Development Center on Autism Spectrum Disorders.

Cunningham, P.M., & Allington, R.L. (2003). *Classrooms that work: They all can read and write* (3rd ed.). Boston, MA: Allyn & Bacon.

Cushing, L.S., Carter, E.W., Clark, N., Wallis, T., & Kennedy, C.H. (2008). Evaluating inclusive educational practices for students with severe disabilities using the Program Quality Measurement Tool [Electronic version]. *Journal of Special Education, 42,* 195–208.

Cushing, L.S., & Kennedy, C.H. (1997). Academic effects of providing peer support in general education classrooms on students without disabilities. *Journal of Applied Behavior Analysis, 30,* 139–151.

Daniels, H. (1994). *Literature circles: Voice and choice in the student-centered classroom.* Portland, ME: Stenhouse Publishers.

David, J.L., & Shields, P.M. (1999, April 13). Standards are not magic. *Education Week, 40,* 42.

Deal, T., & Peterson, K. (1990). *The principal's role in shaping school culture.* Washington, DC: U.S. Government Printing Office.

Deal, T., & Peterson, K. (1998). *Shaping school culture: The leader's role.* San Francisco, CA: Jossey-Bass.

Dean, C.B., Hubbell, E.R., Pitler, H., & Stone, B.J. (2012). *Classroom instruction that works: Research-based strategies for increasing student achievement* (2nd ed.). Alexandria, VA: Association for Supervision and Curriculum Development.

Delquadri, J., Greenwood, C.R., Whorton, D., Carta, J.J., & Hall, R.V. (1986). Classwide peer tutoring. *Exceptional Children, 52,* 535–542.

Demchak, M.A., & Downing, J.E. (2008). The preschool student. In J.E. Downing, *Including students with severe and multiple disabilities in typical classrooms: Practical strategies for teachers* (3rd ed., pp. 91–116). Baltimore, MD: Paul H. Brookes Publishing Co.

Deshler, D.D., Schumaker, J.B., Marquis, J., Bulgren, J.A., Lenz, B.K., Davis, B., & Grossen, B. (2002). *The educational context and outcomes for high school students with disabilities: A case study comparing the school life of students with disabilities and their peers without disabilities.* Lawrence: Kansas University Institute for Academic Access.

Dexter, D.D., & Hughes, C.A. (2011). Graphic organizers and students with learning disabilities: A meta-analysis. *Learning Disability Quarterly, 34,* 51–72.

Dieker, L. (2007). *Demystifying secondary inclusion: Powerful school-wide and classroom strategies.* Port Chester, NY: DUDE Publishing.

Downing, J.E. (2005). *Teaching literacy to students with significant disabilities: Strategies for the K–12 classroom.* Thousand Oaks, CA: Corwin Press.

Downing, J.E. (2008). *Including students with severe and multiple disabilities in typical classrooms* (3rd ed.). Baltimore, MD: Paul H. Brookes Publishing Co.

Downing, J.E. (2010). Simple technology to encourage participation. In M.F. Giangreco & M.B. Doyle (Eds.), *Quick guides to inclusion* (2nd ed., pp. 315–324). Baltimore, MD: Paul H. Brookes Publishing Co.

Downing, J.E., Ryndak, D.L., & Clark, D. (2000). Paraeducators in inclusive classrooms: Their own perceptions. *Remedial and Special Education, 21*(3), 171–181.

Dugan, E., Kamps, D., Leonard, B., Watkins, N., Rehinberger, A., & Stackhaus, J. (1995). Effects of cooperative learning groups during social studies for students with autism and fourth-grade peers. *Journal of Applied Behavior Analysis, 28,* 175–188.

Dunlap, L.K., & Dunlap, G. (1987). Using task variation to motivate handicapped students. *Teaching Exceptional Children, 19*(4), 16–19.

Dymond, S.K., Renzaglia, A., Rosenstein, A., Chun, E.J., Banks, R.A, Niswander, V., & Gilson, C.L. (2006). Using a participatory action research approach to create a universally designed inclusive high school science course: A case study. *Research and Practice for Persons with Severe Disabilities, 31,* 293–308.

Ellis, E.S., & Worthington, L.A. (1994). *Research synthesis on effective teaching principles and the design of quality tools for educators* (Technical Report No. 5). Eugene: University of Oregon, National Center to Improve the Tools of Educators.

Erickson, K.A., & Koppenhaver, D.A. (1995). Developing a literacy program for children with severe disabilities. *The Reading Teacher, 48,* 676–684.

Erickson, K.A., & Koppenhaver, D.A. (2007). *Children with disabilities: Reading and writing the four block way.* Greensboro, NC: Carson-Dellosa.

Essley, R. (2005, May). The odd fish story. *Voices from the Middle, 12*(4), 15–20.

Etzel, B.C., & LeBlanc, J.M. (1979). The simplest treatment alternative: The law of parsimony applied to choosing appropriate instructional control and errorless-learning procedures for the difficult-to-teach child.

Journal of Autism and Development Disorders, 9, 361–382.

Falvey, M.A., Forest, M.S., Pearpoint, J., & Rosenberg, R.L. (2002). Building connections. In J.S. Thousand, R.A. Villa, & A.I. Nevin (Eds.), *Creativity and collaborative learning: The practical guide to empowering students, teachers, and families* (2nd ed., pp. 29–54). Baltimore, MD: Paul H. Brookes Publishing Co.

Fashola, O.S., & Slavin, R.E. (1998, January). Schoolwide reform models: What works? *Phi Delta Kappan, 79*(5), 370–379.

Fennimore, T.F., & Tinzmann, M.B. (1990). *The thinking curriculum. Video conference 2. Restructuring to promote learning in America's schools, a guidebook.* Alexandria, VA: PBS Video. Retrieved from http://www.eric.ed.gov/ERICWebPortal/detail?accno=ED327930

Fisher, D., Sax, C.L., & Pumpian, I. (1999). *Inclusive high schools: Learning from the contemporary classrooms.* Baltimore, MD: Paul H. Brookes Publishing Co.

Fisher, M., & Meyer, L.H. (2002). Development and social competence after two years for students enrolled in inclusive and self-contained educational programs. *Journal of The Association for People with Severe Handicaps, 27*(3), 165–174.

Fisher, M., & Pleasants, S.L. (2012). Roles, responsibilities, and concerns of paraeducators: Findings from a statewide survey. *Remedial and Special Education, 33,* 287–297.

Flower, A., Burns, M.K., & Bottsford-Miller, N.A. (2007). Meta-analysis of disability simulation research. *Remedial and Special Education, 28,* 72–79.

Ford, A., Davern, L., & Schnorr, R. (2001). Learners with significant disabilities: Curricular relevance in an era of standards-based reform. *Remedial and Special Education, 22,* 215–222.

Ford, A., Messenheimer-Young, T., Toshner, J., Fitzgerald, M.A., Dyer, C., Glodoski, J., & Laveck, J. (1995, July). *A team planning packet for inclusive education.* Milwaukee: Wisconsin School Inclusion Project.

Ford, A., Schnorr, R., Meyer, L.H., Davern, L.A., Black, J., & Dempsey, P. (1989). *The Syracuse community-referenced curriculum guide for students with moderate and severe disabilities.* Baltimore, MD: Paul H. Brookes Publishing Co.

Forest, M., & Lusthaus, E. (1989). Promoting educational equity for all students: Circles and maps. In S. Stainback, W. Stainback, & M. Forest (Eds.), *Educating all students in the mainstream of regular education* (pp. 43–55).

Baltimore, MD: Paul H. Brookes Publishing Co.

Fountas, I., & Pinnell, G.S. (2010). *The continuum of literacy learning, preK–8* (2nd ed.). Portsmouth, NH: Heinemann.

Fox, T., & Williams, W. (1991). *Implementing best practices for all students in their local schools: Inclusion of all students through family and community involvement, collaboration, and the use of school planning teams and individual student planning teams.* Burlington: University of Vermont, Center for Developmental Disabilities.

Frattura, E., & Capper, C.A. (2007). *Leading for social justice: Transforming schools for all learners.* Thousand Oaks, CA: Corwin Press.

French, N.K. (2001). Supervising paraprofessionals: A survey of teacher practices. *Journal of Special Education, 35,* 41–53.

Friend, M. (2000). Myths and misunderstandings about professional collaboration [Electronic version]. *Remedial and Special Education, 21*(1), 130–132.

Friend, M., & Cook, L. (2010). *Interactions: Collaboration skills for school professionals* (6th ed.). Upper Saddle River, NJ: Merrill/Pearson.

Fryxell, D., & Kennedy, C.H. (1995). Placement along the continuum of services and its impact on students' social relationships. *Journal of The Association for Persons with Severe Handicaps, 20,* 259–269.

Fullan, M. (2007). *The new meaning of educational change* (4th ed.). New York, NY: Teachers College Press.

Fullan, M., & Hargreaves, A. (1992). *Teacher development and educational change.* London, England: Falmer Press.

Gardner, H. (2006). *Multiple intelligences: New horizons.* New York, NY: Basic Books.

Gaylord-Ross, R.J., & Holvoet, J.F. (1985). *Strategies for educating students with severe disabilities.* Boston, MA: Little, Brown.

George, J.C. (1972). *Julie of the wolves.* New York, NY: HarperCollins.

Gersten, R., Chard, D., & Baker, S. (2000). Factors enhancing sustained use of research-based instructional practices [Electronic version]. *Journal of Learning Disabilities, 33,* 445–457.

Giangreco, M.F. (2011). Education students with severe disabilities: Foundational concepts and practices. In M.E. Snell & F. Brown, *Instruction of students with severe disabilities* (7th ed., pp. 1–30). Boston, MA: Pearson Education.

Giangreco, M.F., Broer, S.M., & Edelman, S.W. (2001). Teacher engagement with students with disabilities: Differences between paraprofessional service delivery models. *Journal of The Association for Persons with Severe Handicaps, 26*(2), 75–86.

Giangreco, M.F., Broer, S.M., & Suter, J.C. (2011). Guidelines for selecting alternatives to overreliance on paraprofessionals: Field-testing in inclusion-oriented schools [Electronic version]. *Remedial and Special Education, 32*(1), 22–38.

Giangreco, M.F., Cloninger, C.J., & Iverson, V.S. (2011). *Choosing outcomes and accommodations for children (COACH): A guide to educational planning for students with disabilities* (3rd ed.). Baltimore. MD: Paul H. Brookes Publishing Co.

Giangreco, M.F., Dennis, R., Cloninger, C., Edelman, S., & Schattman, R. (1993). "I've counted Jon": Transformational experiences of teachers educating students with disabilities. *Exceptional Children, 59*(4), 359–372.

Giangreco, M.F., & Doyle, M.B. (2002). Students with disabilities and paraprofessional supports: Benefits, balance, and band-aids. *Focus on Exceptional Children, 34*(7), 1–12.

Giangreco, M.F., Edelman, S.W., & Broer, S.M. (2003). Schoolwide planning to improve paraeducator supports. *Exceptional Children, 70*(1), 63–79.

Giangreco, M.F., Edelman, S., Luiselli, T.E., & MacFarland, S. (1997). Helping or hovering? Effects of instructional assistant proximity on students with disabilities. *Exceptional Children, 64*(1), 7–18.

Giangreco, M.F., Halvorsen, A.T., Doyle, M.B., & Broer, S.M. (2004). Alternatives to overreliance on paraprofessionals in inclusive schools. *Journal of Special Education Leadership, 17*(2), 82–90.

Giangreco, M.F., Suter, J.C., & Hurley, S.M. (2011). Revisiting personnel utilization in inclusion-oriented schools [Electronic version]. *Journal of Special Education,* 1–12. doi: 10.1177/0022466911419015

Giangreco, M.F., Yuan, S., McKenzie, B., Cameron, P., & Fialka, J. (2005). "Be careful what you wish for . . .": Five reasons to be concerned about the assignment of individual paraprofessionals. *Teaching Exceptional Children, 37*(5), 28–34.

Ginsburg-Block, M.D., Rohrbeck, C.A., & Fantuzzo, J.W. (2006). A meta-analytic review of social, self-concept, and behavioral outcomes of peer-assisted learning. *Journal of Educational Psychology, 98,* 732–749.

Good, T.L., & Brophy, J.E. (2008). *Looking in classrooms* (10th ed.). New York, NY: Pearson.

Graham, S., & Harris, K. (2005). *Writing better: Teaching writing processes and self-regulation to students with learning problems.* Baltimore, MD: Paul H. Brookes Publishing Co.

Graham, S., Harris, K.R., & MacArthur, C. (2006). Explicitly teaching struggling writers: Strategies for mastering the writing process. *Intervention in School and Clinic, 41,* 290–294.

Graham, S., Harris, K., & Mason, L. (2005). Improving the writing performance, knowledge, and self-efficacy of struggling young writers: The effects of self-regulated strategy development. *Contemporary Educational Psychology, 30*(2), 207–241.

Greenwood, C.R., Arreaga-Mayer, C., Utley, C.A., Gaving, K.M., & Terry, B.J. (2001). Classwide peer tutoring learning management system. *Remedial and Special Education, 22,* 34–47.

Greenwood, C.R., Carta, J., & Kamps, D. (1990). Teacher-mediated versus peer-mediated instruction: A review of educational advantages and disadvantages. In H. Foot, M. Morgan, & R. Shute (Eds.), *Children helping children* (pp. 177–205). New York, NY: John Wiley & Sons.

Greenwood, C.R., Delquandri, J., & Carta, J. (1999). *Classwide peer tutoring (CWPT) for teachers.* Longmont, CO: Sopris West.

Greenwood, C.R., Delquandri, J., & Hall, R.V. (1989). Longitudinal effects of classwide peer tutoring. *Journal of Educational Psychology, 81,* 371–383.

Greenwood, C.R., Terry, B., Delquandri, J.C., Elliott, M., & Arreaga-Mayer, C. (1995). *Classwide peer tutoring (CWPT): Effective teaching and research review.* Kansas City: University of Kansas, Juniper Gardens Children's Project.

Grenot-Scheyer, M., Fisher, M., & Staub, D. (2001). *At the end of the day: Lessons learned in inclusive education.* Baltimore, MD: Paul H. Brookes Publishing Co.

Griffin, C., Simmons, D.C., & Kameenui, E.J. (1992). Investigating the effectiveness of graphic organizer instruction on the comprehension and recall of science content by students with learning disabilities. *Journal of Reading, Writing, and Learning Disabilities International, 7,* 355–376.

Guskey, T. (1986). Staff development and the process of teacher change. *Educational Researcher, 15,* 5–12.

Hall, T., & Strangman, N. (2002, March). *Graphic organizers.* Wakefield, MA: National Center on Accessing the General Curriculum. Retrieved from http://aim.cast.org/learn/historyarchive/backgroundpapers/graphic_organizers

Hall, T., Strangman, N., & Meyer, A. (2003). *Differentiated instruction and implications for UDL implementation.* Wakefield, MA: National Center on Accessing the General Curriculum. Retrieved from http://aim.cast.org/learn/historyarchive/backgroundpapers/differentiated

Halle, J.W., & Dymond, S.K. (2008–2009). Inclusive education: A necessary prerequisite to accessing the general curriculum? *Research and Practice for Persons with Severe Disabilities, 33–34,* 196–198.

Harmin, M. (1994). *Inspiring active learning.* Alexandria, VA: Association for Supervision and Curriculum Development.

Harris, K., Graham, S., & Mason, L. (2006). Improving the writing, knowledge, and motivation of struggling young writers: Effects of self-regulated strategy development with and without peer support. *American Educational Research Journal, 43*(2), 295–337.

Hart, L.S. (1999). *Human brain and human learning.* Kent, WA: Books for Educators.

Hattie, J., Biggs, J., & Purdie, N. (1996). Effects of learning skills interventions on student learning: A meta-analysis. *Review of Educational Research, 66*(2), 99–136.

Helmstetter, C., Peck, C., & Giangreco, M. (1994). Outcomes of interactions with peers with moderate or severe disabilities: A statewide survey of high school students. *Journal of The Association for Persons with Severe Handicaps, 19,* 263–276.

Heward, W.L. (2001). *Guided notes: Improving the effectiveness of your lectures.* Columbus: Ohio State University Partnership Grant for Improving the Quality of Education for Students with Disabilities.

Heward, W.L., Gardner, R., III, Cavanaugh, R.A., Courson, F.H., Grossi, T.A., & Barbetta, P.M. (1996). Everyone participates in this class: Using response cards to increase active student response. *Teaching Children, 28,* 4–11.

Holburn, S., & Vietze, P.M. (2002). *Person-centered planning: Research, practice, and future directions.* Baltimore, MD: Paul H. Brookes Publishing Co.

Horner, R.H., Carr, E.G., Halle, J., McGee, G., Odom, S., & Wolery, M. (2005). The use of single-subject research to identify evidence-based practice in special education. *Exceptional Children, 71,* 149–164.

Horsley, D., & Kaser, J. (1999, Fall). How to keep a change initiative on track. *Journal of Staff Development,* 40–45.

Horton, S.V., Lovitt, T.C., & Bergerud, D. (1990). The effectiveness of graphic organizers for three classifications of secondary students in content area classes. *Journal of Learning Disabilities, 23,* 12–29.

Huberman, A.M., & Miles, M.B. (1984). *Innovation close up: How school improvement works.* New York: Plenum.

Hughes, C., Golas, M., Cosgriff, J., Brigham, N., Edwards, C., & Cashen K. (2011). Effects of a social skills intervention among high school students with intellectual disabilities and autism and their general education peers. *Research and Practice for Persons with Severe Disabilities, 36,* 46–61.

Hughes, C., Rung, L.L., Wehmeyer, M.L., Agran, M., Copeland, S.R., & Hwang, B. (2000). Self-prompted communication book use to increase social interaction among high school students. *Journal of The Association for Persons with Severe Handicaps, 21*(3), 153–156.

Hunt, P., Ferron-Davis, F., Beckstead, S., Curtsin, D., & Goetz, L. (1994). Evaluating the effects of placement of students with severe disabilities in general education versus special classes. *Journal of The Association for Persons with Severe Handicaps, 19*(3), 200–214.

Hunt, P., Soto, G., Maier, J., & Doering, K. (2003). Collaborative teaming to support students at risk and students with severe disabilities in general education classrooms. *Exceptional Children, 69,* 315–332.

Hunt, P., Soto, G., Maier, J., Muller, E., & Goetz, L. (2002). Collaborative teaming to support students with augmentative and alternative communication needs in general education classrooms. *Augmentative and Alternative Communication, 18,* 20–35.

Hunt, P., Staub, D., Alwell, M., & Goetz, L. (1994). Achievement of all students within the context of cooperative learning groups. *Journal of The Association for Persons with Severe Handicaps, 19,* 290–301.

Individuals With Disabilities Education Improvement Act (IDEA) of 2004, PL 108-446, 20 U.S.C. §§ 1400 *et seq.*

Jameson, J.M., McDonnell, J., Johnson, J.W., Riesen, T., & Polychronis, S. (2007). A comparison of one-to-one embedded instruction in the general education classroom and one-to-one massed practice instruction in the special education classroom. *Education and Treatment of Children, 30*(1), 23–44.

Jameson, J.M., McDonnell, J., Polychronis, S., & Riesen, T. (2008). Embedded, constant time delay instruction by peers without disabilities in general education classrooms.

Intellectual and Developmental Disabilities, 46(5), 346–363.

Janney, R., & Snell, M.E. (1997). How teachers use peer interactions to include students with moderate and severe disabilities in elementary general education classes. *Journal of The Association for Persons with Severe Handicaps, 21,* 72–80.

Janney, R., & Snell, M.E. (2006). *Teachers'guides to inclusive practices: Social relationships and peer support* (2nd ed.). Baltimore, MD: Paul H. Brookes Publishing Co.

Janney, R., & Snell, M.E. (2008). *Teachers'guides to inclusive practices: Behavioral support* (2nd ed.). Baltimore, MD: Paul H. Brookes Publishing Co.

Janney, R.E., & Snell, M.E. (2011). Designing and implementing instruction for inclusive classes. In M.E. Snell & F. Brown, *Instruction of students with severe disabilities* (7th ed., pp. 224–256). Upper Saddle River, NJ: Pearson.

Janney, R.E., Snell, M.E., Beers, M.K., & Raynes, M. (1995). Integrating students with moderate and severe disabilities into general education classes. *Exceptional Children, 61,* 425–439.

Johnson, D.W., & Johnson, R. (1999). *Learning together and alone: Cooperation, competition, and individualization* (5th ed.). Boston, MA: Allyn & Bacon.

Johnson, D.W., Johnson, R.T., & Stanne, M.B. (2000). *Cooperative learning methods: A meta-analysis.* Minneapolis: University of Minnesota.

Johnson, J.W., & McDonnell, J. (2004). An exploratory study of the implementation of embedded instruction by general educators with students with developmental disabilities. *Education and Treatment of Children, 27,* 46–63.

Johnson, J.W., McDonnell, J., Holzwarth, V.N., & Hunter, K. (2004). The efficacy of embedded instruction for students with developmental disabilities enrolled in general education classes. *Journal of Positive Behavior Interventions, 6*(4), 214–227.

Jorgensen, C.M., McSheehan, M., & Sonnenmeier, R.M. (2010). *The Beyond Access Model: Promoting membership, participation, and learning for students with disabilities in the general education classroom.* Baltimore, MD: Paul H. Brookes Publishing Co.

Kagan, S. (1998). New cooperative learning, multiple intelligences, and inclusion. In J.W. Putnam, *Cooperative learning and strategies for inclusion: Celebrating diversity in the classroom* (2nd ed.). Baltimore, MD: Paul H. Brookes Publishing Co.

Kagan, S., & Kagan, M. (1994). *Kagan Cooperative Learning*. San Clemente, CA: Kagan Publishing.

Kalambouka, A., Farrell, P., Dyson, A., & Kaplan, I. (2007). The impact of placing pupils with special education needs in mainstream schools on the achievement of their peers. *Educational Research*, 49, 365–382.

Kamps, D.M., Greenwood, C., Arreaga-Mayer, C., Veerkamp, M.B., Utley, C., Tapia, Y.,. . .& Bannister, H. (2008). The efficacy of class-wide peer tutoring in middle schools. *Education and Treatment of Children, 31,* 119–152.

Katz, J., Mirenda, P., & Auerbach, S. (2002). Instructional strategies and educational outcomes for students with developmental disabilities in inclusive "multiple intelligences" and typical inclusive classrooms. *Research and Practice for Persons with Severe Disabilities, 27,* 227–238.

Keefe, E.B., & Moore, V. (2004). The challenge of co-teaching in inclusive classrooms at the high school level: What the teachers told us. *American Secondary Education, 37,* 77–89.

Keenan, S. (1997). Program elements that support teachers and students with learning and behavior problems. In P. Zionts (Ed.), *Inclusion strategies for students with learning and behavioral problems: Perspectives, experiences, and best practices* (pp. 117–138). Austin, TX: PRO-ED.

Kennedy, C.H., Cushing, L.S., & Itkonen, T. (1997). General education participation improves the social contacts and friendship networks of students with severe disabilities. *Journal of Behavioral Education, 7,* 167–189.

Kennedy, C.H, & Fisher, D. (2001). *Inclusive middle schools*. Baltimore, MD: Paul H. Brookes Publishing Co.

Kennedy, C.H., Shukla, S., & Fryxell, D. (1997). Comparing the effects of educational placement on the social relationships of intermediate school students with severe disabilities. *Exceptional Children, 64*(1), 31–48.

Kim, A.-H., Vaughn, S., Wanzek, J., & Wei, S. (2004). Graphic organizers and their effects on the reading comprehension of students with LD: A synthesis of research. *Journal of Learning Disabilities, 37*(2), 105–118.

King-Sears, M.E. (2007). Designing and delivering learning center instruction [Electronic version]. *Intervention in School and Clinic, 42*(3), 137–147.

Kliewer, C. (2009). Joining the literacy flow: Fostering symbol and written language learning in young children with significant developmental disabilities through the four currents of literacy. *Journal of The Association for Persons with Severe Handicaps, 33,* 103–121.

Kliewer, C., & Biklen, D. (2001). "School's not really a place for reading": A research synthesis of the literate lives of students with severe disabilities. *Journal of The Association for Persons with Severe Handicaps, 26,* 1–12.

Klingner, J.K., Vaughn, S., Arguelles, M.E., Hughes, M.T., & Leftwich, S.A. (2004). Collaborative strategic reading: "Real-world" lessons from classroom teachers [Electronic version]. *Remedial and Special Education, 25,* 291–302.

Kluth, P. (2000). Community-referenced learning and the inclusive classroom [Electronic version]. *Remedial and Special Education, 21,* 19–26.

Konrad, M., Joseph, L.M., & Eveleigh, E. (2009). A meta-analytic review of guided notes [Electronic Version]. *Education and Treatment of Children, 32,* 421–444.

Konrad, M., Joseph, L.M., & Itoi, M. (2011). Using guided notes to enhance instruction for all students [Electronic version]. *Intervention in School and Clinic, 46,* 131–140.

Koppenhaver, D.A., & Erickson, K.A. (2007). Supporting literacy learning in all children. In M.F. Giangreco & M.B. Doyle (Eds.), *Quick guides to inclusion: Ideas for educating students with disabilities* (2nd ed., pp. 181–194). Baltimore: Paul H. Brookes Publishing Co.

Kortering, L., & Braziel, P. (2002). A look at high school programs as perceived by youth with learning disabilities. *Learning Disabilities Quarterly, 25,* 177–188.

Kortering, L.J., McClannon, T.W., & Braziel, P.M. (2008). Universal design for learning: A look at what algebra and biology students with and without high incidence conditions are saying [Electronic version]. *Remedial and Special Education, 29,* 352–363.

Kovalik, S., & Olsen K. (2010). *Exceeding expectations: A user's guide to implementing brain research in the classroom* (5th ed.). Kent, WA: Books for Educators/Susan Kovalik and Associates.

Lane, K.L., Fletcher, T., Carter, E., Dejud, C., & Delorenzo, J. (2007). Paraprofessional-led phonological awareness training with youngsters at-risk for reading and behavioral concerns. *Remedial and Special Education, 28,* 266–276.

Larivee, B. (1985). *Effective teaching for successful mainstreaming*. New York, NY: Longman.

Lenz, B.K. (2006). Creating school-wide conditions for high-quality learning strategy classroom instruction. *Intervention in School and Clinic, 41,* 261–266.

Lenz, B.K., & Schumaker, J. (2003). *Adapting language arts, social studies, and science materials for the inclusive classroom.* Arlington, VA: ERIC Clearinghouse on Disabilities and Gifted Education (ED480433 2003–07–00). Retrieved from http://ericec.org/digests/prodfly.html

Lewin, L. (2003). *Paving the way: Overcoming reading and writing obstacles in grades 6–12.* San Francisco, CA: Jossey-Bass.

Lezotte, L.W. (1991). *Correlates of effective schools: The first and second generation.* Okemos, MI: Effective Schools Products. Retrieved from http://effectiveschools.com/resources

Little, J.W. (1993). Teacher's professional development in a climate of educational reform. *Educational Evaluation and Policy Analysis, 15*(2), 129–151.

Lipsky, D.K., & Gartner, A. (1995). The evaluation of inclusive education programs. *NC-ERI Bulletin, 2*(2). New York: City University of New York, National Center on Educational Restructuring and Inclusion.

Lou, Y., Abrami, P.C., Spence, J.D., Paulsen, C., Chambers, B., & d'Apollonio, S. (1996). Within-class grouping: A meta-analysis. *Review of Educational Research, 75,* 69–77.

Maheady, L., & Gard, J. (2010). Classwide peer tutoring: Practice, theory, research, and personal narrative. *Intervention in School and Clinic, 46*(2), 71–78.

Maheady, L., Michielli-Pendl, J., Mallette, B., & Harper, G.F. (2002). A collaborative research project to improve the academic performance of a diverse sixth grade science class. *Teacher Education and Special Education, 25*(1), 55–70.

Malone, D.M., & Gallagher, P.A. (2010). Special education teachers' attitudes and perceptions of teamwork [Electronic version]. *Remedial and Special Education, 31*(5), 330–342.

Marks, S.U., Schrader, C., & Levine, M. (1999). Paraeducator experiences in inclusive settings: Helping, hovering, or holding their own? *Exceptional Children, 65,* 315–328.

Marzano, R.J. (2003). *What works in schools: Translating research into action.* Alexandria, VA: Association for Supervision and Curriculum Development.

Maslow, A.H. (1954). *Motivation and personality.* New York, NY: Harper & Row.

Massey, N.G., & Wheeler, J.J. (2000). Acquisition and generalization of activity schedules and their effects on task engagement in a young child with autism in an inclusive

preschool classroom. *Education and Training in Mental Retardation and Developmental Disabilities, 35,* 326–335.

Mastropieri, M.A., Scruggs, T.E., Mantzicopoulos, P.Y., Sturgeon, A., Goodwin, L, & Chung, S. (1998). "A place where living things affect and depend upon each other": Qualitative and quantitative outcomes associated with inclusive science teaching. *Science Education, 82,* 163–179.

Mastropieri, M.A., Scruggs, T.E., Norland, J.J., Berkeley, S., Tornquist, E.H., & Conners, N. (2006). Differentiated curriculum enhancement in inclusive middle school science: Effects on classroom and high-stakes testing [Electronic version]. *Journal of Special Education, 40*(3), 130–137.

Matheson, C., Olsen, R.J., & Weisner, T. (2007). A good friend is hard to find: Friendship among adolescents with disabilities. *American Journal on Mental Retardation, 112,* 319–329.

McChesney, J. (1998, December). Whole school reform. *ERIC Digest 124.* Eugene, OR: University of Oregon Clearinghouse on Educational Management.

McDonnell, J., Johnson, J.W., & McQuivey, C. (2008). *Embedded instruction for students with developmental disabilities in general education classes.* Alexandria, VA: Council for Exceptional Children, Division of Developmental Disabilities.

McDonnell, J., Johnson, J.W., Polychronis, S., Riesen, T., Jameson, M., & Kercher, K. (2006). Comparison of one-to-one embedded instruction in general education classes with small group instruction in special education classes. *Education and Training in Developmental Disabilities, 41,* 125–138.

McDonnell, J., Mathot-Buckner, C., Thorson, N., & Fister, S. (2001). Supporting the inclusion of students with moderate and severe disabilities in junior high school general education classes: The effects of classwide peer tutoring, multi-element curriculum, and accommodations. *Education and Treatment of Children, 24*(2), 141–160.

McDonnell, J., Thorson, N., Disher, S., Mathot-Buckner, C., Mendel, J., & Ray, L. (2003). The achievement of students with developmental disabilities and their peers without disabilities in inclusive settings: An exploratory study. *Education and Treatment of Children, 26,* 224–236.

McGeehan, J. (2001, Spring). Brain compatible learning. *The Green Teacher, 64,* 7–12.

McGregor, G., & Vogelsberg, R.T. (1998). *Inclusive schooling practices: Pedagogical and* research foundations. A synthesis of the literature that informs best practices about inclusive schooling. Pittsburgh, PA: Allegheny University of the Health Sciences.

McGuire, J.M., Scott, S.S., & Shaw, S.F. (2006). Universal design and its applications in educational environments. *Remedial and Special Education, 27*, 166–175.

Meyer, L.H., Park, H., Grenot-Scheyer, M., Schwartz, I.S., & Harry, B. (1998). *Making friends: The influences of culture and development.* Baltimore, MD: Paul H. Brookes Publishing Co.

Miracle, S.A., Collins, B.C., Schuster, J.W., & Grisham-Brown, J. (2001). Peer versus teacher delivered instruction: Effects on acquisition and maintenance. *Education and Training in Mental Retardation and Developmental Disabilities, 36*, 375–385.

Mirenda, P., MacGregor, T., & Kelly-Keough, S. (2002). Teaching communication skills for behavioral support in the context of family life. In J.M. Lucyshyn, G. Dunlap, & R.W. Albin (Eds.), *Families and positive behavior support: Addressing problem behaviors in family contexts* (pp. 185–207). Baltimore. MD: Paul H. Brookes Publishing Co.

Mueller, P.H., & Murphy, F.V. (2001). Determining when a student requires paraeducator support. *Teaching Exceptional Children, 33*(6), 22–27.

Munk, D.D., & Dempsey, T.L. (2010). *Leadership strategies for successful schoolwide inclusion: The STAR approach.* Baltimore: Paul H. Brookes Publishing Co.

Murphy, D.A., Meyers, C.C., Olesen, S., McKean, K., & Custer, S.H. (1997). *Exceptions: A handbook of inclusion activities for teachers of students at grades 6–12 with mild disabilities.* Longmont, CO: Sopris West.

National Education Association. (1975). *Code of ethics.* Retrieved from http://www.nea.org/home/30442.htm

National Reading Panel. (2000). *Teaching children to read: An evidence-based assessment of the scientific research literature on reading and its implications for reading instruction.* Retrieved from http://www.nichd.nih.gov/publications/nrp/smallbook.pdf

Nisbet, J. (Ed.). (1992). *Natural supports in school, at work, and in the community for people with severe disabilities.* Baltimore, MD: Paul H. Brookes Publishing Co.

No Child Left Behind Act of 2001, PL 107-110, 115 Stat. 1425, 20 U.S.C. §§6301 *et seq.*

Oakes, J., & Lipton, M. (1999). *Teaching to change the world.* Boston, MA: McGraw-Hill College.

O'Conner, R.E., Harty, K.R., & Fulmer, D. (2005). Tiers of intervention in kindergarten through third grade. [Electronic Version]. *Journal of Learning Disabilities, 38*, 532–538.

Odom, S.L., Horner, R.H., Snell, M.E., & Blacker, J. (Eds.). (2007). *Handbook on developmental disabilities.* New York, NY: Guilford Press.

Office of Special Education and Rehabilitative Services; Grant Applications Under Part D, Subpart 2 of the Individuals with Disabilities Education Act, Research and Innovation to Improve Services and Results for Children with Disabilities; Notice. 67 Fed. Reg. 41,797 (June 19, 2002).

Okilwa, N.S.A., & Shelby, L. (2010). The effects of peer tutoring on academic performance of students with disabilities in grades 6 through 12: A synthesis of literature [Electronic version]. *Remedial and Special Education, 31*, 450–463.

Palincsar, A.S. & Brown, A.L. (1984). Reciprocal teaching of comprehension-fostering and comprehension-monitoring activities. *Cognition and Instruction, 1*(2), 117–175.

Paivio, A. (1990). *Mental representations: A dual coding approach.* New York, NY: Oxford University Press.

Peck, C.A., Carlson, P., & Helmstetter, E. (1992). Parent and teacher perceptions of outcomes for typically developing children enrolled in integrated early childhood programs: A statewide survey. *Journal of Early Intervention, 16*(1), 53–63.

Peck, C.A., Gallucci, C., Staub, D., & Schwartz, I. (1998, April). *The function of vulnerability in the creation of inclusive classroom communities: Risk and opportunity.* San Diego, CA: Paper presented at the annual meeting of The American Educational Research Association.

Piaget, J. (1960). *The psychology of intelligence.* Paterson, NJ: Littlefield Adams & Co. Retrieved from http://www.archive.org/details/psychologyofinte002598mbp

Ploessl, D.M., Rock, M.L., Schoenfeld, N., & Blanks, B. (2010). On the same page: Practical techniques to enhance co-teaching interactions [Electronic version]. *Intervention in School and Clinic, 45*(3), 158–168.

Polychronis, S.C., McDonnell, J., Johnson, J.W., Riesen, T., & Jameson, M. (2004). A comparison of two trial distribution schedules in embedded instruction [Electronic version]. *Focus on Autism and Other Developmental Disabilities, 19*(3), 140–151.

Potter, M.L. (1992). Research on teacher thinking: Implications for mainstreaming students with multiple handicaps. *Journal of Developmental and Physical Disabilities, 4*(2), 115–127.

Pressley, M. (2000). Comprehension instruction in elementary school: A quarter-century of research progress. In B.M. Taylor, M.F. Graves, & P. van den Broek (Eds.), *Reading for meaning: Fostering comprehension in the middle grades* (pp. 32–51). New York, NY: Teachers College Press.

Pressley, M., Burkell, J., Cariglia-Bull, T., Lysynchuk, L., McGoldrick, J.A., Schneider, B., . . . Woloshyn, V.E. (1990). *Cognitive strategy instruction that really improves children's academic performance.* Cambridge, MA: Brookline Books.

Pressley, M., Roehrig, A., Bogner, K., Raphael, L.M., & Dolezal, S. (2002). Balanced literacy instruction. *Focus on Exceptional Children, 34*(5), 1–16.

Putnam, J.W. (1998). *Cooperative learning and strategies for inclusion: Celebrating diversity in the classroom* (2nd ed.). Baltimore, MD: Paul H. Brookes Publishing Co.

Quellmalz, E., Shields, P.M., & Knapp, M.S. (1995). *School-based reform: Lessons from a national study (A guide for school reform teams).* Washington, D.C.: U.S. Government Printing Office.

Randolph, J.J. (2011). Meta-analysis of the research on response cards: Effects on test achievement, quiz achievement, participation, and off-task behavior [Electronic version]. *Journal of Positive Behavior Interventions, 9,* 113–128.

Ratcliffe, M.J.A., & Harts, M.L. (2011). *Schools that make the grade: What successful schools do to improve student achievement.* Baltimore, MD: Paul H. Brookes Publishing Co.

Rea, P.J., McLaughlin, V.L., & Walther-Thomas, C. (2002). Outcomes for students with learning disabilities in inclusive and pull-out programs. *Exceptional Children, 68*(2), 203–222.

Resnick, L. (Ed.). (1989). *Toward the thinking curriculum: Current cognitive research.* Alexandria, VA: Association for Supervision and Curriculum Development.

Rock, M., Gregg, M., Ellis, E., & Gable, R.A. (2008). REACH: A framework for differentiating classroom instruction. *Preventing School Failure, 52*(2), 31–47.

Rogan, P., & Davern, S. (1992). *Inclusive Education Project: A building-based approach to developing classroom and school models that include students with severe handicaps. Final report.* Syracuse, NY: Syracuse City School District & Syracuse University, Division of Special Education and Rehabilitation. (ERIC report: ED 354712 EC 301897)

Rose, D.H., & Gravel, J.W. (2010). *Technology and learning: Meeting special student's (sic) needs.* Retrieved from National Center on UDL web site: http://udlcenter.org/resource_library/articles/udl

Rose, D.H., & Meyer, A. (2002). *Teaching every student in the digital age: Universal design for learning.* Alexandria, VA: Association for Supervision and Curriculum Development.

Ryan, J.B., Reid, R., & Epstein, M.H. (2004). Peer-mediated intervention studies on academic achievement for student with EBD. *Remedial and Special Education, 25,* 330–341.

Ryndak, D.L., & Alper, S. (Eds.) (2003). *Curriculum and instruction for students with significant disabilities in inclusive settings* (2nd ed.). Boston, MA: Pearson Education.

Ryndak, D.L., Moore, M.A., Orlando, A.M., & Delano, M. (2008–2009). Access to the general curriculum: The mandate and role of context in research-based practice for students with extensive support needs. *Research and Practice for Persons with Severe Disabilities, 33–4,* 199–213.

Sailor, W., Dunlap, G., Sugai, G., & Horner, R. (Eds.). (2009). *Handbook of positive behavior supports.* New York, NY: Springer.

Sailor, W., & Roger, B. (2005, March). Rethinking inclusion: Schoolwide applications. *Phi Delta Kappan,* 503–509.

Sailor, W., Zuna, N., Choi, J., Thomas, J., McCart, A., & Blair, R. (2006). Anchoring schoolwide positive behavior support in structural school reform. *Research and Practice for Persons with Severe Disabilities, 31,* 18–30.

Salisbury, C.L., Palombaro, M.M., & Hollowood, T.M. (1993). On the nature and change of an inclusive elementary school. *Journal of The Association for Persons with Severe Handicaps, 18,* 75–84.

Sapon-Shevin, M., Ayres, B.J., & Duncan, J. (2002). Cooperative learning and inclusion. In J.S. Thousand, R.A. Villa, & A.I. Nevin (Eds.), *Creativity and collaborative learning: The practical guide to empowering students, teachers, and families* (2nd ed., pp. 209–221). Baltimore, MD: Paul H. Brookes Publishing Co.

Schepis, M.M., Reid, D.H., Ownbey, J., & Parsons, M.H. (2001). Training support staff to embed teaching within natural routines of young children with disabilities in an inclusive preschool. *Journal of Applied Behavior Analysis, 34,* 313–327.

Schmoker, M. (2006). *Results now: How we can achieve unprecedented improvements in teaching and learning.* Alexandria, VA: Association for Supervision and Curriculum Development.

Schnorr, R.F. (1990). "Peter? He comes and goes . . .": First graders' perspectives on a part-time mainstream student. *Journal of The Association for Persons with Severe Handicaps, 15,* 231–240.

Schnorr, R.F. (1997). From enrollment to membership: Belonging in middle and high school classes. *Journal of The Association for Persons with Severe Handicaps, 22,* 1–15.

Schnorr, R.F. (2011). Intensive reading instruction for learners with developmental disabilities. *The Reading Teacher, 65*(1), 35–45.

Schumaker, J.B., & Deshler, D.D. (2006). Teaching adolescents to be strategic learners. In D.D. Deshler & J.B. Schumaker (Eds.), *Teaching adolescents with disabilities: Accessing the general education curriculum* (pp. 121–156). Thousand Oaks, CA: Corwin Press.

Schumm, J.S., Vaughan, S., & Harris, J. (1997). Pyramid power for collaborative planning, *Teaching Exceptional Children, 29*(6), 62–66.

Scruggs, T.E., & Mastropieri, M.A. (1993). Current approaches to science education: Implications for mainstream instruction of students with disabilities. *Remedial and Special Education, 14*(1), 15–24.

Scruggs, T.E., Mastropieri, M.A., Berkeley, S., & Graetz, J. (2011). Do special education interventions improve learning of secondary content? A meta-analysis. *Remedial and Special Education, 36,* 437–449.

Scruggs, T.E., Mastropieri, M.A., Berkeley, S.L., & Marshak, L. (2010). Mnemonic strategies: Evidence-based practice and practice-based evidence [Electronic version]. *Intervention in School and Clinic, 46*(2), 79–86.

Scruggs, T.E., Mastropieri, M.A. & Marshak, L. (2012). Peer-mediated instruction in inclusive secondary social studies learning: Direct and indirect learning effects [Electronic version]. *Learning Disabilities Research and Practice, 27,* 12–20.

Sharpe, M.N., York, J.L., & Knight, J. (1994). Effects of inclusion on the academic performance of classmates without disabilities. *Remedial and Special Education, 15,* 281–287.

Shields, P.M., & Knapp, M.S. (1997, December). The promise and limits of school-based reform: A national snapshot. *Phi Delta Kappan, 78,* 288–294.

Shukla, S., Kennedy, C.H., & Cushing, L.S. (1999). Intermediate school students with severe disabilities: Supporting their social participation in general education classrooms. *Journal of Positive Behavior Interventions, 1,* 130–140.

Sideridis, G.D., Utley, C., Greenwood, C.R., Delquadri, J., Dawson, H., Palmer, P., & Reddy, S. (1997). Classwide peer tutoring: Effects on the spelling performance and social interactions of students with mild disabilities and their typical peers in an integrated instructional setting. *Journal of Behavioral Education, 7,* 435–462.

Simmons, D.C., & Kameenui, E.J. (1996). A focus on curriculum design: When children fail. *Focus on Exceptional Children, 28*(7), 1–16.

Simpkins, P.M., Mastropieri, M.A., & Scruggs, T.E. (2009). Differentiated curriculum enhancements in inclusive 5th grade science classes [Electronic version]. *Remedial and Special Education, 30,* 300–308.

Slavin, R.E. (1991). Synthesis of research on cooperative learning. *Educational Leadership, 48*(5), 71–82.

Slavin, R.E., Lake, C., Chambers, B., Cheung, A., & Davis, S. (2010). *Effective reading programs for the elementary grades: A best-evidence synthesis.* Baltimore, MD: The Johns Hopkins University, School of Education, Center for Data-Driven Reform in Education. Retrieved from http://www.bestevidence. org/reading/begin_read/begin_read.htm

Slavin, R.E., Lake, C., Davis, S., & Madden, N.A. (2009, June). *Effective programs for struggling readers: A best-evidence synthesis.* Baltimore, MD: The Johns Hopkins University, School of Education, Center for Data-Driven Reform in Education. Retrieved from http://www.bestevidence.org/reading/ strug/strug_read.

Slavin, R.E., Lake, C., & Groff, C. (2010, January). *Educators guide: What works in teaching math?* Baltimore, MD: The Johns Hopkins University, School of Education, Center for Data-Driven Reform in Education. Retrieved from http://www.bestevidence.org/ math/elem/elem_math.htm

Slavin, R.E., Lake, C., Hanley, P., & Thurston, A. (2012, May). *Effective programs for elementary science: A best-evidence synthesis.* Baltimore, MD: The Johns Hopkins University, Center for Data-Driven Reform in Education. Retrieved from http://www.bestevidence.org/ science/elem/elem_science.htm

Smylie, M.A. (1988). The enhancement function of staff development: Organization and psychological antecedents to individual teacher change. *American Educational Research Journal, 25,* 1–30.

Snell, M.E. (2002, May). *Inclusion of children with high and low support needs in upper elementary classrooms.* Paper presented at the meeting of the American Association on Mental Retardation, Orlando, FL.

Snell, M.E., & Brown, F. (Eds.). (2011a). *Instruction of students with severe disabilities* (7th ed.). Upper Saddle River, NJ: Pearson.

Snell, M.E., & Brown, F. (2011b). Selecting teaching strategies and arranging educational environments. In M.E. Snell & F. Brown (Eds.), *Instruction of students with severe disabilities* (7th ed., pp. 122–185). Upper Saddle River, NJ: Pearson.

Snell, M.E., & Janney, R.E. (2000). Teachers' problem solving about young children with moderate and severe disabilities in elementary classrooms. *Exceptional Children, 66,* 472–490.

Snell, M.E., & Janney, R. (2005). *Teachers' guides to inclusive practices: Collaborative teaming* (2nd ed.). Baltimore, MD: Paul H. Brookes Publishing Co.

Snell, M.E., & Macfarland, C.A. (2001, November). *Inclusion in upper elementary classrooms: A lot of it falls apart without the planning.* Paper presented at the meeting of The Association for Persons with Severe Handicaps, Anaheim, CA.

Sopko, K.M. (2008, June). *Universal Design for Learning: Implementation in 6 local education agencies.* Alexandria, VA: Project Forum at the National Association of State Directors of Special Education. Retrieved from http://www.projectforum.org/resources.cfm

Soukup, J.H., Wehmeyer, M.L., Bashinski, S.M., & Bovaird, J.A. (2007). Classroom variables and access to the general curriculum for students with disabilities. *Exceptional Children, 74,* 101–120.

Spencer, V.G., Scruggs, T.E., & Mastropieri, M.A. (2003). Content area learning in middle school social studies classrooms and student with emotional and behavioral disorders: A comparison of strategies. *Behavioral Disorders, 28*(2), 77–93.

Spriggs, A., Gast, D.L., & Ayres, K.M. (2007). Using picture activity schedule books to increase on-schedule and on-task behaviors. *Education and Training in Developmental Disorders, 42,* 209–223.

Staub, D., & Peck, C.A. (1994–1995). What are the outcomes for nondisabled students? *Educational Leadership, 52*(4), 36–40.

Sternberg, R.J., Torff, B., & Grigorenko, E.L. (1998). Teaching triarchically improves student achievement. *Journal of Educational Psychology, 90,* 374–384.

Thousand, J.S., & Villa, R.A. (2005). Organizational supports for change toward inclusive schooling. In R.A. Villa & J.S. Thousand (Eds.), *Creating an inclusive school* (2nd ed., pp. 32–44). Alexandria, VA: Association for Supervision and Curriculum Development.

Tomlinson, C.A. (2001). *The differentiated classroom: Responding to the needs of all learners* (2nd ed.). Arlington, VA: Association for Supervision and Curriculum Development.

Turnbull, A.P., Turnbull, H.R., Erwin, E.J., Soodak, L.C., & Shogren, K.A. (2010). *Families, professionals, and exceptionality: Positive outcomes through partnerships and trust* (6th ed.). Upper Saddle River, NJ: Pearson.

Udvari-Solner, A. (1996). Examining teacher thinking: Constructing a process to design curricular adaptations [Electronic version]. *Remedial and Special Education, 17,* 245–254.

Udvari-Solner, A., Causton-Theoharis, J., & York-Barr, J. (2004). Developing adaptations to promote participation in inclusive settings. In F.P. Orelove, D. Sobsey, & R. Siberman (Eds.), *Educating children with multiple disabilities: A collaborative approach* (4th ed., pp. 151–192). Baltimore, MD: Paul H. Brookes Publishing Co.

University of Kansas Center for Research on Learning. (2009, April). *Learning strategies brochure.* Lawrence, KS: Author. Retrieved from http://kucrl.org/sim/strategies.shtml

Utley, C.A., Reddy, S.S., Delquadri, J.C., Greenwood, C.R., Mortweet, S.L., & Bowman, V. (2001). Classwide peer tutoring: An effective teaching procedure for facilitating the acquisition of health education and safety facts with students with developmental disabilities. *Education and Treatment of Children, 24,* 1–27.

Van Dyke, R.E., Pitonyak, C.E., & Gilley, C.T. (1996). Planning, implementing, and evaluating inclusive education within the school. In L.A. Power-deFur & F.P. Orelove (Eds.), *Inclusive education: Practical implementation of the least restrictive environment.* Gaithersburg, MD: Aspen Publishers.

Vandercook, T., York, J., & Forest, M. (1989). The McGill action planning system (MAPS): A strategy for building the vision. *Journal of The Association for Persons with Severe Handicaps, 14,* 205–215.

Vaughn, S., Elbaum, B.E., Schumm, J., & Hughes, M.T. (1998). Social outcomes for students with and without learning disabilities in inclusive classrooms. *Journal of Learning Disabilities, 31*(5), 428–436.

Vaughn, S., Gersten, R., & Chard, D.J. (2000). The underlying message in LD intervention research: Findings from research syntheses. *Exceptional Children, 67*, 99–114.

Vaughn, S., Linan-Thompson, S., & Hickman-Davis, P. (2003). Response to treatment as a means of identifying students with reading/learning disabilities. *Exceptional Children, 69*, 391–409.

Vaughn, S., Wanzek, J., Murray, C., Scammaca, N., Linan-Thompson, S., & Woodruff, T.L. (2009). High and low responders to early reading intervention: Response to intervention. *Exceptional Children, 75*, 165–183.

Veerkamp, M.B., Kamps, D.M., & Cooper, L. (2007). The effects of classwide peer tutoring on the reading achievement of urban middle school students. *Education and Treatment of Children, 30*, 21–51.

Villa, R.A., & Thousand, J.S. (Eds.). (2005). *Creating an inclusive school* (2nd ed.). Alexandria, VA: Association for Supervision and Curriculum Development.

Vygotsky, L. (1986). *Thought and language.* Cambridge, MA: MIT Press.

Waldron, N.L., & McLeskey, J. (2010). Establishing a collaborative school culture through comprehensive school reform [Electronic version]. *Journal of Educational and Psychological Consultation, 20*, 58–74.

Walker, H.M., Ramsey, E., & Gresham, F.M. (2004). *Antisocial behavior in schools: Evidence-based practices.* Belmont, CA: Wadsworth/Thomson Learning.

Walther-Thomas, C.S. (1997). Co-teaching experiences: The benefits and problems that teachers and principals report over time [Electronic version]. *Journal of Learning Disabilities, 30*, 395–407.

Walther-Thomas, C., Korinek, L., McLaughlin, V.L., & Williams, B.T. (2000*). Collaboration for inclusive education: Developing successful programs.* Boston, MA: Allyn & Bacon.

Wehmeyer, M.L., Lattin, D., Lapp-Rincker, G., & Agran, M. (2003). Access to the general curriculum of middle-school students with mental retardation: An observational study. *Remedial and Special Education, 24*, 262–272.

Wehmeyer, M.L., Sands, D.J., Knowlton, H.E., & Kozleski, E.B. (2002). *Teaching students with mental retardation: Providing access to the general curriculum.* Baltimore, MD: Paul H. Brookes Publishing Co.

Westling, D.L., & Fox, L. (2009). *Teaching students with severe disabilities* (4th ed.). Upper Saddle River, NJ: Merrill.

Westphal, L.E. (2007). *Differentiating instruction with menus grades 3–5: Language Arts.* Waco, TX: Prufrock Press.

White, E.B. (1952). *Charlotte's web.* New York, NY: HarperCollins.

Wiggins, G., & McTighe, J. (2005). *Understanding by design* (2nd ed.). Alexandria, VA: Association for Supervision and Curriculum Development.

Williamson, P., McLeskey, J., Hoppey, D., & Rentz, T. (2006). Educating students with mental retardation in general education classrooms. *Exceptional Children, 72*, 347–361.

Young, J. (2003). Science interactive notebooks in the classroom. *Science Scope, 26*(4), 44–47.

Young, B., Simpson, R.L., Smith-Myles, B., & Kamps, D.M. (1996). An examination of paraprofessional involvement in supporting inclusion of students with autism. *Focus on Autism and Other Developmental Disabilities, 12*(1), 31–38, 48.

양식

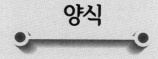

1. 팀 역할 및 책임 점검표
2. 개별화된 수정 및 지원 개발을 위한 단계와 도구
3. 프로그램 개요
4. 학생 프로파일(기밀사항)
5. 학급활동에 대한 종합적 사정
6. 학급활동에 대한 생태학적 사정
7. 프로그램 계획 매트릭스
8. 개별화된 수정 및 지원계획(종일)
9. 개별화된 수정 및 지원계획(개별 과목 혹은 수업 시간)
10. 학생 참여, 진전, 지원에 대한 팀 평가

팀 역할 및 책임 점검표

학생 _____   날짜 _____

교수 및 지원 팀 구성원

교사 _____

보조교사 _____

기타 _____

구분 :   P=주 책임자

　　　　 I=실행 그리고(혹은) 의사결정에 기여

역할 및 책임	누가 책임을 맡는가			
	학급교사	특수교사	보조교사	기 타
1. 수업 및 단원계획 개발				
2. 개별화 수정 및 지원계획 개발				
3. 교수 제공(조절과 수정을 통해, 과목 열거하기) : a. 의사소통, 사회성, 행동				
b. 기능적 기술 및 학교 참여				
c. 학업 : 읽기, 언어기술, 수학				
d. 학업 : 과학, 사회				
4. 교육자료 수정				
5. 성적표에 성적 부여				
6. 개별화 교육 프로그램 목표의 진전도 점검				
7. 보조교사에게 임무할당 및 감독				
8. 보조교사 훈련				
9. 팀 미팅 일정계획 및 활성화				
10. 부모와의 일일 의사소통				
11. 관련 서비스와의 의사소통 및 협력				
12. 또래관계 및 지원 활성화(적절한 상호작용 방법에 대한 모델링과 촉구, 공식적 또래지원 구성)				
13. 학생을 파트너 혹은 협력집단에 할당				

출처 : Ford, A., Messenheimer-Young, T., Toshner, J., Fitzgerald, M.A., Dyer, C., Glodoski, J., & Laveck, J. [1995, July]. *A team planning packet for inclusive education.* Milwaukee: Wisconsin School Inclusion Project의 허락하에 게재.

Rachel Janney and Martha E. Snell (2013, Paul H. Brookes Publishing Co.)의 *Teachers' Guides to Inclusive Practices: Modifying Schoolwork, Third Edition*에서

개별화된 수정 및 지원 개발을 위한 단계와 도구

1단계. 학생과 학급에 대한 정보를 모으고 공유하라.

1a단계. 학생 알아보기
- ☐ 프로그램 개요(부록 A)
- ☐ 학생 프로파일(부록 A)

1b단계. 필요한 기술, 수정, 지원 결정하기
- ☐ 학급활동에 대한 종합적 사정(부록 A)
- ☐ 학급활동에 대한 생태학적 사정(부록 A)

2단계. 일과의 교수와 지원을 위한 일정을 계획하라.
- ☐ 프로그램 계획 매트릭스(부록 A)

3단계. 필요한 수정 및 지원과 함께 교수를 계획하고 실행하라.

3a단계. 일반적 수정과 지원
- ☐ 개별화된 수정 및 지원계획(부록 A)

3b단계. 구체적 수정과 지원
- ☐ 구체적 수정을 위한 주간계획(예 : 그림 4.17)

4단계. 좀 더 특별한 교수전략을 계획하고 실행하라.
- ☐ 교수적 프로그램 계획, 과제분석적 교수 프로그램(예 : 그림 4.21)

5단계. 점검하고 평가하라.
- ☐ 자료 수집양식(예 : 그림 4.21, 그림 4.25)
- ☐ 팀 회의록(예 : 그림 4.21)
- ☐ 학생 참여, 진전, 지원에 대한 팀 평가(부록 A)

Teachers' Guides to Inclusive Practices: Modifying Schoolwork, Third Edition
by Rachel Janney and Martha E. Snell.
Copyright © 2013 by Paul H. Brookes Publishing Co., Inc. All rights reserved.

프로그램 개요

학생 _____ 날짜 _____

IEP 목표(간략하게 기술)	IEP 조절 및 수정
	학업적 · 사회적 · 신체적 지원

용어 : IEP(개별화 교육 프로그램)

Teachers' Guides to Inclusive Practices: Modifying Schoolwork, Third Edition
by Rachel Janney and Martha E. Snell.
Copyright © 2013 by Paul H. Brookes Publishing Co., Inc. All rights reserved.

학생 프로파일(기밀사항)

학생 _____ 학년 _____ 학년도 _____

담임교사 _____

개별화 교육 프로그램(IEP) 담당자 _____

특수교육 및 관련 서비스	학습과 행동에서의 강점

☐ 특수교육 지도 _____

_____

☐ 특수교육 자문 _____

_____

☐ 간호지원 _____

_____

☐ 말 혹은 언어 _____

	학습과 행동에서의 문제점

☐ 작업치료 _____

_____

☐ 물리치료 _____

_____

☐ 기타 _____

_____

의료 및 건강 요구	기타 개인정보에 대해 안내 상담자 혹은 교장과 상담

☐ 투약
☐ 알레르기
☐ 당뇨
☐ 간질
☐ 기타 _____

_____

기타 개인정보에 대해 안내 상담자 혹은 교장과 상담
했는가? ☐ 예 ☐ 아니요

행동지원 계획? ☐ 예 ☐ 아니요

평가조절? ☐ 예 ☐ 아니요

대체사정? ☐ 예 ☐ 아니요

Teachers' Guides to Inclusive Practices: Modifying Schoolwork, Third Edition
by Rachel Janney and Martha E. Snell.
Copyright © 2013 by Paul H. Brookes Publishing Co., Inc. All rights reserved.

학생 프로파일(기밀사항)(계속)

최상의 학습 통로	선호 및 흥미
☐ 시각(단어, 그림, 영상, 그래픽 자료) ☐ 말 또는 언어적 경험 ☐ 교사 또는 또래 모델링 ☐ 조직활동, 실험, 프로젝트 ☐ 움직임 ☐ 다감각적 접근(위에 제시한 전부)	
	선호하지 않는 것
기존에 효과가 있었던 교수전략	**기존에 효과가 없었던 교수전략**

Teachers' Guides to Inclusive Practices: Modifying Schoolwork, Third Edition
by Rachel Janney and Martha E. Snell.
Copyright © 2013 by Paul H. Brookes Publishing Co., Inc. All rights reserved.

학급활동에 대한 종합적 사정

교과명 및 학년수준 _____   날짜 _____

흥미 있는 학생 _____   교사 _____

전형적인 수업활동	학생 반응/과제
전체 교실 수업	
소집단 수업	
독립적 활동	
기타	

Teachers' Guides to Inclusive Practices: Modifying Schoolwork, Third Edition
by Rachel Janney and Martha E. Snell.
Copyright © 2013 by Paul H. Brookes Publishing Co., Inc. All rights reserved.

학급활동에 대한 종합적 사정(계속)

숙제 기대

평가 및 시험 방법

교과서 및 기타 빈번히 사용되는 자료

모든 학생에게 제공되는 일반교사의 지원 및 보조

모든 학생에게 가능한 다른 지원 및 보조(예 : 보조교사, 또래 튜터, 봉사자)

필요한 기술, 수정 및 지원을 결정하기 위해 더 자세한 생태학적 평가가 필요한 학생

Teachers' Guides to Inclusive Practices: Modifying Schoolwork, Third Edition
by Rachel Janney and Martha E. Snell.
Copyright © 2013 by Paul H. Brookes Publishing Co., Inc. All rights reserved.

학급활동에 대한 생태학적 사정

교사 혹은 수업 _____   대상 학생 _____

활동 _____   날짜 _____ 시간 _____

다른 관계자 _____   관찰자 _____

채점방법 :   + 사회적 그리고 교수적 참여
                    +/- 사회적 혹은 교수적 참여 중 하나가 없을 때
                    − 사회적 혹은 교수적 참여 둘 다 없을 때

수업 절차	대상 학생의 수행	채점

참여를 증진시키기 위해 필요한 기술

참여를 증진시키기 위해 필요한 수정 및 지원

Teachers' Guides to Inclusive Practices: Modifying Schoolwork, Third Edition
by Rachel Janney and Martha E. Snell.
Copyright © 2013 by Paul H. Brookes Publishing Co., Inc. All rights reserved.

프로그램 계획 매트릭스

학생 _____ 교사 _____ 날짜 _____

IEP 목표 (간략하게 기술)	학급 일과									

용어 : x(교수가 제공됨), O(기회가 있을 때 교수), s(수업활동과 준비물에 구체적인 수정이 필요할 수 있음), TA(과제분석을 사용한 교수계획)

Teachers' Guides to Inclusive Practices: Modifying Schoolwork, Third Edition
by Rachel Janney and Martha E. Snell.
Copyright © 2013 by Paul H. Brookes Publishing Co., Inc. All rights reserved.

개별화된 수정 및 지원계획(종일)

학생 _____   교실 및 학년 _____   날짜 _____

관계자 _____

하루 종일 사용할 수 있는 일반적인 수정 및 지원

학급 일과와 활동에 따른 수정			
교실활동 및 시간	IEP 목표	일반적인 수정(교수적 및 대안적)	구체적인 수정

Teachers' Guides to Inclusive Practices: Modifying Schoolwork, Third Edition
by Rachel Janney and Martha E. Snell.
Copyright © 2013 by Paul H. Brookes Publishing Co., Inc. All rights reserved.

개별화된 수정 및 지원 계획(개별과목 혹은 수업 시간)

수업 혹은 과목명 _____   교사 _____

학생 _____   또래 지원자 _____

일상적 활동	모든 학생에 대한 기대	일반적인 수정 및 지원
전체 집단 수업		
소집단 수업		
독립적 과제		
기타		
숙제 기대		
평가 및 시험		
필요한 자료		
다른 기대		

Teachers' Guides to Inclusive Practices: Modifying Schoolwork, Third Edition
by Rachel Janney and Martha E. Snell.
Copyright © 2013 by Paul H. Brookes Publishing Co., Inc. All rights reserved.

학생 참여, 진전, 지원에 대한 팀 평가

학생 _____   날짜 _____   기록자 _____

안내 : 개별적으로 이 평가를 완성하고 팀과 논의하거나 팀과 합의하여 완성하라. '약간' 혹은 '아니요'로 평가될 항목을 위해서, 무엇이 이 시간 가장 최우선순위인지 결정하고 향상을 위한 단계 및 진술이 있는 활동계획을 개발하라. 한 달 혹은 그 이상이 지나 이 계획을 실행한 후에, 이 평가를 다시 완성하고 이전 평가와 결과를 비교하라. 향상이 부적절하다면 재전략화하라. 만약 향상이 수용할 만하다면 다른 약점 항목을 목표로 삼고 그것을 충족하게 하기 위한 활동계획을 개발하라.

예	약간	아니요	학생의 참여, 진전, 지원에 대한 질문
			1. 학생을 위해 무엇을 계획하는지, 가르치는지, 지원하는지, 평가하는지에 있어 나의 역할에 대해 명확하다. 코멘트 :
			2. 우리에게는 학생의 학습, 행동, 사회적 관계, 수정 및 지원에 대한 계획하기 및 문제해결을 위해 효과적인 협력과정이 있다. 코멘트 :
			3. 학생은 담임교사, 특수교사, 보조교사, 또래로부터 적절하고 적합한 교실 내 지원 및 도움을 받는다. 코멘트 :
			4. 학생은 담임교사, 특수교사, 보조교사, 또래로부터 적절하고 적합한 수업을 받는다. 코멘트 :
			5. 학생의 수정 및 지원은 필요한 것에 대해서만 특화된다. 코멘트 :
			6. 제공되는 수정 및 지원은 학생들이 교실 내 활동에 또래와 함께 의미 있게 참여하게 한다. 코멘트 :
			7. 학생의 대안적인 수정(같은 시간에 교실 친구들이 하는 것과는 다른 활동을 사용하는 특별한 수업)은 적절하고 교실 소속감에 방해가 되지 않는다. 코멘트 :
			8. 학생은 IEP 목표에 대해 충분한 수업을 받고 연습한다. 코멘트 :
			9. 나는 IEP 목표 및 목적에 대해 학생의 진전에 만족한다. 코멘트 :
			10. 우리는 학생이 IEP 목표 및 목적에 수용할 만한 진전을 기록하는 관련 서류가 있다. 코멘트 :
			11. 학생은 또래와 다양한 긍정적 상호작용 및 관계를 가진다. 코멘트 :

Teachers' Guides to Inclusive Practices: Modifying Schoolwork, Third Edition
by Rachel Janney and Martha E. Snell.
Copyright © 2013 by Paul H. Brookes Publishing Co., Inc. All rights reserved.

효과적인 통합교육 학교 창안 및
통합학급 과제 설계에 대한 자료

보편적 학습설계, 차별화 교수, 연구 기반 교수적 방법

Center for Applied Special Technology (CAST) web site, http://www.cast.org/ (See especially the free learning tools such as a Book Builder, Universal Design for Learning (UDL) Lesson Builder, UDL Curriculum Self-Check, and online training modules.)

Center for Applied Special Technology (CAST). (2010). *What is universal design for learning?* Retrieved from http://www.cast.org/research/udl/index.html

Coyne, P., Pisha, B., Dalton, B., Zeph, L.A., & Smith, N.C. (2012). Literacy by design: A universal design for learning approach for students with significant intellectual disabilities. *Remedial and Special Education, 33,* 162–172.

Dean, C.B., Hubbell, E.R., Pitler, H., & Stone, B.J. (2012). *Classroom instruction that works: Research-based strategies for increasing student achievement* (2nd ed.). Alexandria, VA: Association for Supervision and Curriculum Development.

Essley, R. (2008a). *Visual tools for differentiating content instruction (grades 3–8).* New York, NY: Scholastic.

Essley, R. (2008b). *Visual tools for differentiating reading and writing instruction (grades 3–8).* New York, NY: Scholastic.

Fisher, D., & Frey, N. (2010). *Enhancing RTI: How to ensure success with effective classroom instruction and intervention.* Alexandria, VA: Association for Supervision and Curriculum Development.

Fountas, I., & Pinnell, G.S. (2010). *The continuum of literacy learning, preK–8* (2nd ed.). Portsmouth, NH: Heinemann.

Gent, P.J. (2009). *Great ideas: Using service learning and differentiated instruction to help your students succeed.* Baltimore, MD: Paul H. Brookes Publishing Co.

Harmin, J., & Toth, M. (2006). *Inspiring active learning: A complete handbook for today's teachers* (2nd ed.). Alexandria, VA: Association for Supervision and Curriculum Development.

Kovalik, S.J., & Olsen, K.D. (2010a). *A conceptual, integrated approach to teaching science, K–6.* Thousand Oaks, CA: Corwin Press.

Kovalik, S., & Olsen K. (2010b). *Exceeding expectations: A user's guide to implementing brain research in the classroom* (5th ed.). Kent, WA: Books for Educators/Susan Kovalik and Associates.

Marzano, R., (2007). *The art and science of teaching: A comprehensive framework for effective instruction.* Alexandria, VA: Association for Supervision and Curriculum Development.

Mastropieri, M.A., & Scruggs, T.E. (2004). *The inclusive classroom: Strategies for effective instruction* (4th ed.). Upper Saddle River, NJ: Prentice Hall.

National Center on Universal Design for Learning web site, http://www.udlcenter.org/

Renzulli, J.S., Leppien, J.H., & Hays, T.S. (2000). *The multiple menu model: A practical guide for developing differentiated curriculum.* Mansfield Center, CT: Creative Learning Press.

Rose, D.H., & Meyer, A. (2002). *Teaching every student in the digital age: Universal design for learning.* Alexandria, VA: Association for Supervision and Curriculum Development. (Electronic UDL version available at http://www.cast.org/teachingeverystudent/)

Rose, D.H., Meyer, A. (2006). *A practical reader in universal design for learning.* Cambridge, MA: Harvard Education Press.

Rose, D.H., Meyer, A., & Hitchcock, C. (2005). *The universally designed classroom: Accessible curriculum and digital technologies.* Cambridge, MA: Harvard Education Press.

Schumaker, J.B., & Deshler, D.D. (2006). Teaching adolescents to be strategic learners. In D.D. Deshler & J.B. Schumaker (Eds.), *Teaching adolescents with disabilities: Accessing the general education curriculum* (pp. 121–156). Thousand Oaks, CA: Corwin Press.

Slavin, R.E. (1995). *Cooperative learning:*

Theory, research and practice (2nd ed.). Boston, MA: Allyn & Bacon.

Small, M. (2012). *Good questions: Great ways to differentiate mathematics instruction* (2nd ed.). New York, NY: Teachers College Press.

Tomlinson, C.A. (2001). *How to differentiate instruction in mixed-ability classrooms* (2nd ed.). Alexandria, VA: Association for Supervision and Curriculum Development.

Tomlinson, C.A., & Eidson, C.C. (2003a). *Differentiation in practice: A resource guide for differentiating curriculum, grades K–5.* Alexandria, VA: Association for Supervision and Curriculum Development.

Tomlinson, C.A., & Eidson, C.C. (2003b). *Differentiation in practice: A resource guide for differentiating curriculum, grades 5–9.* Alexandria, VA: Association for Supervision and Curriculum Development.

Tomlinson, C.A. & Strickland, C.A. (2005). *Differentiation in practice: A resource guide for differentiating curriculum, grades 9–12.* Alexandria, VA: Association for Supervision and Curriculum Development.

Westphal, L.E. (2007). *Differentiating instruction with menus grades 3–5: Language arts.* Waco, TX: Prufrock Press. (Also available for social studies, math, and science.)

효과적이며 통합교육 학교 창안을 위한 학교 재구조화와 개선

Developmental Studies Center. (1994). *At home in our schools: A guide to schoolwide activities that build community.* Oakland, CA: Author.

Developmental Studies Center. (1996). *Ways we want our class to be: Class meetings that build commitment to kindness and learning.* Oakland, CA: Author.

Fisher, D., & Frey, N. (Eds.). (2003). *Inclusive urban schools.* Baltimore, MD: Paul H. Brookes Publishing Co.

Hehir, T., & Katzman, L.I. (2012). *Effective inclusive schools: Designing successful schoolwide programs.* New York, NY: Jossey-Bass.

Sailor, W. (Ed.). (2002). *Whole-school success and inclusive education: Building partnerships for learning, achievement, and accountability (Special education series).* New York, NY: Teachers College Press.

Sailor, W. (2009). *Making RTI work: How smart schools are reforming education through schoolwide RTI.* New York, NY: Jossey-Bass.

Villa, R.A., & Thousand, J.S. (Eds.). (2005). *Creating an inclusive school* (2nd ed.). Alexandria, VA: Association for Supervision and Curriculum Development.

협력 팀

Causton-Theoharis, J. (2009). *The paraprofessional's handbook for effective support in inclusive classrooms.* Baltimore, MD: Paul H. Brookes Publishing Co.

Martin, N.A. (2005). *A guide to collaboration for IEP teams.* Baltimore, MD: Paul H. Brookes Publishing Co.

McDonnell, J., Johnson, J.W., & McQuivey, C. (2008). *Embedded instruction for students with developmental disabilities in general education classes.* Alexandria, VA: Council for Exceptional Children, Division of Developmental Disabilities.

Potts, E.A., & Howard, L.A. (2011). *How to co-teach: A guide for general and special educators.* Baltimore, MD: Paul H. Brookes Publishing Co.

Snell, M.E., & Janney, R. (2005). *Teachers' guides to inclusive practices: Collaborative teaming* (2nd ed.). Baltimore, MD: Paul H. Brookes Publishing Co.

또래관계 및 지원

Carter, E.W., Cushing, L.S., & Kennedy, C.H. (2009). *Peer support strategies for improving all students' social lives and learning.* Baltimore, MD: Paul H. Brookes Publishing Co.

Hughes, C., & Carter, E.W. (2008). *Peer buddy programs for successful secondary school inclusion.* Baltimore, MD: Paul H. Brookes Publishing Co.

Janney, R., & Snell, M.E. (2006). *Teachers' guides to inclusive practices: Social relationships and peer support* (2nd ed.). Baltimore, MD: Paul H. Brookes Publishing Co.

통합교육 교수전략

Hammeken, P.A. (2007). *The teacher's guide to inclusive education: 750 strategies for success.* (2nd ed.). Minnetonka, MN: Peytral Publications.

Kluth, P., & Danaher, S. (2010). *From tutor scripts to talking sticks: 100 ways to differentiate instruction in K–12 inclusive classrooms.* Baltimore, MD: Paul H. Brookes Publishing Co.

Murphy, D.A., Meyers, C.C., Olesen, S., McKean, K., & Custer, S.H. (1997). *Exceptions: A handbook of inclusion activities for teachers of students at grades 6–12 with mild disabilities.* Longmont, CO: Sopris West.

Thousand, J.S., Villa, R.A., & Nevin, A.I. (2002). *Creativity and collaborative learning: The practical guide to empowering students, teachers, and families* (2nd ed.). Baltimore, MD: Paul H. Brookes Publishing Co.

중도 및 중복 장애 학생 포함(프로그램 계획, 체계적인 교수, 보완적이며 대안적인 의사소통)

Beukelman, D.R., & Mirenda, P. (2013). *Augmentative and alternative communication: Supporting children and adults with complex communication needs* (4th ed.). Baltimore, MD: Paul H. Brookes Publishing Co.

Browder, D.M., & Spooner, F. (Eds.). (2006). *Teaching language arts, math, and science to students with significant cognitive disabilities.* Baltimore, MD: Paul H. Brookes Publishing Co.

Copeland, S.R., & Keefe, E.B. (2007). *Effective literacy instruction for students with moderate or severe disabilities.* Baltimore, MD: Paul H. Brookes Publishing Co.

Cushing, L.S., Carter, E.W., Clark, N., Wallis, T., & Kennedy, C.H. (2009). Evaluating inclusive educational practices for students with severe disabilities using the Program Quality Measurement Tool. *Journal of Special Education, 42,* 195–208.

Cushing, L.S., Clark, N.M., & Kennedy, C. (2002). *Program Quality Measurement Tool.* Nashville, TN: Vanderbilt University, Peabody College.

Downing, J.E. (2005). *Teaching communication skills to students with severe and multiple disabilities* (2nd ed.). Baltimore, MD: Paul H. Brookes Publishing Co.

Downing, J.E. (2005). *Teaching literacy to students with significant disabilities: Strategies for the K–12 classroom.* Thousand Oaks, CA: Corwin Press.

Downing, J.E. (2008). *Including students with severe and multiple disabilities in typical classrooms: Practical strategies for teachers* (3rd ed.). Baltimore, MD: Paul H. Brookes Publishing Co.

Giangreco, M.F., Cloninger, C J., & Iverson, V.S. (2011). *Choosing options and accommodations for children (COACH): A guide to educational planning for students with disabilities* (3rd ed.). Baltimore. MD: Paul H. Brookes Publishing Co.

Orelove, F.P., Sobsey, D., & Silberman, R.K. (Eds.). (2004). *Educating children with multiple disabilities: A collaborative approach* (4th ed.) Baltimore, MD: Paul H. Brookes Publishing Co.

Snell, M.E., & Brown, F. (Eds.) (2011a). *Instruction of students with severe disabilities* (7th ed.). Upper Saddle River, NJ: Pearson.

찾아보기

Rachel Janney, Ph.D.

장애가 있는 아동과 성인을 돕기 위해 학자, 특수교사, 교육 및 행동 컨설턴트, 기술적 보조 제공자, 교사교육 전문가, 연구자, 저자 등의 여러 경력을 쌓았으며 이를 바탕으로 이들과 함께 일하는 상담가이다. 수년간 버지니아에 위치한 래드퍼드대학교의 School of Teacher Education and Leadership에서 교수로 재직하고 있으며, 특수교육 전공 프로그램에서 학습과 행동적 지원 요구가 폭넓은 학생들의 통합교육을 특화하여 예비교사의 실습 지도를 담당하였다. 시러큐스대학교에서 석사 학위를, 네브래스카대학교 링컨캠퍼스에서 박사 학위를 받았다.

Martha E. Snell, Ph.D.

버지니아대학교 Curry School of Education의 명예교수로 1973년부터 재직하였으며 대학원 중증장애 프로그램을 총괄하였다. 지적장애 및 중증장애를 지닌 학생들과 함께하기 위한 교사로서의 준비를 특별히 강조하며 이에 집중해 왔다. 미국 지적장애 및 발달장애협회, 중증장애인협회, 중증장애인의 의사소통 요구 미국 합동위원회에서 활동적인 구성원으로 일하고 있다.

Janney 박사와 Snell 박사는 통합교육 학교와 학급 관련 몇몇 연구 과제를 수행하였다. 이러한 프로젝트는 특수교사와 일반교사가 통합교육 환경에서 장애학생을 위한 수정과 조절을 설계하고 실행하기 위해 함께 일하는 방식으로 수행되었다. 두 저자 모두 성공적인 통합교육에 관한 주제로 학회와 워크숍에서 많은 발표를 하였다.

역자 소개

박윤정

미국 펜실베이니아주립대학교 특수교육학 박사

현 단국대학교 교수학습개발센터 연구교수

강은영

미국 텍사스대학교 특수교육학 박사

현 용인대학교 교육대학원 교육학과 교수

김민영

미국 위스콘신대학교 특수교육학 박사

현 서울교육대학교 유아특수교육과 겸임교수

남경욱

단국대학교 대학원 특수교육학 박사

현 연세대, 홍익대 등 출강

이병혁

단국대학교 대학원 특수교육학 박사

현 극동대학교 중등특수교육학과 교수

감수자 소개

신현기

단국대학교 대학원 특수교육학 박사

현 단국대학교 특수교육과 교수